# SOIGNER et/ou PUNIR

Questionnement sur l'évolution, le sens et les perspectives de la psychiatrie en prison

*VI[e] Rencontres nationales des secteurs de psychiatrie en milieu pénitentiaire & unités pour malades difficiles*

© L'Harmattan, 1995
ISBN : 2-7384-3824-5

Sous la direction d'Odile DORMOY

# SOIGNER et/ou PUNIR

Questionnement sur l'évolution, le sens et les perspectives de la psychiatrie en prison

Éditions L'Harmattan
5-7, rue de l'Ecole Polytechnique
75005 Paris

# SOIGNER ET/OU PUNIR

QUESTIONNEMENT SUR L'ÉVOLUTION, LE SENS
ET LES PERSPECTIVES DE LA PSYCHIATRIE EN PRISON

Sous la direction du Docteur Odile Dormoy

## VIe RENCONTRES NATIONALES
SECTEURS DE PSYCHIATRIE EN MILIEU PÉNITENTIAIRE
& UNITÉS POUR MALADES DIFFICILES

Centre Hospitalier Sainte-Anne
Jeudi 13 octobre 1994 & Vendredi 14 octobre 1994

Présidents

Robert **Badinter**, Pierre **Moron**, Michelle **Perrot**

Intervenants

Evry **Archer**, Jean **Ayme**, Michel **Bénézech**, Charles **Benque**, Francis **Caballero**, A.A. **Campbell**, Jeannette **Colombel**, Michel **David**, Heinsfreid **Duncker**, Danièle **Durand-Poudret**, Catherine **Ehrel**, Catherine **Faruch**, Michel **Fize**, Daniel **Glezer**, Jean-Paul **Jean**, Pierre **Lamothe**, Jacques **Laurans**, Godefroy **du Mesnil du Buisson**, Jean-Pierre **Michel**, Gérard **Miller**, Tobie **Nathan**, Sylvie **Nerson-Rousseau**, Bernard **Savin**, Jean-Louis **Senon**, Daniel **Sibony**, Pierre **Tournier**, Daniel **Zagury**

Secrétariat :
Anne SEBILLOTTE

# SOMMAIRE

**Avant-Propos** ................................................................ p 11

## ARGUMENT

"Soigner et/ou punir".
Odile Dormoy ................................................................ p 13

## OUVERTURE DES JOURNÉES

Bertrand Samuel-Lajeunesse ............................................. p 19
Odile Dormoy ................................................................ p 21
Robert Badinter ............................................................. p 23

*Séance présidée par Robert Badinter (Modérateur Gérard Milleret)*

## Des institutions...

Les rapports historiques de la psychiatrie et de la médecine légale, de l'hôpital psychiatrique et de la prison.
Jean Ayme .................................................................... p 27

Histoire des SMPR. Contexte et évolution.
Jacques Laurans ........................................................... p 39

Balade historique autour de la faute et de la punition. La prison a-t-elle encore une fonction ? Pertinence des représentations sociales.
Michel David ................................................................ p 47

**... et des hommes**

Transformation de la population des prisons françaises (1974-1994).
Pierre Tournier .........................................................................p 65

Du concept de délinquance au concept de violence : de nouveaux comportements ?
Michel Fize..............................................................................p 75

*Séance présidée par Michelle Perrot (Modérateur Claude Guionnet)*

**Première table ronde :
De la loi à la norme : de nouveaux enjeux**

De la dialectique de la faute et du châtiment à celle du symptôme et du traitement, questionnement sur le sens de la peine et son intelligibilité. Criminalisation de la psychiatrie et psychiatrisation de la criminalité. Comment la psychiatrie en milieu carcéral doit-elle se démarquer pour n'occuper que sa place et faire obstacle aux dérives/impostures ?

Godefroy du Mesnil du Buisson ........................................p 95
Daniel Glezer.......................................................................p 113
Sylvie Nerson-Rousseau .....................................................p 119

**Deuxième table ronde :
Médias, opinion publique et législation**

Entre l'exploitation du fait divers, la montée de l'irrationnel et les nouveaux textes, les psychiatres peuvent-ils répondre à toutes les demandes et la loi peut-elle conserver sa fonction symbolique ?

Catherine Ehrel..................................................................p 139
Pierre Lamothe...................................................................p 147
Jean-Pierre Michel..............................................................p 153
Gérard Miller......................................................................p 161

**Réflexions et synthèse**
Michelle Perrot...................................................................p 183

*Séance présidée par Pierre Moron (Modérateur Alain Maurion)*

## Allocution de Monsieur Piau

## Le thérapeute et le détenu entre le soin et la sanction.

Nécessité de clarification entre le temps de la peine et le temps du traitement. Comment permettre l'expérience de séparation.
Danièle Durand-Poudret et Bernard Savin............................p 193

Réflexion sur la notion d'état limite du jeune adulte. Intérêt d'une articulation du travail psychiatrique intra-carcéral avec le secteur.
Jean-Louis Senon......................................................p 201

Vous avez dit spécificité ?
Charles Benque .......................................................p 213

Les limites médico-légales de la psychiatrie pénitentiaire ou de la confusion des genres.
Michel Bénézech......................................................p 221

Mais où est passée la psychose ? Evolution de la jurisprudence expertale.
Daniel Zagury ........................................................p 225

## Deux expériences européennes

Wesfälisches Zentrum für Forensische Psychiatrie.
Heinsfreid Duncker (Allemagne). ....................................p 243

North Western Regional Forensic Service.
A.A. Campbell (Angleterre)...........................................p 263

*Séance présidée par Robert Badinter (Modérateur Julien Betbèze)*

**Première table ronde :**
**La drogue, cet obscur objet du désir**

Symptôme de qui, de quoi, et pour quel bénéfice ? Toxicomanie de la répression et non visibilité des toxicomanes. La loi est-elle encore cohérente ? Faut-il toujours incarcérer les toxicomanes ?

Catherine Faruch...........................................................p 273
Jean-Paul Jean ...............................................................p 281
Francis Caballero ...........................................................p 289

**Deuxième table ronde :**
**Culture, civilisation, sujet. Sens et non sens ?**

Les nouveaux comportements délinquants : pathologie du lien social et troubles de l'identité ; échec ou tentative d'acculturation et d'intégration sociale. Traumatophilie et fonction du traumatisme. Différence ou entre-deux ? L'exemple de "chocs" identitaires et leurs approches thérapeutiques.

Evry Archer ..................................................................p 303
Tobie Nathan.................................................................p 309
Daniel Sibony ................................................................p 317

# CLÔTURE DES JOURNÉES

Hommage à Michel Foucault. Commentaires d'une philosophe.
Jeannette Colombel........................................................p 331
Conclusion. Robert Badinter...............................................p 337

**LISTE DES INTERVENANTS**...................................p 339

## Avant-Propos

*La transformation profonde du système de soins psychiatriques français ces dernières décennies, avec les grandes découvertes pharmacologiques, la politique de secteur et les apports de la psychanalyse, ont changé l'image du fou qui, relégué dans l'asile, est devenu un malade comme un autre, capable de vivre dans la cité et de se réinsérer. La libéralisation du statut du malade mental, la reconnaissance de ses droits et les modifications de la loi de 1838, outre leur dimension éthique, ont été considérées comme des éléments faisant partie de la thérapeutique. Mais il y avait un prix à payer...*

*La création de secteurs psychiatriques en milieu carcéral a répondu à une exigence, celle de procurer à tout malade, quels que soient les aléas de son parcours, des structures de soins indépendantes et qualifiées. Le principe était louable, les résultats assez satisfaisants mais ces structures ont progressivement constitué un alibi pour déplacer des malades médico-légaux, que les établissements extérieurs n'assumaient plus, vers les seuls lieux "accueillants" que sont les prisons, où l'entrée est toujours simple et garantie, avec en prime le concept supposé thérapeutique de la responsabilisation. Bien que les effets pathogènes de l'enfermement, entraînant sédimentation et chronicisation, aient été suffisamment dénoncés, brusquement de nouvelles vertus leur étaient attribuées. Entre la responsabilité, la culpabilité et la punissabilité, la réforme de l'article 64 n'a pas su définir de façon cohérente et gérable les liens entre maladie mentale, passage à l'acte, prononcé de la peine et thérapeutique. Soigner et/ou punir, les psychiatres naviguent en eaux troubles, entre savoir et pouvoir, toute-puissance et impuissance.*

*La perte du sens et de la fonction symbolique de la peine n'a plus d'autre issue que la médicalisation et la psychiatrisation du détenu. Le costume pénal, les QHS ont disparu mais succède une autre classification, celle fondée sur des critères prétendument cliniques qui identifie un sujet à la qualification de son acte : les alcooliques, les toxicomanes, les violeurs, les agresseurs d'enfants... L'opinion publique exige, la législation suit, les peines s'alourdissent mais le psychiatre est là pour soigner et rendre à la société un individu "normalisé". Certains experts emboîtent le pas, plus titillés par l'idéologie et la futurologie que par la clinique. Pour sortir de leur anomie, la casquette médicale ou psychiatrique devient le dernier recours des détenus. La prison, en panne de projet et n'arrivant pas à se défaire de ses archaïsmes, est en passe de se transmuer en institution "soignante", devenant par là même le reflet d'une société malade de ses failles, de ses carences, de ses exclusions et qui veut se donner bonne conscience.*

*Une réflexion s'imposait, à la fois historique, clinique et pluridisciplinaire. Je remercie tous ceux qui ont accepté d'y participer, contribuant ainsi à l'ouverture d'un débat, loin d'être clos, comme l'avenir ne manquera de nous le démontrer.*

O.D.

# ARGUMENT

# Soigner et/ou Punir

## QUESTIONNEMENT SUR L'EVOLUTION, LE SENS ET LES PERSPECTIVES DE LA PSYCHIATRIE EN PRISON

La psychiatrie en prison s'inscrit dans une histoire dont il nous paraît important de rendre la mémoire au moment où, sous des pressions diverses, l'esprit initial qui avait présidé à la création des SMPR semble infléchi par de nouvelles orientations qui laissent perplexes quelques uns d'entre nous.

Dans le dispositif public de santé mentale, la psychiatrie en milieu pénitentiaire, bien que "normalisée" par le décret de 1986, occupe une place singulière où elle est plus particulièrement concernée par les fluctuations et les contingences d'un certain nombre de mouvements et de changements : sanitaires, sociaux, économiques, démographiques, législatifs, politiques... Mais aussi par les modifications de mentalité et de comportement, les attentes individuelles et collectives, les projections et les représentations.

La psychiatrie en milieu carcéral a le vent en poupe comme en témoigne la ligne budgétaire annoncée. Mais cette manne, bienvenue et certainement justifiée pour beaucoup d'entre nous, n'est-elle pas porteuse d'effets pervers susceptibles de produire à terme régression et confusion (surtout lorsqu'elle s'accompagne de coupes claires dans le réseau de soins extérieur).

En effet, depuis quelques années, pour différentes raisons sur lesquelles il conviendrait de réfléchir (avec notamment l'augmentation du nombre de malades mentaux dans les prisons et l'apparition de nouvelles formes psychopathologiques), ne sommes-nous pas en train de glisser subrepticement de la notion de détenu-malade à celle de malade-détenu, de la psychiatrie de l'enfermement à la psychiatrie enfermée ou se prolongeant dans un circuit de soins spécifique. Cela changerait alors la nature, les objectifs et l'indépendance de notre mission soignante.

Par ailleurs, l'évolution de la population carcérale et des motifs d'incrimination, les nouvelles peurs, leur médiatisation avec l'irruption de la statistique, de l'événementiel et de l'opinion publique ayant parfois force de loi, font que nous sommes de plus en plus sollicités et interpellés, et souvent désignés comme détenteurs d'un savoir incertain ou thérapeutes miracles, insuffisants notoires ou prédicteurs infaillibles... Ce double discours elliptique, entretenu par les propos sibyllins des uns et les paroles maladroites des autres, n'est-il pas révélateur de l'ambiguïté du rôle que l'on veut nous assigner ? Il nous faudrait in fine résoudre certains comportements de transgression dont on sait bien que les causes ou les circonstances de rechute (récidive ?) dépassent nos possibilités d'action dans le champ où nous nous inscrivons, et relèvent d'une multiplicité de facteurs dont on ne peut faire l'économie.

Il est également étrange que nous ne soyons pas les premiers à dénoncer les effets pathogènes de la prison et la dérive du tout carcéral... voiture balai des échecs antérieurs. Alors que l'on parle d'alternatives à l'incarcération, l'incarcération n'est-elle pas en train de devenir une alternative à la défaillance progressive du dehors, avec ses carences diverses, ses surveillances spécifiques et ses normes contraignantes. L'inadaptation des structures traditionnelles et des lieux d'accueil ou de soins produit, en amont, l'émergence de populations fragilisées, isolées, désorientées et marginalisées, donc potentiellement exposées. La prison a voulu punir puis réinsérer (avec les succès que l'on sait) et elle voudrait maintenant soigner...?

Ainsi, nous nous trouvons engagés dans un curieux processus d'imbrication de la psychiatrie et de la criminalité, avec des distorsions en regard desquelles l'éthique, la clinique et la qualité du lien thérapeutique paraissent avoir du mal à trouver leur place. On voit réapparaître de vieilles lunes : psychotiques au long cours, incurables, criminels-nés... Une nouvelle terminologie s'installe : sexopathe, consultation post pénale, antenne médico-judiciaire... De la drogue vers le sexe, s'opère un déplacement sémantique de notions telles que: addiction, désintoxication, injonction ou astreinte thérapeutique, obligation de soins... La santé remplaçant désormais le salut de l'âme, l'enfermement deviendrait "thérapeutique" voire, s'il est perpétuel, interprété par certains comme "soins à vie", à moins que guérison s'ensuive...

A n'y prendre garde, quelle fonction risque d'être la nôtre dans le dispositif d'exclusion qui actuellement se met sournoisement en place, et dont la prison est le dernier maillon de la chaîne ? Nous sommes amenés à y participer mais faut-il en devenir l'alibi humanitaire et normatif en se prêtant au mythe du "bon traitement", redresseur des dysfonctionnements individuels ou sociaux, et dont il faudrait en prime, thérapeutes ou experts, en garantir la réussite définitive ? Les contradictions sont inhérentes à notre pratique face à la complexité du fait psychique et à l'hétérogénéité du passage à l'acte. Mais faut-il franchir le pas de l'incohérence, celle qui résulte de l'amalgame de logiques incompatibles, de la compilation de mesures ponctuelles et immédiates, alors que seule, une réflexion plus globale et à plus long terme, pourrait être porteuse de perspectives innovantes et motivantes.

*Lorsque la psychiatrie caresse le fantasme de se laisser prendre pour une science exacte, lorsqu'elle ne se réinterroge plus sur elle-même et sur ce qu'on attend d'elle, lorsqu'elle cesse d'être humaniste, c'est-à-dire lorsqu'elle perd de vue que l'homme n'est réductible ni à son comportement ni à son statut de citoyen, alors tout est possible... mais tout est à craindre...*

Dr Odile DORMOY<br>14 janvier 1994

*"Seigneur, donnez-nous la force d'accepter ce que nous ne pouvons changer, le courage de changer ce qui peut l'être, et la lucidité d'en faire la différence ".*

Marc Aurèle

*" Rien ne presse un État que l'innovation : le changement donne seul forme à l'injustice et à la tyrannie. Quand quelque pièce se démanche, on peut l'étayer ; on peut s'opposer à ce que l'altération et corruption naturelle à toutes choses ne nous éloigne trop de nos commencements et principes : mais d'entreprendre à refondre une si grande masse, et à changer les fondements d'un si grand bâtiment, c'est à faire à ceux qui, pour décrasser, effacent, qui veulent amender les défauts particuliers par une confusion universelle, et guérir les maladies par la mort : non tam commutandarum quam evertendarum rerum cupidi*[1]*. Le monde est inapte à se guérir; il est si impatient de ce qui le presse qu'il ne vise qu'à s'en défaire, sans regarder à quel prix. Nous voyons, par mille exemples, qu'il se guérit ordinairement à ses dépens. La décharge du mal présent n'est pas guérison, s'il y a, en général, amendement de condition".*

(Montaigne, Essais livre III, 9 Propos)

*" Comme la surveillance et avec elle, la normalisation devient un des grands instruments de pouvoir à la fin de l'âge classique".*

*" La véritable ligne de partage parmi les systèmes pénaux ne passe pas entre ceux qui comportent la peine de mort et les autres, elle passe entre ceux qui admettent les peines définitives et ceux qui les excluent".*

Michel Foucault.

---

[1] Moins désireux de changer que de détruire (Cicéron, de officis, II, 1).

# Ouverture des journées

**M. le Pr Bertrand Samuel-Lajeunesse** : Monsieur le Président, mes chers collègues, mesdames et messieurs. C'est pour moi un grand honneur et un grand plaisir de vous accueillir ici dans ces locaux de la Clinique des Maladies Mentales et de l'Encéphale, tant au nom de l'université René Descartes, plus exactement de l'UFR Cochin-Port-Royal dont nous dépendons, qu'au nom de monsieur Guy Piau, Directeur du CHS Sainte-Anne, qui malheureusement ce jour ne peut pas être avec nous. Il était prévu qu'il vienne, il s'en excuse infiniment mais m'a demandé de le représenter en l'occurrence. Il m'a assuré qu'il sera là demain.

Le thème de votre rencontre : "Soigner et/ou punir" me semble d'autant plus intéressant, qu'en deçà des conditions particulières qui sont les vôtres dans votre activité professionnelle, vous allez aborder là, des problèmes majeurs, posés par les méthodes d'éducation et qui se retrouvent avec acuité, aussi bien en pédagogie qu'en thérapeutique, de manière latente ou parfois explicites dans certaines psychothérapies ; ainsi dans les thérapies comportementales où l'abord skinnerien a pratiquement submergé les abords pavloviens pour autant que le conditionnement opérant ait complètement balayé les conditionnements aversifs qui ont été les premiers traitements pratiqués.

Mais je ne veux pas interférer dans le thème qui sera le vôtre, ce n'est pas dans mes compétences d'ailleurs, je me bornerai tout simplement à vous souhaiter une rencontre très profitable. Je suis très heureux encore une fois de vous accueillir ici et je tiens à souligner la diligence avec laquelle Madame Dormoy et son équipe se sont occupées de la logistique de cette rencontre qui part à mon sens sous les meilleurs auspices. Je vous remercie de votre attention.

**Mme le Dr Odile Dormoy** : Je remercie très vivement Monsieur Piau et le Professeur Samuel-Lajeunesse d'avoir bien voulu nous accueillir dans ce lieu chargé d'histoire et d'événements qu'est l'hôpital Sainte-Anne, symbole de la psychiatrie française.

Je voudrais avant de commencer que nous ayons une pensée pour le Professeur Jacques Leauté, qui devait intervenir à ces journées sur le thème : "Le retour du criminel né". Nul doute qu'il nous aurait beaucoup apporté par son savoir, son talent et son humanisme. Je voudrais également que nous n'oubliions pas notre collègue, le Docteur Michaud - Chef de service au SMPR de Nantes, qui nous a quitté il y a quelques mois et dont l'épouse est ici présente. Et je voudrais aussi y associer le souvenir de nos collègues : le Docteur Delia Tchimichkian - Psychiatre au SMPR de Fresnes, le Docteur Hivert - Chef de service au SMPR de la Santé et le Docteur Merot - Chef de service au SMPR de Fleury-Mérogis. Je sais qu'ils auraient été heureux d'être parmi nous pour débattre des sujets que nous allons aborder.

Chargée cette année d'organiser ces 6èmes Rencontres, j'en ai choisi le thème en décembre dernier, à une période où les psychiatres en général, et ceux exerçant en milieu carcéral en particulier, avaient été largement et diversement interpellés autour du débat sur la peine perpétuelle et à l'occasion de la mise en application du nouveau code pénal. Les hasards du calendrier ont fait qu'au même moment, une nouvelle loi était promulguée pour redéfinir une politique de santé dans les prisons, avec les moyens y afférents, ce qui a pu être source de confusion. Même si l'agitation médiatique est momentanément retombée, le débat n'est pas clos car il va falloir donner un contenu technique à certaines définitions juridiques et à certaines orientations voulues par le législateur, de façon d'ailleurs pas toujours précise, et qui ne peut que reposer le problème des relations entre la psychiatrie, la justice et le système pénal. Cela d'autant que la création des secteurs de psychiatrie en milieu pénitentiaire a pu générer, au fil des ans, un certain nombre d'effets et d'ambiguïtés pouvant donner prise, sous des pressions diverses, à des interprétations plus ou moins tendancieuses et différentes en tout cas de la conception initiale de ces secteurs. Les psychiatres, notamment en regard du contexte actuel, peuvent-ils répondre à toutes les attentes, à toutes les demandes ou céder à toutes les tentations ? A n'y prendre garde, quelle fonction risque d'être la nôtre dans le dispositif d'exclusion qui se met sournoisement en place et dont la prison est souvent le dernier maillon de la chaîne. Nous sommes amenés à y participer, mais faut-il en devenir l'alibi humanitaire et normatif en se prêtant au mythe du bon traitement, redresseur des dysfonctionnements individuels et sociaux, et dont il faudrait en prime, thérapeute ou expert, en garantir la réussite définitive. Sans s'interroger sur soi-même, comment peut-on interroger les autres ?

Albert Camus à propos de la Peste, métaphore d'autres pestes, écrivait : "Quand nous serons tous coupables, ce sera la démocratie". En effet, et c'est ce qu'il voulait dire, la vérité n'est ni unique, ni univoque, et la liberté consiste à savoir se remettre en question. C'est ce que nous allons faire aujourd'hui, non pas en donnant des réponses immédiates à des problèmes du moment, mais en questionnant notre pratique et en ouvrant notre réflexion à d'autres disciplines.

A ce propos, en relisant le programme, je me suis aperçue qu'il manquait une discipline, la philosophie. Mais ma faute est réparée puisque j'ai le plaisir de vous annoncer une surprise, la présence parmi nous de Jeannette Colombel, philosophe, amie de Sartre et de Foucault, qui sera en quelque sorte notre candide et qui pourra nous faire part de ses réflexions et de ses commentaires à la fin de ces journées.

Je voudrais signaler la présence parmi nous de Monsieur Farid Kacha, Professeur de psychiatrie à Alger, et à travers lui, dire toute notre amitié et notre sympathie à nos collègues algériens avec une pensée particulière pour le Professeur Boucebci.

Merci de nous offrir votre temps et d'enrichir le contenu de ces journées par vos interventions et le dialogue qui pourra s'établir au moment des discussions avec nos orateurs dont vous apprécierez, j'en suis sûre, la qualité des exposés. Et je passe la parole au Président de séance, monsieur Robert Badinter, qui a eu l'extrême amabilité d'être avec nous et que je remercie très chaleureusement.

**M. Robert Badinter** : Avant d'entrer dans le vif du sujet, d'abord laissez-moi vous remercier, Docteur Dormoy, d'avoir imaginé le thème de ce colloque et d'avoir oeuvré pour qu'il puisse se tenir dans les conditions où il se tient. Ce n'est pas facile. J'associe à ces remerciements, comme vous l'avez fait tout à l'heure, le Professeur Samuel-Lajeunesse. Sans lui nous ne pourrions pas bénéficier de ce qui est indispensable, et j'apprécie ce détail charmant, original, - je suis un vieux routier des colloques - c'est la première fois que je vois entre l'auditoire et celui qui préside cette barrière de fleurs, les juristes jusqu'à présent n'ont pas utilisé encore ce décor floral et j'y vois un net progrès. Vous nous montrez la voie. J'aurais aimé, bien entendu, aller plus loin qu'un simple rappel de la gratitude que nous devons aux organisateurs. Mais comme encore pour quelques mois je suis tenu à l'obligation de réserve, je ne vous livrerai pas tout ce que je ressens au fond de mon coeur et de ma pensée, ou de ce qui m'en tient lieu à cet instant où je résumerais simplement mes sentiments en disant qu'à mes yeux, à l'heure où nous sommes, la pénalité bégaye et le bégaiement est toujours un signe clinique que vous saurez interpréter. Simplement, puisque le thème est celui qui a été choisi, je voudrais rappeler combien pour le juriste ou pour le sociologue tout serait simple, s'agissant du crime ou de la délinquance s'il n'y avait pas le criminel ou le délinquant ; que le droit pénal serait clair et facile s'il n'y avait pas le sujet du droit pénal. En ce qui concerne le sociologue, il n'est pas indifférent, puisque cela correspond exactement à un siècle, la date de 1895, de rappeler ce que Durkheim avait écrit, qui à mon sens n'est pas encore dépassé, sur la fonction de la peine et sur la peine elle-même non pas en la considérant du point de vue du sujet de la peine, mais en inversant la prospective et en se plaçant du côté de la société elle-même. Je rappelle simplement ces lignes : "La peine est restée, du moins en partie, une oeuvre de vengeance. On dit que nous ne faisons pas souffrir le coupable pour le faire souffrir. Il n'en est pas moins vrai que nous trouvons juste qu'il souffre. En supposant que la peine puisse réellement servir à nous protéger pour l'avenir, nous estimons qu'elle doit être avant tout une expiation du patient. Ce n'est pas pour autant que la peine doit être expiatoire seulement, comme si par suite de je ne sais quelle vertu mystique, la douleur rachèterait la faute". Et il ajoute : "La peine ne sert pas ou que très secondairement à corriger le coupable ou ses imitateurs possibles. A ce double point de vue, son efficacité est justement douteuse et en tout cas médiocre. Elle constitue un facteur irremplaçable de toute vie sociale, sa vraie fonction est de maintenir intacte la cohésion sociale en maintenant toute sa vitalité à la conscience commune. Il faut qu'elle s'affirme avec éclat et le seul moyen de s'affirmer est d'exprimer l'aversion unanime que le crime continue à inspirer, par un acte authentique qui ne peut que consister dans une douleur infligée à l'agent". Ainsi conclut Durkeim : "On peut dire sans paradoxe que le châtiment est surtout destiné à agir sur ce que l'on appelle les honnêtes gens, car, puisqu'il sert à guérir les blessures faites au sentiment collectif, il ne peut remplir ce rôle que là où ces sentiments existent et dans la mesure où ils sont vivants". Et il souligne : "Cette douleur infligée n'est pas une cruauté gratuite, c'est le signe qui atteste que les sentiments collectifs sont toujours collectifs, et par là, elle répare le mal que le crime a fait à la société. Voilà pourquoi les théories qui refusent à la peine tout caractère expiatoire paraissent, à tant d'esprit, subversives de l'ordre social". Il faut prendre ce texte tel qu'il est, dans son contexte imbriqué. Mais le renversement de perspectives, c'est-à-dire la peine conçue comme facteur de cohésion sociale et pensée par rapport au corps social, et non pas par rapport au délinquant, est évidemment une perspective qui ne saurait être oubliée. J'ai eu l'occasion bien des fois de le vérifier. Mais il se trouve, que le criminel existe, que le délinquant existe, et qu'il est un être humain dans toute sa complexité. A partir de là, vous avez en présence une réaction sociale assez justement analysée même si l'analyse date d'un siècle, et une demande sociale que heurte de plein front cette réalité, que l'on ne peut méconnaître, qui est la personnalité du criminel ou du délinquant. Le juriste trébuche ou bégaie et il se tourne tout naturellement vers le psychiatre, en attendant de lui la solution que cette contradiction ne lui permet pas d'atteindre. D'où le transfert qui s'effectue, d'où l'interrogation majeure qui pèse sur vous et sur nous, mais d'où l'importance de ce colloque.

Nous commençons avec vous Monsieur le Professeur sur les rapports historiques de la psychiatrie et de la médecine légale, de l'hôpital psychiatrique et de la prison. Vaste sujet, nous vous écoutons avec plaisir..

**Séance présidée par Robert Badinter
(Modérateur Gérard Milleret)**

# Les rapports historiques de la psychiatrie et de la médecine légale, de l'hôpital psychiatrique et de la prison

Dr Jean Ayme

> Après la geste pinelienne, l'article 64 du Code Pénal et la loi du 30 juin 1838 devaient marquer une séparation radicale entre les criminels et les aliénés, entre la prison et l'asile. Néanmoins ils portent en commun l'image de lieux de ségrégation pour ceux qui menacent l'ordre public et la sécurité des personnes.
> Cette connivence est renforcée, au début du XXème siècle, par les travaux criminologiques et les liens cliniques et institutionnels entre la médecine légale et la psychiatrie (enseignement de De Clérambault, épreuve du Médicat, congrès, etc).
> A la Libération, la dénonciation de l'univers concentrationnaire et de la conduite ségrégative de la société à l'égard du malade mental, est le point de départ de la politique de secteur et du courant de psychothérapie institutionnelle qui vont profondément modifier le paysage psychiatrique français : psychiatrie ouverte sur la cité, subversion de l'hôpital où le malade retrouve dignité, droit à la parole, initiative et responsabilité, traitement conjoint de l'institution et de chaque patient dans sa singularité, rôle déterminant de l'infirmier dans cette thérapie du milieu.
> La rupture avec la logique carcérale, qu'implique cette démarche, conduit un grand nombre de psychiatres à se détourner de l'expertise pénale, de l'univers pénitentiaire et même, pour certains, à refuser l'accueil des malades dangereux.
> Mais la création en 1977 des CMPR, devenus SMPR en 1985, et, plus récemment, l'article 122-1 du nouveau Code Pénal relancent le problème des rapports médico-judiciaires dans le "traitement" des conduites antisociales.

C'est en effet un vaste programme que je dois vous présenter d'autant que je ne suis ni historien, ni spécialiste de médecine légale mais je pense que ce choix vient de vieilles complicités avec O. Dormoy, lorsque nous coprésidions à tour de rôle le groupe III de la Commission des Maladies Mentales. J'ai cependant le privilège d'avoir un certain nombre d'années de carrière qui me permettront d'être beaucoup plus prolixe sur les dernières décennies.

Le thème que je vais aborder c'est un peu une histoire de couple. Comme pour beaucoup de couples, elle est faite d'unions, de séparations, de conflits, de connivences et de retrouvailles. La proximité entre l'appareil répressif et l'appareil de soins psychiatriques, au moins dans l'imagerie populaire, est liée au fait que, quoiqu'il s'en défende, le psychiatre a également pour fonction de préserver l'ordre public et la sécurité des personnes.

L'acte fondateur de la première séparation est l'article 64 du code pénal de 1810. Il répond au voeu de Pinel de séparer, dans le champ de ce qu'on appelle maintenant la marginalité, les délinquants des aliénés. Pour accueillir ceux-ci, la loi de 1838 fonde l'asile, le meilleur instrument pour traiter l'aliénation, "lorsqu'elle est aux mains d'un praticien habile" précise Esquirol, qui ajoute : il faut un lieu "où ceux qu'on y admet n'aient point à rougir d'être confondus avec les enfants du crime et de l'immoralité".

A cette image d'Epinal, Philippe Rappard oppose malicieusement la formule suivante : "la loi de 38 n'est que le décret d'application de l'article 64". Pour irritante que soit cette affirmation, l'histoire va lui donner raison. Non pas par un retour au mélange, mais parce qu'on passe en deux demi-siècles de l'asile, lieu d'accueil et de soins, à l'asile, lieu de ségrégation. Cette évolution est sans doute liée au développement de la société industrielle. L'âge d'or de l'aliénisme s'achève dans les années 70 (je rappelle qu'en 1860, il n'y avait encore en France que 18 000 aliénés, et les asiles dans la plupart des départements en accueillaient moins de 200). La croissance démographique amène la population asilaire à 130 000 malades mentaux à la veille de la seconde guerre mondiale. Le terme d'asile, devenu péjoratif, est remplacé par celui d'hôpital psychiatrique. On sait ce qu'il advint durant les quatre années d'occupation : 40 000 malades moururent de faim. D'où la réaction des psychiatres à la Libération dénonçant ces lieux concentrationnaires et la conduite ségrégative de la société à l'égard des malades mentaux. C'est la volonté d'un plus-jamais-ça qui anime la première équipe du tout nouveau Syndicat des médecins des hôpitaux psychiatriques. Je vais y revenir.

La période qui vient de s'écouler sera le terreau sur lequel va se développer la **médecine légale**. C'est la période florissante de la criminologie clinique, de Lombroso à de Greeff. Elle se poursuivra après la guerre. Plusieurs psychiatres seront présidents de la Société de Criminologie, il en est dans la salle d'ailleurs. Cet intérêt se rencontre dans les différents courants qui traversent la psychiatrie. Lacan fait paraître avec Cénac, en 1950 un article sur "Introduction théorique aux fonctions de la psychanalyse en criminologie".

D'autres exemples témoignent des liens étroits qu'entretiennent la médecine légale et la pratique psychiatrique : les célèbres leçons cliniques de Clérambault à ce qu'on appelait à l'époque l'"Infirmerie Spéciale". Un institut se crée, qui délivrera longtemps un "diplôme de médecine légale et de psychiatrie".

Plus généralement la pratique de l'expertise sera longtemps l'exclusivité des psychiatres du Cadre. Créé en 1902, le concours du "Médicat" comporte une épreuve de médecine légale. Elle ne disparaîtra que tout récemment.

Le Congrès des psychiatres et neurologues de langue française inscrit traditionnellement chaque année, en alternance avec un rapport d'assistance et un rapport de thérapeutique, un rapport de médecine légale. Un des derniers en date est le rapport présenté en juin 87 par Pouget et Costéja sur la "dangerosité" (terme psychiatrique disent les dictionnaires). On y trouve la référence à un article publié dix ans auparavant : "L'expertise psychiatrique premier acte thérapeutique".

*La coupure à la Libération*

Je reviens pour la développer un peu plus longuement à la période de la Libération.

Il s'agit là d'une coupure stratégique, institutionnelle et épistémologique. Aurait-elle pu ne pas se produire ? Le grand élan de renouveau et de générosité qui suit la Libération pénètre tous les domaines, en particulier ceux où les libertés et la dignité de l'homme sont en cause. Si la révolution psychiatrique se met en marche, la justice aura du mal à réaliser la sienne. La charte de la réforme pénitentiaire de 1945 me paraît s'être limitée à la création des centres médico-psychologiques, du CNO de Fresnes et des Centres d'observations pour les détenus psychopathes de Château-Thierry et d'Hagueneau. La lutte contre la logique carcérale, qui anime les psychiatres à la Libération, peut difficilement être suivie par l'Administration pénitentiaire, tributaire d'une justice dont la démarche majeure reste l'incarcération.

En psychiatrie, l'effort novateur se fait dans deux directions parallèles et complémentaires : la politique de secteur et la psychothérapie institutionnelle.

La première abandonnant l'isolement, fondateur de l'asile, renverse la logique et se propose de traiter le malade au plus près de son lieu de vie. Le psychiatre et son équipe déplacent leurs activités vers la cité. Toutefois elle mettra du temps avant de s'étendre à tout l'Hexagone. Cette extension ne se réalisera qu'au début des années 70.

En revanche la psychothérapie institutionnelle prend naissance dès les années 40 puisque la première réalisation se fait, sous l'Occupation, à Saint-Alban, entraînant avec elle la survie des malades. Il s'agit alors de substituer au système de gardiennage un autre mode relationnel fondé sur le travail en commun, les activités distractives et créatrices, la multiplication des occasions de rencontres et d'échanges. La vie quotidienne devient le support de la stratégie de soins. Il s'agit également de faire rentrer la psychanalyse dans les structures de psychiatrie publique permettant de traiter le malade dans sa singularité. Il se réalise ainsi un tissage du social et du psychanalytique. Certes les réalisations auront une vitesse variable selon les lieux, selon les collègues, les références sociologiques et psychanalytiques. Cependant quelles que soient les divergences, le mouvement est lancé et fait tache d'huile. L'ambiance va se modifier dans tous les services, créant un écart de plus en plus évident entre la vie quotidienne des malades mentaux et celle des détenus. Tout le monde s'accorde pour reconnaître que le visage psychiatrique français a totalement changé sur ces 50 dernières années. J'ai jaugé cet écart par mon expérience personnelle.

Je prends mes fonctions de médecin chef en 1952. C'est l'année où est commercialisé le premier neuroleptique, c'est également l'année où paraît la circulaire 148 du 21 août 1952 injustement oubliée. Voici quelques unes des recommandations de ce texte bien avant ce qu'on a appelé l'humanisation des hôpitaux. Il recommande d'appeler les malades de sexe féminin par leur nom de femme et non pas par leur nom de jeune fille qui figure dans le dossier administratif. Il recommande de leur fournir des garnitures périodiques ce qui en dit long sur les conditions de vie dans les hôpitaux à l'époque ; de leur offrir des vêtements aux coloris variés et non pas la robe de bure uniforme ; de permettre au malade de garder leur alliance qu'on leur retirait pour leur préserver leur bien comme on dit ; leur garder leurs vêtements et objets personnels. Ce texte préconise également de rendre les locaux de vie commune attrayants, rideaux aux fenêtres, calendrier, horloge, poste de radio et même de télévision. Il recommande la suppression des uniformes de gardiens que portaient encore certains infirmiers. L'hôpital psychiatrique interdépartemental de Clermont, où je suis affecté, est une vaste concentration asilaire de plus de 4 000 malades. Pour les prendre en charge 14 psychiatres dont 7 en formation. Lucien Molafet se laissera aller à le désigner comme étant un cul de basse de fosse. Il m'est attribué le service le plus misérable. Il jouxte la prison. Une ruelle de 6 mètres sépare mon bureau du lieu en question. Les conditions de vie n'y sont guère différentes. Un surveillant a la charge, chaque matin, d'ouvrir le courrier des malades ; de censurer les journaux qu'ils reçoivent en découpant les articles réputés dangereux pour leur équilibre psychique et plus encore leurs conduites antisociales ; les infirmiers ont deux hantises : le suicide et l'évasion. Les malades sont comptés à de multiples reprises dans la journée. Leur sont retirés à leur arrivée, leur ceinture et leurs lacets. Ils mangent dans des assiettes en métal avec un gobelet en métal et ne disposent que d'une cuillère. Les malades agités sont enfermés dans des cellules où ils couchent sur de la paille avec un trou pour satisfaire leurs besoins. Lorsqu'un malade entre en application de l'article D 398, nul besoin de gardien à la porte, l'hôpital psychiatrique est considéré comme une annexe de la prison.

Pour un jeune chef de service, cette situation est insupportable. Certes la prison sera rasée peu d'années après et son emplacement sera transformé en parking. Mais déjà est entamée la rupture avec le dispositif concentrationnaire. Non seulement j'ai rejoué la geste pinélienne, mais, m'inspirant des expériences de Georges Daumézon et de François Tosquelles et des ouvrages de Paul Bernard, je vais entraîner les infirmiers dans une démarche de subversion. Il suffisait de leur proposer de faire le contraire de ce qui leur était recommandé auparavant. Au coude à coude, infirmiers et malades vont combler les sauts de loups, transformer les cellules en ateliers et scier les barreaux des fenêtres. Bernard préconisait d'instaurer un régime de vie pour les malades mentaux comparable au régime alimentaire des services de gastro-entérologie. Tosquelles considérait qu'on ne pouvait introduire la psychanalyse que si on réalisait une asepsie du milieu, faisant disparaître la pourriture asilaire dominée par le gâtisme et l'agitation. Je lui emprunte la création d'un club de malades avec élection de délégués pour gérer toute la vie sociale du service. Il s'agit de traiter à la fois chaque malade et l'institution elle-même, d'utiliser les échanges de marchandises, affectifs et de parole, comme support de la stratégie thérapeutique, pour tenter de faire du service un authentique instrument de soins.

Cette stratégie, centrée sur une pratique ouverte et conviviale, s'étend de proche en proche dans tous les hôpitaux psychiatriques. Elle prend son plein essor au milieu des années 60. Mais elle va avoir, pour l'objet qui nous occupe, une première conséquence :

1°) un **désintérêt** pour la médecine légale et le milieu pénitentiaire. Les psychiatres, dans leur majorité, repoussent la loi de protection sociale qui est en train de s'appliquer en Belgique. Plus illustratif encore est le fait que, lorsque Henri Ey organise les Journées du Livre Blanc en 65 et 67, il ne laisse aucune place à la médecine légale et à la criminologie. Il se considérait comme le gardien du temple. Il ne craignait rien tant que la disparition de la psychiatrie sous deux effets conjugués. D'une part ce qu'il appelait la psychiatrie "volatile", c'est-à-dire l'envahissement de la psychanalyse supprimant le support organique auquel il tenait dans l'étiologie des psychoses et même des névroses. D'autre part, la psychiatrie "d'extension". Offrant ses services dans toujours plus de domaines, elle perd ses limites et risque de s'enfler au point d'en crever, comme la grenouille de la fable. Il en était venu à considérer, mais il n'était pas le seul, que les pervers n'avaient rien à faire dans les hôpitaux et il était tout près de penser que la psychopathie n'entrait plus dans la nosographie. C'est l'époque où il brise des lances avec Michel Foucault, auquel il reproche ses "sophismes" (je pense qu'il s'agit plutôt d'un syllogisme avec une prémisse fausse : Michel Foucault a toujours considéré l'hôpital psychiatrique comme un lieu de contrainte, de torture et d'épouvante).

Face à ce désintérêt croissant pour le sort des détenus, quelques collègues lancent un cri d'alarme. Paul Broussolle fait paraître en février 66 un article dans l'"Information Psychiatrique", intitulé : "La révolution criminologique doit-elle se faire sans le psychiatre ?". Je le cite :

*"Soucieuse de désaliéner l'homme, la psychiatrie peut-elle accomplir sa révolution si elle en exclut cet autre aliéné qu'est le criminel ?... La question mérite d'être posée puisque, c'est un fait, la collaboration du psychiatre avec la Justice est plutôt en baisse".*

Il semble avoir été entendu puisqu'en novembre de la même année, paraît un numéro spécial de la Revue sur : "Traitement du délinquant et institutions psychiatriques". Il fourmille d'informations et de prises de positions émanant de juristes et de psychiatres lyonnais. Il se termine par un article de Marcel Colin, psychiatre des prisons de Lyon, sur les "Méthodes de traitement en criminologie", posant ainsi le problème **de la délinquance comme pathologie**.

2°) Au milieu des années 70, la politique de secteur est en pleine extension. Le traitement ambulatoire et les structures légères réduisent l'hospitalisation à n'être plus qu'un des éléments de la panoplie de chaque secteur. L'écart se creuse encore. La deuxième conséquence de ce changement est le refus d'une quelconque **assimilation** avec le monde pénitentiaire. Mais à vouloir tourner le dos à ce qui, de près ou de loin, rappelle l'univers carcéral, à utiliser la prison comme un repoussoir, certains collègues en arrivent à refuser la violence et les conduites antisociales dans leur service. Ils adoptent, à leur tour, une conduite ségrégative en recourant abusivement aux services pour malades difficiles, au risque d'un phénomène d'inflation. Il faudra une lutte menée au sein de la Commission des Maladies Mentales, en particulier par Hubert Mignot, pour les convaincre que la prévention et le traitement de la violence entrent dans la mission d'une équipe de secteur.

Il n'en reste pas moins que, dans l'opinion publique, l'hôpital psychiatrique conserve la même image de lieu d'enfermement... et elle perdure. Tout se passe comme si cette image mythique ne pouvait pas disparaître du fait de son pouvoir conjuratoire. Comme tout mythe, il a une fonction sociale. Lié au mythe de "l'internement arbitraire", il rassure monsieur tout le monde, celui qu'il m'arrive d'appeler un "normosé", sur une éventuelle hospitalisation qui ne pourrait être qu'une erreur.

La presse n'est pas en reste dans ce dénigrement. Nous subissons des assauts répétés, malgré la complicité de certains journalistes qui acceptent de rendre compte des efforts que nous accomplissons. La colère des psychiatres des hôpitaux est à son comble. Nous prenons beaucoup de temps à exiger des rectificatifs. Je cite cette phrase d'un collègue qui s'exclame lors d'un de nos congrès : "Qu'on me prenne pour un hurluberlu ou un demi-fou, passe encore, mais qu'on m'accuse de crimes contre l'humanité est proprement intolérable". Nous nous tournons vers nos ministres successifs pour leur demander de prendre notre défense lorsqu'on nous traîne ainsi dans la boue, mais sans succès. Bien plus, l'un d'eux, qui s'est entiché du traitement des alcooliques, ne craint pas de déclarer sur les ondes, ce qui sera abondamment repris par la presse, alors qu'il est en charge d'un bon fonctionnement des structures psychiatriques:

*"Il m'est intolérable d'imaginer qu'un malade alcoolique puisse être mêlé aux malades mentaux"* !

Pour préserver l'image de marque de la psychiatrie, les trois principaux syndicats de psychiatres se sont mobilisés, en particulier depuis 1971 pour dénoncer les pratiques dévoyées de certains psychiatres en URSS, contre les oppositionnels. En 1977 ils obtiennent, au Congrès Mondial, une condamnation par la communauté psychiatrique internationale de cet usage dévoyé de notre discipline (Rappellons au passage que la législation soviétique permet aux magistrats de condamner quelqu'un à un traitement psychiatrique).

*Des retrouvailles obligées*

Cette même année 77, Simone Veil, Ministre de la Santé et magistrat, propose **la création des CMPR**. Comme prévu, le syndicat se déclare opposé à ce projet, bien qu'il soit également soutenu par notre traditionnelle complice Marie-Rose Mamelet. Malgré ce tir de barrage, Mme le Ministre maintient son projet. Lorsqu'elle clôt le Premier Congrès Mondial de Médecine Pénitentiaire, en 1978, elle déclare, avec juste raison :

*"Ma présence ici a valeur de symbole parce que les hommes et les femmes qui sont dans les prisons doivent être soignés avec la même attention que les autres".*

Ces propos rejoignent ceux d'un certain nombre de collègues qui trouvent excessives les réactions du syndicat. Elles sont toutefois compréhensibles si l'on s'en rapporte, par exemple, au compte-rendu que Claire Brisset, pourtant fille de psychiatre, fait de ce congrès, dans lequel elle écrit :

*"Car la pathologie mentale et la prison entretiennent des relations étroites qu'aucun des participants n'a cherché à nier".*

Je résumais, à l'époque, les raisons de cette opposition en deux mots : "discrédit et crédits". D'une part, nous ne voulons pas être assimilés à des enfermeurs. D'autre part, les dépenses de fonctionnement des CMPR sont imputées aux crédits des dépenses d'hygiène mentale sur lesquels fonctionnent nos dispensaires déjà menacés de réductions. Et déjà nous commençons à manquer de crédits. Toutefois, Jean-Yves Achallé justifie ces dépenses en soulignant que, grâce au 13ème secteur de l'Essonne qui fonctionnait à Fleury-Mérogis, le recours à l'article D398 était devenu extrêmement rare dans le département.

Deux ans plus tard, le syndicat inverse sa position et réclame, pour les CMPR, plus de moyens.

Mais un autre projet va déclencher un nouveau tir de barrage. Il nous oppose, non plus au Ministre de la Santé, mais au Ministre de la Justice. C'est le problème des **"délinquants anormaux mentaux"**, qu'on désigne également, selon les périodes, par le terme de "délinquants partiels" ou "délinquants à responsabilité atténuée". C'est un problème très ancien, mais il reprend de l'actualité en 1974, lorsqu'est créée une commission dirigée par le Juge Pageaud. Deux psychiatres en font partie, Paul Hivert et Yves Roumajon. Elle fera également souvent appel à Pierre Bailly-Salin. Ce dernier nous alerte sur ce projet de modification de l'article 64.

Le syndicat ne tarde pas à réagir : Le conseil adopte le 24 septembre 1974 une déclaration de la plume de Michel Audisio, dont voici l'essentiel :

*"Le syndicat ne peut faire autrement que de proclamer le plus solennel avertissement à propos de projets qui vont à contre courant de l'évolution des conceptions et des méthodes de soins dans le champ de la psychiatrie (critique de la normalité, critique des obligations de réduction des libertés).*

*Tout d'abord, le terme même d'anormalité mentale fait référence à une conception caduque de l'aliénation ; il n'y a pas plus d'anormalité mentale qu'il n'y a d'anormalité cardiaque ou gastrique ? Il y a le sentiment des malades qui méritent d'être pris en charge, c'est-à-dire soignés.*

*Ensuite, il faut rappeler que le phénomène de délinquance est un phénomène second, qui n'est pas lié ontologiquement à l'état de santé mentale du délinquant. Il ne saurait donc être question de bâtir une conception des soins et des systèmes thérapeutiques à partir d'une conduite de délinquance.*

*Enfin il est un fait que les soins psychiatriques sont donnés dans des services de soins situés dans le cadre de l'hospitalisation publique ou privée et dans celui des institutions extra-hospitalières qui y sont annexées. Il ne saurait donc être question d'y modifier fondamentalement la qualité des rapports contractuels qui s'établissent entre les soignants et les soignés, en introduisant des considérations de restrictions des libertés des uns comme des autres.*

*S'il existe un problème de délinquants anormaux mentaux, dont il est compréhensible qu'ils puissent avoir des difficultés à séjourner dans les services pénitentiaires courants, il appartient à l'Administration Pénitentiaire d'adapter ses propres services à sa propre clientèle.*

*Le corps des Psychiatres hospitaliers a eu la sagesse de se mêler le moins possible d'une polémique qui a trait à la conception de la justice et à la mission des services pénitentiaires, car il est persuadé que la confusion des rôles engendre des conflits aux conséquences imprévisibles".*

Cette affaire va durer près de vingt ans. Elle oppose les psychiatres qui se refusent à une quelconque judiciarisation de la psychiatrie (nous obtiendrons par exemple, le retrait de la proposition du sénateur Caillavet en 1978 qui introduisait des procédures lourdes et complexes en amont de l'hospitalisation) aux magistrats responsables de l'Administration Pénitentiaire qui supportent de plus en plus mal la présence de détenus perturbateurs.

J'en indique rapidement quelques repères :

La Commission "Leauté" succède à la Commission Pageaud. N'y siège plus qu'un seul psychiatre, Yves Roumajon. Des liens de camaraderie noués sous l'Occupation nous permettrons de rester en liaison sur ce problème. Il souhaitait recueillir l'avis du Président du syndicat. C'est à ces liens que nous devons la substitution au terme de démence de la formule "troubles psychiques et neuro-psychiques, car s'il avait été question des seuls troubles neuro-psychiques", le neuro-psychique seul nous faisait retourner à la neuro-psychiatrie. J'avais également acquiescé au "non punissable", malheureusement transformé par les parlementaires en "non pénalement responsable", privant ainsi le malade de cette responsabilité que nous nous efforçons de lui rendre dans la démarche thérapeutique. Il risque d'être également privé de redevenir un sujet de droit et de bénéficier de la procédure symbolisante de son passage devant les instances judiciaires.

Reprise en main par le Président Badinter, lorsqu'il devient Garde des Sceaux, la commission élabore un projet de ce que nous appelons péjorativement "le placement judiciaire", réservé aux malades bénéficiant de l'article 64, placement géré, de l'entrée à la sortie de l'hôpital, par des magistrats. Elle y renoncera. Je reçois de M. Alain Bacquet, Directeur de Cabinet du Garde des Sceaux, une lettre datée du 10 août 1983 :

*"Il a été finalement décidé de renoncer à la solution retenue en 1978 en ce qui concerne le placement en service hospitalier spécialisé et la sortie de ce service. ...L'idée de créer un statut hospitalier spécifique aux "délinquants" irresponsables mentaux a été abandonnée, l'étude d'une réforme du régime des placements d'office trouvant mieux sa place dans le cadre des réflexions menées, sous l'égide du Secrétariat d'Etat chargé de la Santé, au sujet des dispositions du Code de la Santé Publique relatives à la lutte contre les maladies mentales.*

*La Commission de révision du Code Pénal a en définitive estimé préférable de renoncer à faire des propositions en ce domaine..."*

Que reste-t-il de ces travaux et de ces débats dans les textes législatifs contemporains ?

Dans **la loi du 27 juillet 90**, deux dispositions, l'une bienvenue et l'autre plus contestable. L'article 348, anticipant sur le Code Pénal à venir, prévoit le "non-lieu, la relaxe et l'acquittement", ce qui laisse supposer le passage possible du malade devant le Tribunal Correctionnel ou la Cour d'Assises. Mais son application risque d'être annulée par le regrettable "non pénalement responsable".

En revanche, l'article 348-1 prévoit pour ces malades des modalités particulières de sortie témoignant d'une défiance à l'égard des psychiatres hospitaliers.

Dans le Code Pénal, en application depuis mars dernier, le deuxième paragraphe de l'article 122-1 recrée la catégorie des "aliénés partiels", pour lesquels sont confondues sanction judiciaire et sanction thérapeutique. Les magistrats interpréteront-ils cette disposition comme une simple légalisation de la circulaire Chaumié ou voudront-ils en tirer des conséquences institutionnelles ? Dans cette dernière hypothèse, risquent d'être créés des établissements psychiatriques gérés par l'Administration Pénitentiaire, proches des établissements créés par la loi de protection sociale en Belgique, ou des "hôpitaux psychiatriques spéciaux" de l'ex-URSS de sinistre mémoire.

Le nouveau Code Pénal nous contraint à reprendre la vie commune entre blouses blanches et robes noires, je reprends cette expression à Monsieur R. Badinter qui avait bien voulu, lors de l'audience 1982, me l'a fourni. Reprise d'une vie commune mais à quelles conditions ? Merci de votre attention.

- **M. R. Badinter** : Merci M. le Professeur pour ce brillant rappel de cette longue et difficile relation. À vous cher Docteur, vous nous en direz plus sur les SMPR.

# Les S.M.P.R., contexte et évolution

Dr Jacques Laurans

> La création des S.M.P.R., autour des années 80, a ouvert des "secteurs de psychiatrie en milieu pénitentiaire" comme le soulignent les textes fondateurs.
> N'y a-t-il pas dans cette appellation certaines ambiguïtés ?
> Un secteur de psychiatrie générale est clairement identifié avec, d'un côté, des lits d'hospitalisation, et de l'autre, les structures extra-hospitalières fonctionnant en milieu libre.
> Un secteur de psychiatrie en milieu pénitentiaire a, la plupart du temps, des lits mais le deuxième volet "extra-hospitalier" ne se déroule pas en milieu libre et reste émaillé de ruptures, liées aux impératifs judiciaires et pénitentiaires.
> Les S.M.P.R. n'ont pas toutes les capacités d'un secteur, en particulier ne peuvent pas donner des soins en l'absence de consentement des patients.
> L'inadéquation d'une structure carcérale pour la prise en charge de psychotiques chroniques au long cours est flagrante et le nombre croissant de ce type de patients, souvent condamnés à de longues peines, au nom d'une nouvelle jurisprudence des experts, mérite une réflexion de la part de tous les intervenants.

Monsieur le Président, je ne crois pas que j'en dirai beaucoup plus. J. Ayme a fait une intervention très charpentée, très bien documentée. Je vais faire beaucoup plus modeste.

La création des SMPR, autour des années 70-80, à partir d'une circulaire de 1977 (circulaire commune du Garde des Sceaux et du Ministre de la Santé et qui reprenait d'ailleurs les termes d'une ancienne circulaire de la justice qui elle remontait à 10 ans auparavant, c'est-à-dire 1967), a été plus sûrement officialisée par le décret du 14 mars

1986 sur la sectorisation et l'arrêté du 14 décembre 1986 organisant les SMPR. Ce qui a été modifié entre 1967 et 1977, c'est que les médecins psychiatres intervenants en prison étaient en 1967 soumis au Chef d'établissement pénitentiaire, alors que la circulaire de 1977 les libéraient, en quelque sorte, de cette subordination.

Ces deux derniers textes mettaient "les secteurs de psychiatrie en milieu pénitentiaire", dans le droit commun des secteurs de psychiatrie générale et mettaient fin à une longue série d'expériences plus ou moins fugaces dont les premières, initiées avant guerre, un petit peu à la suite des laboratoires d'anthropologie criminelle du début du siècle, avaient été suivies, dans l'euphorie de l'après-guerre et de la réforme Amor qui prévoyait un centre médico-psychologique dans chaque établissement pénitentiaire, de la création d'annexes psychiatriques dont peu résistèrent au manque de moyens jusqu'à ce que certaines DDASS donnent quelques subsides vers les années 60, ce qui a permis l'installation de Paul Hivert à la Santé en 1961 grâce à l'O.P.H.S, c'est-à-dire à l'Office Publique d'Hygiène Sociale de la Seine qui était en quelque sorte le financeur de l'embryon des secteurs.

Cette reconnaissance de la présence de la psychiatrie en prison mettait également fin à une longue période de tergiversation remontant au 19ème siècle, à propos du rôle du psychiatre en détention en dehors de ses fonctions d'expert. Les psychiatres n'étaient pratiquement pas présents en prison et quand il a été question de les introduire, et là je cite Paul Hivert de mémoire, un Directeur de la Santé avait dit : "Mais si il y a des psychiatres tout le temps en prison, tous nos détenus vont devenir des simulateurs". C'est donc ainsi qu'on envisageait la présence du psychiatre en détention.

Cette dénomination de secteur, utile pour intégrer la psychiatrie en milieu carcéral au dispositif général, ne soulève-t-elle pas certaines ambiguïtés ?

Un secteur de psychiatrie générale est clairement identifié avec, d'un côté, des lits d'hospitalisation, de l'autre, des structures extra-hospitalières dans la cité, donc en milieu libre.

Un secteur de psychiatrie en milieu pénitentiaire a, la plupart du temps des lits, mis à part 2 ou 3 SMPR, pris en compte par le schéma directeur d'organisation hospitalière - mais dont l'hôpital de rattachement n'a pas la libre gestion puisqu'il s'agit de "places" de prison, soumises à des impératifs de gestion de population dont l'objectif n'est pas principalement soignant et dont le coût, tant de l'entretien que de la surveillance, est supporté par l'Administration Pénitentiaire.

Quant aux structures extra-hospitalières, essentiellement les consultations "ambulatoires", elles fonctionnent dans un lieu où "l'ambulation", si j'ose m'exprimer ainsi, est pour le moins très limitée.

De plus, ces soins sont soumis à des ruptures imprévues, telles que des transferts, liées à des impératifs judiciaires ou pénitentiaires.

Ces services spécialisés n'ont pas non plus la pleine capacité administrative en ce qui concerne les soins en l'absence de consentement puisqu'ils doivent, le cas échéant, recourir à l'article D 398 du Code de Procédure Pénale et demander au Préfet de prendre un arrêté d'hospitalisation d'office. Cette disposition est opportune, son absence ferait que les malades mentaux seraient les seuls détenus à ne pouvoir bénéficier d'une hospitalisation à l'extérieur et ajouterait une contrainte de soins dans un lieu où l'on vit déjà dans la contrainte générale.

Quoi qu'il en soit, depuis une quinzaine d'années, les SMPR ont émis des pseudopodes dans le milieu carcéral, au moment où l'asile tendait à s'ouvrir vers l'extérieur en perdant son caractère totalitaire.

La décision des médecins hospitaliers de laisser en liberté des personnes dont l'état, compte-tenu des progrès thérapeutiques, ne justifiait pas ou plus l'enfermement, a entraîné des conséquences plus importantes que prévues et révèle l'inadéquation de certaines pathologies à ce type de prise en charge.

Tout se passe comme si la déplétion de l'hôpital entraînait un afflux croissant d'une partie de sa population effective ou potentielle, vers les prisons.

Actuellement, la crise aidant, l'idée générale qui avait présidé à la mise en oeuvre du secteur, se trouve confrontée à de nouveaux impératifs économiques. Le développement des soins ambulatoires, entraînant un redéploiement des moyens de l'intra vers l'extra hospitalier, a amené une réduction drastique du nombre des lits.

Le raccourcissement de la durée de séjour, induite par la diminution du nombre des lits et le redéploiement des moyens, ont eu des effets considérables sur le sort des malades.

La recherche forcenée de solutions alternatives à l'hospitalisation a amené les services de secteur à confier les patients à des institutions auxquelles ils ne s'adaptent pas forcément, qu'il s'agisse d'hébergement de nuit ou de structures de jour, visant à occuper le nyctémère avec, souvent, solution de continuité entre les deux.

La difficulté de tolérer, dans des lieux ouverts vers la cité, des malades difficiles et/ou dangereux est un autre aspect de la libéralisation de la vie hospitalière en psychiatrie.

Cette intolérance est fondée sur l'insécurité ressentie par le personnel, tant à cause de la disparition des murs que de la féminisation des équipes infirmières. "Il faut abattre les murs" dit-on, et accueillir tous les malades dans des unités normalisées, dont les murs ne résistent guère à quelques coups correctement appliqués.

Le déni de la violence, qui est parfois engendré par la maladie mentale et qui s'exprime par des aphorismes tels que : "ce sont des malades comme les autres", contribue à cette intolérance en disqualifiant ceux des malades qui sont victimes de troubles graves du comportement.

La négation de la spécificité de la maladie mentale entraîne la disparition de la protection qu'accordait jadis la psychiatrie hospitalière.

Ces malades, "comme les autres", avec rappel de leur citoyenneté, sont donc responsables de leurs actes, sauf exceptions de plus en plus rares, et ne peuvent plus prétendre, du moins de façon prolongée, à un lieu de vie à eux destiné.

Cette sécularisation des patients entraîne leur prise en charge judiciaire lorsqu'ils transgressent les interdits sociaux.

Ces vingt dernières années ont vu une augmentation significative du nombre des psychotiques dans la population carcérale. Ces malades emprisonnés témoignent des limites de la "politique de secteur" - soit qu'ils soient ignorés des centres médico-psychologiques, soit que leur suivi soit rendu problématique par leur non-consentement aux soins et/ou par leur isolement familial et social, rendant tout relai thérapeutique impossible. Leur vulnérabilité les amène alors aux passages à l'acte délinquants, souvent favorisés par une autothérapie à base de produits interdits ou déviés de leur objectif thérapeutique.

Tous les malades mentaux sous main de justice ne sont d'ailleurs pas emprisonnés, et les comités de probation ont souvent à gérer des libérés conditionnels ou des probationnaires dont la pathologie devrait susciter la collaboration des institutions judiciaires et soignantes en délimitant, avec toute la souplesse nécessaire, le champ d'actions de chacun. Si, souvent, une telle collaboration peut être obtenue, certaines attitudes rigides de responsabilisation à tout prix font considérer le patient, plus comme un justiciable que comme un malade et justifier ainsi un retrait thérapeutique. Une telle attitude compréhensible lorsqu'il s'agit de psychopathes dont le nombre a diminué dans les hôpitaux, au profit des SMPR lesquels alors sont tout à fait dans le droit fil de leur mission en s'en occupant, est malavisée lorsqu'il s'agit de psychotiques.

Ces derniers, parmi lesquels de nombreux schizophrènes, déjà passablement dissociés, se trouvent, aux mains de nombre d'experts, redécoupés en morceaux d'irresponsabilité et d'autres de responsabilité, le poids total des morceaux de chaque catégorie déterminant le choix de punir ou de soigner.

Ce parti pris de responsabiliser les malades délinquants est justifié aux yeux de ses partisans par la nécessaire assomption de l'acte par son auteur qui ne peut accéder, sans cela, à la guérison.

Il faut donc assumer pour guérir. On peut même dire que, dans l'esprit ou du moins dans le discours de certains, assumer c'est guérir, comme si l'acte criminel intégré par son auteur était, en quelque sorte, le traitement radical des psychoses.

Cette politique délibérée de responsabilisation, réputée thérapeutique, rejoint la réalité économique.

La réduction des dépenses de santé concourt involontairement à une prise en charge judiciaire d'une partie des malades mentaux.

Le transfert de charges du sanitaire vers le judiciaire et le pénitentiaire est, sans doute, le fait des tribunaux mais les magistrats, en l'occurrence, s'en remettent forcément aux experts, dont la jurisprudence a nettement évolué depuis quelques années, concluant de plus en plus rarement à l'irresponsabilité, surtout lorsqu'il s'agit de faits graves.

Cette évolution vers la judiciarisation des conséquences comportementales du trouble mental, rompt avec une tradition remontant à l'antiquité.

Les fous n'étaient pas punissables et, périodiquement, des voix s'élevaient pour le rappeler tel Jean Wier soustrayant des délirants, réputés sorciers, au bûcher ou même l'inquisition, pourtant peu suspecte d'indulgence, qui se contentait de s'emparer des biens des insensés en leur laissant la vie.

Cependant si la loi a changé, substituant l'article 122-1 à l'article 64, son contenu reste en partie le même, le premier alinéa de l'article 122-1 remplaçant exactement l'article 64, le second introduisant une notion nouvelle : l'altération des facultés mentales opposée à leur abolition, qui, elle, entraîne l'irresponsabilisation pénale.

La juridiction doit même fixer le régime pénal applicable aux "altérés". Certains législateurs ont pensé, à une époque, créer un régime médico-psychologique que les SMPR seraient chargés d'appliquer, cette mesure n'a heureusement pas été adoptée.

Quelle va être la jurisprudence expertale concernant les "altérés", visés au deuxième alinéa de l'article 122-1 ? Il est évidemment trop tôt pour répondre mais l'hypothèse la plus pessimiste nous parait être une nouvelle augmentation des psychotiques en milieu carcéral, les experts "responsabilisateurs" trouvant ainsi un moyen terme, à l'irresponsabilité totale.

Sans doute la multiplication des psychotiques n'a pas pour seule cause la propension des experts à responsabiliser les délinquants, ni les prises en charge insuffisantes des malades ambulatoires par les secteurs de psychiatrie générale.

Sans doute a-t-on le droit de devenir fou en prison. On ne voit pas pourquoi on pourrait le faire à l'extérieur mais pas à l'intérieur.

Mais alors que faire de ces malades lourds, parfois condamnés à de longues peines, dans une institution dont l'objectif est de garder et de réinsérer des condamnés réputés sain d'esprit ?

La rigidité du monde carcéral étant incompatible avec un traitement au long cours de la pathologie mentale grave, que peuvent proposer les psychiatres ?

On touche là les limites des SMPR qui, pour la plupart, ont à traiter des malades aigus, destinés à revenir en détention normale dès la cessation des troubles les plus gênants. La capacité actuelle des SMPR ne permet pas d'absorber le nombre, de plus en plus élevé, de chroniques.

Les UMD n'ont pas non plus vocation à garder au long cours des condamnés, les secteurs encore moins.

Faut-il créer des unités médico-judiciaires au sein de certains établissements hospitaliers ? Notre collègue Michel Bénézech nous en parlera demain.

Faut-il créer dans les SMPR des unités de chroniques ? Ou bien faut-il implanter ces unités en établissement pour peine ?

Faut-il enfin créer des hôpitaux psychiatriques judiciaires sur le modèle italien? Cette solution soulagerait tout le monde puisque ces établissements accueilleraient aussi bien les délinquants reconnus irresponsables que les détenus devenus malades en prison.

La création de tels établissements dont, à notre connaissance il n'est pas encore question, satisferait sans aucun doute les secteurs qui ne recevraient plus de malades médico-légaux, difficiles voire impossibles à traiter puisque irresponsabilisés.

Le pouvoir administratif serait déchargé des HO liés à l'article D398 du Code de Procédure Pénale.

Le public, enfin, serait rassuré puisque ce serait la Justice qui prendrait pleinement en charge les fous délinquants et non plus des psychiatres dépourvus de tout sens de la responsabilité sociale...

Cette fiction, directement issue de mon pessimisme foncier, n'est pas encore à l'ordre du jour, elle serait la négation de tous les efforts que les soignants des SMPR ont déployés jusqu'ici, depuis plus de quinze ans. Merci.

- **M. R. Badinter** : Merci cher docteur pour cette remarquable intervention et pour les questions qu'elle soulève.

# Balade historique
## autour de la faute et de la punition.
## La prison a-t-elle encore une fonction ?
## Pertinence des représentations sociales

Dr Michel David

> Selon Beccaria les principes moraux dérivent de trois sources : la révélation, la loi naturelle et les conventions sociales. La transgression de ces principes met l'individu en faute et conduit à une éventuelle punition.
>
> L'exclusion dans un autre lieu et l'interdiction de séjour dans le paradis terrestre furent la conséquence punitive de la faute originelle, elle-même transgression d'un interdit primordial et unique, initialement repère simple, mais insidieux, et qui allait donner au genre humain accès à la connaissance et à la genèse du multiple et du complexe.
>
> A partir de la révolution française, la privation de liberté est l'essence de la punition. Amendement, expiation sont les leitmotiv connus de la politique carcérale de la première partie du XIXème siècle qui en sa fin se veut plus pragmatique : puisque certains paraissent inaccessibles à tout amendement, il suffit de les éloigner en application de la loi sur la relégation de 1885. Le XXème siècle, surtout après la deuxième guerre mondiale, abandonnant le bagne, insiste sur le thème de la réinsertion pour sembler de nouveau s'orienter vers l'exclusion et les oubliettes.
>
> Actuellement, la complexité infinie du droit et de l'organisation de la société rendent les repères difficiles et la frontière apparente entre le bien et le mal floue. Les solutions simplistes fleurissent, orientées par la compulsion à recourir aux sondages (Régis Debray) tandis que certains cherchent à infléchir le mouvement en militant

> pour une "pensée complexe" (Edgar Morin), ou que d'autres théorisent autour de la notion de crime contre l'humanité, ushuaïa de la "méchanceté ontologique" (Vladimir Jankélévitch) de l'être humain.
> La prison et la psychiatrie sont prises dans ce moment historique de crise, cumulant à elles deux des occasions d'un questionnement anthropologique nécessaire. De l'expiation à la réinsertion, le temps de l'exclusion est de retour, permettant d'éviter au corps social la réflexion morale sur la faute et de simplifier la réponse à donner à la punition, de ne pas se soucier de ce qu'en pense l'auteur de l'infraction, tout en demandant au psychiatre d'instaurer un traitement médical après l'échec du traitement pénitentiaire et social.
> En somme, cherchez la faute !...

Le fil rouge de mes propos à venir consiste dans un premier temps à mettre en relation d'une part l'approche catholique de la faute en tant que vécu psychologique du pécheur et pratique professionnelle du confesseur et d'autre part une des fonctions classiques de la punition carcérale : l'amendement du prisonnier. Et comme pour ne pas décevoir l'effet d'annonce, il faut être historique et cibler notre sujet, le propos actuel va débuter en l'an 1215.

## *La faute/péché - L'aveu/confession - La punition/pénitence*

Cette date que l'historien Jean Delumeau (1990) souhaiterait voir mise en relief dans les chronologies destinées aux élèves de l'enseignement secondaire correspond à la décision du concile de Latran IV rendant la confession annuelle obligatoire pour tous les catholiques.

Si la confession me paraît nous concerner en tant que psychiatres intervenants auprès de délinquants, c'est que le thème de la faute, de la punition qui peut la sanctionner, du vécu psychologique du sujet par rapport à la transgression en elle-même, puis de la sanction pénale font partie de la quotidienneté du travail psychiatrique en milieu pénitentiaire. Il me semble également que la vision de privation de liberté permettant l'amendement de l'individu qui ferait retour sur lui-même par une sorte d'examen de conscience fut un projet théorique qui n'a pas été suivi de travaux de confirmation de cette hypothèse. Bien au contraire, il a été rapidement constaté que la prison créait de la récidive.

Par contre, les pères de l'Eglise ont modifié leurs conceptions théoriques face à leur connaissance du psychisme de leurs ouailles et se sont souvent montrés pragmatiques. Quid de ce pragmatisme ?

Pour l'aborder, il faut rappeler brièvement les notions de contrition et d'attrition. Les catholiques ont pendant des siècles été invités lors de la confession à se poser la question de leur "éprouvé psychologique", *id est* de l'existence de sentiments de contrition ou d'attrition. Concrètement, il fallait savoir si l'aveu de la faute, des péchés, était motivé plus par l'amour de Dieu (la contrition) ou par la laideur du péché et la peur de l'enfer (l'attrition).

Parmi les avis divers concernant le pardon des péchés suivant l'attrition ou la contrition, on peut dégager deux écoles opposées : les rigoristes et les laxistes. Les premiers exigeaient un acte de contrition pour que le repentir soit parfait. Seulement, le pragmatisme des curés de campagne habitués à la confession de fidèles peu informés de ces subtilités et qui n'allaient à confesse que pour éviter le risque des flammes infernales et dans l'espoir d'une vie éternelle meilleure que ne le fût leur existence terrestre, ce pragmatisme des curés, dis-je, eût vite fait de faire un sort à la contrition, repentir par pur amour de Dieu.

L'acceptation progressive de l'attrition, soutenue par les laxistes, fut une certaine manière de composer avec le manque de disposition introspective des pénitents et de se plier à leur réalité psychologique. D'autant plus que très concrètement, les confesseurs affrontaient les difficultés éprouvées par les fidèles pour avouer leurs fautes. Il fallut donc développer des techniques d'entretien afin de faciliter la confession des péchés. Il n'est guère possible de les détailler ici mais Jean Delumeau dans un chapitre intitulé "l'obstétrique spirituelle", dans son ouvrage "L'aveu et le pardon", les a abondamment exposées, faisant ressortir avec force la similitude entre ce type d'entretien et les entretiens psychiatriques. Un curé du XIVème siècle écrivait que le confesseur est "comme un médecin spirituel qui accueille un malade de l'âme" et donnait des conseils techniques très précis comme celui, entre de nombreux autres, de ne pas regarder en face le pénitent afin qu'il soit plus hardi à se confesser. Signalons rapidement, mais non sans arrière-pensée, que certains péchés rencontraient d'importantes résistances psychologiques à l'aveu, en particulier les péchés sexuels à l'origine de ce qu'on appelait du joli mot de "bourrelleries" de conscience.

Au XVIIIème siècle les théologiens, pré-criminologues sans le savoir, se mirent à distinguer les habitudinaires et les récidifs. Les premiers étaient ceux qui avouaient pour la première fois une mauvaise habitude, les seconds avaient déjà avoué et rechutaient. En quelque sorte, des primaires et des récidivistes. Mais il ne s'agissait pas non plus que de se contenter d'un aveu simple de la faute. Dès le Moyen-Age, les prêtres ont cherché à préciser les circonstances du "passage à l'acte". Huit questions permettaient d'en déterminer les modalités : "Qui ? Quoi ? Où ? Par qui ? Combien de fois ? Pourquoi ? Comment ? Quand ?". Les casuistes différenciaient également les circonstances aggravantes et les circonstances "diminuantes". Certains prêtres faisaient même preuve d'ethnopsychologie avant l'heure. Ainsi Saint Alphonse de Liguori, le fondateur des rédemptoristes, connu pour son inclinaison pragmatique à l'attritionnisme, vivant au XVIIIème siècle, et qui, curé de campagne au début de sa carrière ecclésiastique en Italie du Sud, finit par renoncer à admonester les paysans italiens coupables d'adultère qui, disait-il, "en ignorent la malice".

Enfin, dernière facette de ce parcours catholique rapide autour de la faute, après l'aveu de celle-ci, l'analyse de ses circonstances d'apparition, l'évaluation de la position psychologique du sujet face à son péché, il ne reste qu'à évoquer la punition qui la sanctionne.

De nombreux prêtres se montrèrent encore très pragmatiques quant à la punition à attribuer, bien conscients qu'il vaut mieux en demander peu et obtenir un début de contrition, qu'exiger trop et éloigner définitivement le fidèle de l'aveu des péchés avec en outre, le risque par l'absence de contrôle moral, de favoriser la récidive. On peut citer les principes suivants édictés par les théologiens :

- Il faut rendre au pénitent la contrition agréable.
- Il ne faut enjoindre au pénitent qu'une pénitence pleinement acceptée par lui.
- L'on doit plutôt donner des pénitences légères et faciles que trop grandes et trop difficiles.
- Il faut parfois avertir le pénitent qu'il en mériterait une plus grande mais qu'on a mieux aimé la lui donner petite afin qu'il la fasse volontiers.
- Des circonstances peuvent imposer une pénitence légère : la grandeur de la contrition, la vieillesse, la faiblesse et la débilité, la maladie, la crainte que le pénitent n'accomplira pas sa pénitence, les indulgences et pardons qui effacent les péchés, les mérites et bonnes oeuvres que le pénitent fera en rémission de ses péchés.
- Thomas d'Aquin pensait que "de même que le médecin ne donne pas un remède tellement fort, qu'en raison de la faiblesse de l'organisme, il fasse naître un danger ; de même le prêtre, par une inspiration divine, n'impose pas toujours toute la peine due pour un péché, afin de ne pas désespérer le malade et de ne pas l'écarter complètement de la pénitence".
- Enfin, outre la pénitence, un contrôle religieux de type comité de probation pouvait s'avérer nécessaire comme dans le cas des péchés

sexuels. Les prêtres considérant qu'une comparution régulière et fréquente étant le seul moyen efficace d'éviter la rechute.

Pour conclure sur ces aspects religieux et afin de faire la transition avec la deuxième partie de mon exposé, j'évoquerai juste une conversation libre avec certains membres de l'équipe du CNO et qui n'est pas sans relation avec les derniers point évoqués quant à la sanction de la faute (Je rappelle que le CNO est le Centre National d'Observation situé à Fresnes, où transitent tous les condamnés qui ont un reliquat de peine de plus de 10 ans donc en général deux-trois ans après leur incarcération. À ce moment-là, une équipe pluri-disciplinaire examine l'ensemble des détenus qui passent et fait un bilan à la suite duquel le magistrat orienteur affecte le détenu dans un centre de détention ou la maison centrale). Les peines privatives de liberté s'allongent fortement depuis une quinzaine d'années, comme le rappellera probablement Pierre Tournier et je ne citerai que les chiffres suivants : doublement entre 1979 et 1989 des condamnations supérieures ou égales à 10 ans et progression de 83% entre 80 et 91 de l'effectif des condamnés à 10 ou 20 ans. Or, il apparaît que de nombreux détenus condamnés à des peines très lourdes stagnent dans une position de "délire d'innocence", comme si la lourdeur de leur peine, ajoutée à la gravité de l'acte commis, créait une sidération de l'élaboration psychologique, de pronostic assez pessimiste où dominent la désespérance et le temps suspendu. Et l'occasion est donnée ici, puisque ces journées sont organisées par le SMPR de la Santé, de citer Adolf Hoffmeister, artiste et homme politique tchèque qui, lors de son incarcération en 1940 à la prison de la Santé, écrivait dans son livre intitulé "La prison" : "Le temps n'a plus de prix pour moi, et je constate avec crainte que ma curiosité s'émousse". Il ne fut pourtant détenu "que" sept mois à la Santé...

Comme le signalera, je pense, Pierre Lamothe, étrange et surprenante époque immergée dans l'immédiateté du flash, de l'information rapide, de l'abolition de l'espace-temps grâce au fax, règne de la vidéosphère comme l'écrit Régis Debray, et époque qui par ailleurs envisage sans hésitation pour ses délinquants majeurs des temps de détention équivalents à plus de 40% de l'espérance de vie du mâle français. Comment relier cette absence sociale de réflexion sur la longue durée avec ce propos télévisé d'André Malraux en 1968 : "La présence du temps... est le sentiment qui dans la nouvelle civilisation tiendra le rôle qu'a tenu dans la civilisation chrétienne le péché et je crois que dans une certaine mesure la civilisation chrétienne a été une civilisation morale et que la prochaine civilisation sera une civilisation métaphysique".

Nous allons faire la transition avec notre civilisation, la deuxième partie de mon exposé sur les fonctions de la prison et les représentations sociales.

## *Les fonctions de la prison et les représentations sociales*

Comme et toujours selon André Malraux, la civilisation métaphysique mettra bien du temps à s'instaurer, revenons à notre période de transition pour se demander si la prison a encore une fonction et quelle fut la ou les sienne(s) dans le passé.

Dans la deuxième édition entièrement refondue du *Que Sais-Je ?* du regretté et respecté Jacques Léauté, datée de 1990, quatre fonctions se trouvaient assignées à la prison avec une importance variable selon les époques, à savoir l'expiation, l'exemplarité, l'amendement et la neutralisation. D'emblée, signalons rapidement avant d'y revenir que, la fonction soignante, au sens médical du terme, n'était pas retenue, pourtant quatre années après l'officialisation du secteur psychiatrique en milieu pénitentiaire.

En un premier temps la peine privative de liberté instaurée par la révolution française et consignée dans le code pénal de 1791 correspondait à un souci d'intimidation et d'expiation. Ce projet pénal s'inspirait directement de Beccaria. L'enfermement, mesure d'utilité sociale, a une fonction de défense et de protection de la société. L'individu transgressif a rompu le pacte social, les lois définissent les conditions du pacte social et les peines en assurent le respect. L'amendement du coupable est exclu de ce projet et Jacques Léauté à ce propos écrit: "Chercher à s'amender impliquerait une intrusion dans le for intérieur, incompatible avec l'individualisme exacerbé de l'époque". Epoque différente de la nôtre qui, bien qu'individualiste elle aussi, exige bien souvent l'obligation de soins, sorte de droit d'ingérence dans la psyché d'autrui.

Avec la Restauration et le retour de l'influence religieuse, l'amendement est intellectuellement privilégié. La simple neutralisation s'avère insuffisante. Le deuxième quart du XIXème est une période active de réflexion sur le système pénitentiaire. On connaît bien les grands débats sur la recherche des meilleurs régimes de détention (philadelphien, auburnien), leur influence sur le psychisme du détenu, à la fois dans l'obtention d'une amélioration possible ou dans la création de pathologies mentales, ainsi que les grands noms qui y sont attachés : Charles Lucas, Alexis de Tocqueville, Gustave-Auguste de Beaumont.

L'espoir en un homme pouvant s'amender ne dura qu'un quart de siècle. Sous le Second Empire, le ministre de l'Intérieur Persigny, considère que l'amendement espéré grâce à l'isolement cellulaire n'est qu'un projet fumeux et très coûteux. Et rapidement et pour près de cent ans va être adopté le 30 mai 1854 la loi sur la transportation des forçats hors de la métropole avec le projet manifeste que les méchants délinquants deviendraient d'honnêtes agriculteurs car par la vertu d'un curieux processus anagogique l'amendement des terres devait amener celui des âmes. La neutralisation et l'élimination prédominent alors.

La Troisième République, peut-être comme notre époque aussi, va osciller entre les mesures d'exclusion et, sinon d'amendement au moins de resocialisation. D'abord, par la loi du 5 juin 1875 des améliorations sont prévues quant aux régimes de détention, puis la loi du 27 mai 1885 se montre répressive en instaurant la relégation afin de punir les multirécidivistes inamendables. Puis balancement rapide avec la loi du 14 août 1885 instaurant la libération conditionnelle, prolongée en 1891 avec la loi Beranger instaurant le sursis.

En cette fin de XIXème siècle, des voix signalent leur pessimisme quant à la fonction de régénération de l'individu grâce à la prison. Ainsi un mot du Professeur Lacassagne, cité par Robert Badinter dans son livre "La prison républicaine", et qu'on peut peut-être rapprocher un peu de la citation de tout à l'heure d'Emile Durkheim : "Si je ne craignais pas d'avancer un paradoxe, je dirais que la prison n'est utile qu'à ceux que corrige l'idée seule du châtiment, et qu'elle est sans action sur les vrais criminels. Elle n'isole momentanément ces êtres dangereux que pour les rendre à la société plus mauvais et plus rebelles." (1894)

Après la seconde guerre mondiale, le premier des principes formulés par la commission, dirigée par M. Amor, chargée de proposer des mesures afin d'améliorer les conditions d'exécution de l'emprisonnement énonce "La peine privative de liberté a pour but essentiel l'amendement et le reclassement social du condamné".

Jusqu'à cette période la présence psychiatrique en prison est rare. Pourtant dès 1846 Brierre de Boismont préconise un établissement spécial pour les aliénés criminels dont l'idée aboutira en 1876 avec le quartier spécial pour aliénés criminels et épileptiques de Gaillon. L'événement est certes d'importance pour l'histoire de la psychiatrie en milieu carcéral mais reste marginal quant au nombre des détenus soignés puisqu'une centaine de condamnés malades étaient enfermés à Gaillon pour une population totale carcérale qui oscillait depuis bien longtemps autour des 50 000 par an et qui, au vu des données épidémiologiques actuelles, devait comporter 7 000 à 10 000 détenus souffrant de troubles mentaux.

Pendant la première partie du XXème siècle, la présence psychiatrique est toujours rare, et lorsqu'elle se manifeste, son objectif est principalement de dépister les détenus atteints de troubles mentaux. Ce n'est qu'après la seconde guerre mondiale que se développe lentement l'implantation psychiatrique en prison pour aboutir au secteur psychiatrique en milieu pénitentiaire en 1986.

De surveiller et punir qui semblaient deux notions ayant au moins une cohérence rationnelle, on passe, et c'est le thème de ces journées, à "Soigner et/ou punir" ou en ordre inverse et de manière moins hésitante sous la forme "Punir et soigner", si on se réfère au titre du *Monde des débats* de juillet-août 1994.

Le traitement médical, et non plus seulement le traitement pénitentiaire, s'ajouterait ainsi aux fonctions essentielles de la prison. Doit-on inclure cette idée dans une des représentations sociales contemporaines de la prison ? Rappelons qu'à la suite de travaux de chercheurs telle Denise Jodelet, on entend par représentations sociales "une forme de connaissance socialement élaborée et partagée, ayant une visée pratique et concourant à la construction d'une réalité commune à un ensemble social" et elles sont "une forme de savoir pratique reliant un sujet à un objet".

En conséquence, les représentations sociales concernant l'objet prison, incluant d'ailleurs le délinquant, vont varier selon le sujet qu'il soit épistémique, psychologique, social ou collectif. Autant dire l'impossibilité de détailler un thème de recherche potentiel aussi complexe et riche. Circonscrivons-le autour de quelques idées-clés.

La prison représente pour le corps social le lieu de l'expiation pour des individus ayant transgressé les lois, avec l'atmosphère d'opprobre et d'exclusion qui l'entoure. Peut-être s'amenderont-ils et pourront-ils se réinsérer. Toutefois l'actualité montre des réactions collectives disparates quant au bien-fondé de l'incarcération tout au moins préventive. En effet, l'incarcération, comprise comme la conséquence d'une faute, conduit de nombreux citoyens à s'interroger sur le licite et l'illicite. Comme le titrait *L'événement du jeudi* au mois de juin 1994 : "Les bons et les méchants - Aujourd'hui où se situe la frontière entre le bien et le mal ? Voici venu le temps des ambiguïtés". Tout un chacun a pu remarquer les difficultés à se repérer dans les milliers de lois et les dizaines de milliers de décrets d'application, foisonnement juridique bien loin de la concision du décalogue. Je remarque néanmoins que le nouveau Code pénal amorce peut-être un changement dans le sens de la recherche de l'essentiel, au moins dans certains de ses aspects, car d'autres intervenants comme Jean-Pierre Michel feront ressortir l'éphémérité d'infractions nouvelles en prise directe avec l'actualité, source d'une juridiction des émotions comme l'écrit par ailleurs Antoine Garapon.

Parmi les faits essentiels, je prendrai pour exemple le parricide, meurtre ou assassinat oedipien, fascinant intellectuellement les "psy". Annie Ochonisky dans son article de 1964 sur le parricide signalait que dans les premiers temps de Rome, le parricide ne pouvait être inscrit dans les textes de lois. Crime à tel point inimaginable qu'il ne pouvait être couché sur le papier. Le nouveau Code pénal ne l'individualise plus, ainsi que d'autres d'ailleurs comme l'infanticide, mais les regroupe tous sous un article unique[1]. Non nommés, ces crimes en deviendraient-ils plus porteurs de sens ? Serait-ce un indice de retour aux interdits essentiels et non aux transgressions en "toute innocence" de réglementations de plus en plus complexes où le sens de la faute et de l'interdit se dilue jusqu'à devenir inconsistant ?

La prison aurait ainsi tendance à "accueillir" et pour longtemps les atteintes graves à la personne, comme le montre la réclusion criminelle à perpétuité (RCP) pour les meurtriers d'enfants avec agressions sexuelles, et cet accueil aurait une double fonction : à la fois d'éliminer un individu susceptible de récidiver et par conséquent faisant peur, et, par un mécanisme de réparation plus ou moins kleinien, celle de soigner un individu qui ne peut être que fou étant donné la monstruosité de l'acte accompli. Il s'agit d'ailleurs là d'une classique et tenace représentation sociale du crime : pour tuer, il faudrait être fou.

Bien qu'à l'instar de nombreux psychiatres, je ressente une attitude ambivalente à l'égard de Michel Foucault, il me semble toutefois que je l'entends réagir avec délectation en voyant le passage de l'enfermement psychiatrique à la psychiatrie enfermée pour reprendre les termes de l'argument d'O. Dormoy.

Comme l'a signalé J. Laurans et comme d'autres le feront au cours de ces journées, la porte ouverte par l'article 122-1 à la responsabilisation des criminels malades mentaux, la possibilité de ne les trouver qu'altérés et non plus abolis, est un risque sérieux de voir augmenter le flux des malades mentaux graves en prison. D'autant plus que diminuent les moyens de la psychiatrie non pénitentiaire adaptés à la réponse thérapeutique à donner cette population lourdement malade.

---

[1] Art. 221-4 du Code pénal : "Le meurtre est puni de la réclusion criminelle à perpétuité lorsqu'il est commis : ...
2° Sur un ascendant légitime ou naturel ou sur les père ou mère adoptifs

La prison se voit donc affubler, à la fois officiellement (par le décret de 1986) et officieusement par la volonté doxologique, d'un nouveau rôle : celui de soigner. Et pas seulement de soigner, mais même de guérir. Les psychiatres de SMPR seraient ainsi plus efficaces que leurs collègues non pénitentiaires (ils guérissent), et les experts psychiatres ou les psychologues authentifieraient l'absence ou l'obtention de la guérison avant la libération (je pense évidemment aux sujets atteints de bourrelleries de conscience). Balancement entre toute puissance et impuissance comme le signalera C. Ehrel.

Outre le soin, il semblerait également que le souci de neutralisation l'emporte également avec l'allongement de la durée des longues peines. Et puisque j'interviens actuellement au CNO, je terminerai sur un des thèmes qui m'intéresse tout particulièrement. Au CNO, je vois plus particulièrement les affaires passionnelles et parmi elles, les plus nombreuses concernent les uxoricides. Les maris (ou les concubins) tuant leurs épouses se voient de plus en plus lourdement condamnés (ceux qui passent au CNO prennent souvent au minimum 15 ans et récemment j'ai vu deux RCP). Certes les jurés prennent leurs responsabilités et une peine est attribuée en fonction de ce que prévoit la loi, mais dans ces lourdes situations familiales, je ne peux m'empêcher (tout comme les maris meurtriers mais pères également) de penser à ces enfants orphelins de leur mère par le fait de leur père et qui le deviennent de leur père par le fait de la prison. Il n'est guère besoin de l'axe IV du DSM-III-R cotant sévère le décès d'un des parents et catastrophique celui des deux pour entrevoir les conséquences de tels événements sur le développement psychique d'un enfant.

L'opinion publique se préoccupe de la dangerosité du criminel connu, de ses possibilités de récidive et exige une élimination immédiate. Elle n'entrevoit jamais les conséquences à long terme inhérentes à l'incarcération d'un parent sur le développement des enfants. Et pourtant ils sont 140 000 enfants en France à avoir un parent incarcéré.

Evidemment, l'approche de l'ensemble de ces problèmes est complexe. Déjà en 1968, André Malraux déclarait : "Le monde mis en forme par les religions est aujourd'hui inintelligible..., il est intelligible scientifiquement, mais il ne l'est pas humainement". Edgar Morin ardent militant de la pensée complexe considère que l'accession à ces capacités de pensée intégrative ne sera possible qu'en enseignant aux enfants une méthodologie de pensée et non en distribuant une accumulation de savoirs partiels.

Il faudra probablement attendre cette génération bénie pour que peut-être les représentations sociales de la prison sortent de ces balancements kleiniens entre punition et réparation.

- M. R. Badinter : Merci Docteur pour ces rappels. Permettez-moi de vous poser une question. Vous avez donné un chiffre, vous avez indiqué 140 000 enfants dont les parents sont en prison. Le chiffre m'a frappé, quelle en est l'origine ?
- Dr M. David : J'ai pris l'origine de ce chiffre suite à l'émission de Jean-Marie Cavada : "les enfants du parloir" sur FR3.
- Dr O. Dormoy : Qui lui même a repris des chiffres qui sont donnés officiellement. 140 000 enfants sont concernés par l'incarcération de leurs parents.
- M. R. Badinter : Comment le sait-on ?
- Dr O. Dormoy : C'est un travail qui a été fait par le Ministère de la Justice. Je pense qu'il s'agit d'un flux annuel de 140 000 enfants dont les parents sont incarcérés.
- Dr G. Milleret : Nous allons passer au débat, aux questions, et je remercie la qualité des interventions. Personnellement, je m'intéresse beaucoup à l'histoire de la psychiatrie et nous avons évoqué les grands problèmes que l'on retrouve en général dans les écrits sur ce sujet, sur l'histoire de la psychiatrie, sur l'exclusion des malades mentaux, sur l'exclusion du délinquant. On pense aux écrits de Foucault sur l'histoire de la folie à l'âge classique, la création de l'hôpital général, l'édit de 1656 de Louis XIV, et on a l'impression que dans l'histoire, il y a des répétitions, et qu'à chaque fois la question fondamentale induit une réponse, qui n'est ni blanche ni noire, mais que le contexte de l'époque essaye d'apporter. Sur le plan institutionnel, il y a eu la création de l'asile comme l'a tout à l'heure montré J. Ayme, des quartiers de malades difficiles, des SMPR comme le rappelait J. Laurans. Donc, en permanence, on a l'impression qu'un problème se pose et qu'on essaye d'y répondre avec les moyens de l'époque. Actuellement se pose le problème de la responsabilité et, comme la réalité et le terrain le montrent, on a tendance à responsabiliser de plus en plus les gens qui sont détenus, ce qui renvoie à la question du malade/détenu ou du détenu/malade. Je ne sais pas ce que peut penser M. David de ce démarquage, de cette évolution dans ce qu'elle implique de retour permanent à l'histoire, avant de passer aux questions de la salle.
- Dr M. David : Je vais peut-être m'esquiver pour l'instant. Mais on reviendra sur cette question dans un instant. Je propose d'abord de

reprendre la suggestion d'Odile Dormoy d'essayer de donner la parole à la salle.

- M. R. Badinter : Très bien. Nous passons maintenant au dialogue. Je rappelle la règle du jeu, chacun quelle que soit sa notoriété, doit décliner son identité et sa qualité au moment où il pose la question.

- M. Boulay : Président de l'Association Aide aux Parents d'Enfants Victimes (A.P.E.V.), je suis content de pouvoir prendre la parole en premier car depuis ce matin, on a beaucoup parlé de la société, on a beaucoup parlé des délinquants, mais on n'a pas encore parlé des victimes. Notre association regroupe des parents dont les enfants ont été assassinés, principalement après agressions sexuelles.

Au début de votre intervention M. R. Badinter, vous disiez que "s'il n'y avait pas de délinquants, il n'y aurait plus de problèmes", je dirais que "s'il n'y avait pas de victimes il y aurait encore moins de problème". Parmi les parents que nous représentons, certains veulent se venger, et réclament "la souffrance du coupable", mais beaucoup d'autres réfléchissent à autre chose, principalement au risque de récidive, et à la sécurité des enfants. Leurs demandes ne sont pas des appels à la vengeance, mais concernent plutôt la mise en oeuvre de mesures de protection des enfants.

A l'A.P.E.V., en complément de l'aide que nous pouvons apporter aux parents, nous avons réfléchi à la sanction et à sa signification pour les victimes, car cela nous concerne tous directement. Nous reviendrons peut-être tout à l'heure sur l'article 122-1, sur l'irresponsabilité pénale, car nous demandons son abrogation. Ce matin, vous avez dit que la peine a une valeur sociale en citant Durkheim qui écrivait "la sanction est un facteur de cohésion sociale". Ensuite, on a longuement évoqué l'amendement du délinquant, et la réinsertion du condamné, mais ne pensez-vous pas que la peine a aussi une valeur pour la victime, que la sanction du coupable est une reconnaissance par la société du mal qui a été fait et permet également la réinsertion de la victime ?

- M. R. Badinter : Je crois que c'est une question essentielle mais qui ne porte pas sur la psychiatrie en prison, et qui sera reprise dans le corps des débats.

- Dr. R Cousin : Je travaille à Sainte-Anne et je suis l'invité du Docteur Odile Dormoy. Je ferais une remarque à la suite de l'intervention de mon collègue, le Docteur Laurans. D'abord, je le félicite pour son humour et pour le rythme de son intervention mais j'ai été aussi sensible à quelques points sarcastiques pour lesquels je souhaiterais obtenir des précisions, au mieux une prise de position. Mes trois questions se résument en un où, comment et quand ?

La première question c'est *où ?* C'est vrai qu'on a l'impression qu'il y a parfois une sorte de partie de ping-pong entre les services de secteur et les SMPR sur ce qu'on appelait, au XIXème siècle, les demi-fous ou les demi-responsables. A ce propos d'ailleurs, il a très peu évoqué le mauvais fonctionnement à Paris de l'article D 398.

Au bout du compte il n'a pas pris position sur la création d'une structure intermédiaire qui serait une sorte d'unité pour malades difficiles ou perturbateurs. Et surtout sur la gestion et l'organisation de ces structures intermédiaires entre l'hôpital et la prison qui n'existent pas encore actuellement, mais pour lesquelles un groupe d'étude a été formé au Ministère.

La deuxième question est celle du *comment ?* Je veux bien qu'on critique les experts "responsabilisateurs" mais la plupart des experts qui travaillent sont aussi des praticiens, des cliniciens et des thérapeutes du secteur. Nous, comme les autres, nous pensons qu'il y a nécessité dans la prise en charge d'un patient psychotique, de travailler sur le symbolique. Et à partir du moment où la réponse judiciaire donnée à un sujet est de lui dire qu'il n'y a ni crime, ni délit parce qu'il est fou, cette négation de l'acte empêche tout travail sur cette dimension symbolique. Et j'associe à cette mauvaise procédure du législateur les victimes et leurs familles qui sont aussi complètement oubliées dans l'histoire, bloquées dans un travail de deuil absolument impossible. D'où la position d'un certain nombre de psychiatres experts pour qu'il y ait, là aussi, création d'une procédure qui n'existe pas encore mais qui puisse permettre une reconnaissance juridique de la qualité du fou ou du malade mental criminel, et ainsi aux familles des victimes de faire leur travail de deuil et aux équipes de travailler sur le symbolique du passage à l'acte.

La troisième et dernière question est celle du *quand ?* Quand vous nous dites que vous assistez à une augmentation du nombre de psychotiques en milieu carcéral, c'est vrai, mais dans le secteur psychiatrique aussi. On assiste à l'hôpital à une diminution du nombre de lits, à une diminution du nombre de soignants, à une augmentation du nombre des entrées et à une augmentation du nombre des psychotiques.

Il faut donc impérativement situer chronologiquement son propos. Lorsqu'en 1952, comme il le disait tout à l'heure, J. Ayme prend ses premières fonctions de chef de service, c'est l'époque des premiers balbutiements de la psychopharmacologie, la chlorpromazine vient de faire son apparition, le secteur n'existe pas. Aujourd'hui en 1994, plus de 40 ans après, la nouvelle clinique des psychoses n'a pas toujours été écrite malgré le profond bouleversement dans les techniques de soins qu'a apporté la classe des psychotropes. Le psychotique est devenu un terme "lache" qui regroupe des réalités trop diversifiées pour être encore pertinentes. C'est pourtant dans ce groupe que l'on trouve des individus incapables de vivre à l'extérieur, alternant au gré de leurs interlocuteurs, des séjours soit en milieu carcéral, soit en service de psychiatrie.

- Dr J. Laurans : Je vais répondre à R. Cousin en ce qui concerne le quand. Quand estime-t-on que le nombre de psychotiques a réellement augmenté en prison ? Je suis entré en prison il y a très longtemps et il ne faut pas oublier que jusqu'à présent nous n'avions pas de moyens fiables pour dénombrer les psychotiques ce qui va changer avec la mise en service de la nouvelle fiche par patient destinée au SMPR. On va pouvoir compter nos psychotiques et savoir combien on en a réellement. Mais ce que j'ai dit quant à l'augmentation du nombre, et qui se retrouve également sur les hôpitaux, est observable depuis environ une dizaine d'années. Auparavant c'était moins évident. Je ne suis pas un contempteur du secteur. Si j'ai donné quelques petits coups de patte c'est pour plusieurs raisons. D'abord parce qu'en ce qui concerne le D 398, si nous n'avons pas de problème à Fresnes, c'est que nous expédions tous nos malades en UMD. Chaque fois que nous avons essayé de les adresser sur des secteurs où parfois ils étaient bien connus, les collègues n'en voulaient plus, et tout se passe comme si le fait qu'ils soient délinquants effaçait leur qualité de malade mental. Et à ça on n'y peut rien. En ce qui concerne les suivis, je reconnais que les secteurs suivent bien, la plupart du temps, leurs malades, mais il y a des malades qui sont très difficiles, voire impossible à suivre en ambulatoire. Je ne regrette pas la disparition de l'asile, il fallait le détruire. Mais on n'a pas, je pense, envisagé certaines conséquences de cette disparition de l'asile, à savoir qu'il y a des malades qui ne peuvent pas vivre, et ce de façon quasi permanente, en dehors du milieu protégé que leur offrait l'hôpital psychiatrique. Il faut que les lits tournent, les lits ça coûte cher, aussi on les réduit et on fait sortir les malades. Ils vont faire un petit tour dehors, dire bonjour, faire quelques bêtises de temps en temps et puis ils reviennent. C'est peut-être une bonne chose dans la majorité des cas, mais dans un certain nombre d'autres cas, ça pose quand même de singuliers problèmes car on retrouve ces malades en prison. On nous dit alors : vous n'avez qu'à les soigner vous après tout... Or on n'a pas le droit de les soigner de force et on doit recourir au D 398. Quant aux soins qu'on apporte, ils le sont quand même dans des conditions un petit peu particulières : les surveillants pénitentiaires ne sont pas des infirmiers et on n'est pas maître de la vie carcérale. On est bien obligé d'en supporter les sujétions. Je ne sais pas si j'ai répondu à toutes les questions.

- M. B. Moustache : Je suis psychologue au SMPR de Loos. Je voudrais répondre partiellement à l'interrogation du Président de l'association des victimes. Je pense qu'à titre général, les SMPR, comme leur environnement, sont familiarisés avec la question des victimes. Je pense que c'est une question centrale dont beaucoup de collègues sont très soucieux, notamment en ce qui concerne la place de la victime dans la prise en charge, et je prends à titre d'exemple les sévices ou les crimes sexuels. Je pense qu'il faut aussi être clair, les personnels des SMPR opèrent principalement auprès des "agresseurs" et c'est vrai que l'on a toujours fonctionné, depuis des années, sur un mode dichotomique, entre prises en charge des victimes et prises en charge des agresseurs. La tendance, peut-être aujourd'hui et future, serait de travailler en collaboration, à la fois avec les gens qui prennent en charge les victimes, et puis nous qui prenont en charge essentiellement les agresseurs.

- Dr P. Delteil : Je suis à la fois psychiatre et criminologue, et ancien expert judiciaire. Je voudrais reprendre la situation d'impasse évoquée à l'instant par Laurans, une situation que nous connaissons bien à la fois dans le monde psychiatrique et dans le monde criminologique, c'est l'impossibilité de soigner efficacement les délinquants à personnalité pathologique, - qu'ils soient psychotiques ou psychopathes -, soit en milieu psychiatrique, soit en milieu carcéral. En effet, en milieu psychiatrique hospitalier, les conditions actuelles de fonctionnement des services ne permettent absolument plus la prise en charge de ce type de malades, tout le monde le sait, c'est une réalité. Par ailleurs en milieu carcéral, il faut bien reconnaître que les conditions de contraintes, que Laurans vient de rappeler à l'instant, ne sont pas du tout compatibles avec une prise en charge thérapeutique authentique de délinquants dont la personnalité comporte des éléments pathologiques plus ou moins importants et souvent très importants. Aussi je me demande ce qu'on attend pour créer des structures spécifiques pour la prise en charge de ce type de malades. J'ai proposé, depuis déjà 10 ou 15 bonnes années, la création de centres de traitement et de réadaptation pour délinquants pathologiques, et il me semble que c'est la seule issue pragmatique pour résoudre ces contradictions auxquelles nous sommes confrontées, ces centres devant évidemment relever de la justice mais avoir une organisation à caractère authentiquement psychiatrique.

- Dr G. Milleret : Qu'en pensez-vous J. Laurans ?

- Dr J. Laurans : Est-ce que c'est aux "HOPIDJI" que vous pensez, c'est-à-dire les hôpitaux psychiatriques judiciaires de nos voisins de la "botte" ?

- Dr P. Delteil : Je connais mal l'organisation et le fonctionnement des hôpitaux psychiatriques judiciaires italiens, mais peu importe. Ce que je voudrais c'est que nous créions des structures originales et qui soient efficacement organisées pour prendre en charge ce type de pathologie. Les belges ont déjà créé des structures spécifiques et il faut bien reconnaître que les moyens thérapeutiques mis à la disposition des SMPR ne leur permettent pas de travailler efficacement. Il est évident qu'il s'agit de structures qui comporteraient des possibilités institutionnelles thérapeutiques très importantes.

- Dr J. Laurans : Je voudrais dire à Delteil qu'on s'engage là dans quelque chose qui me rappelle de façon très inquiétante les hôpitaux psychiatriques spéciaux en URSS, contre lesquels j'ai combattu depuis 1971, et qui dépendaient du Ministère de l'Intérieur. Lorsqu'est intervenue la Perestroïka, Gorbatchev les a fait passer du côté de la Santé publique. Mais pour les avoir visités en 1990, en particulier celui de Léningrad, je peux dire que c'est là quelque chose d'extrêmement inquiétant.

- Dr P. Delteil : Je te répondrai que ça n'a rien à voir avec ce type d'institution.

- Dr P. Lamothe : (Psychiatre au SMPR de Lyon). Je voudrais repointer la clôture de l'exposé de J. Ayme, qui était une petite égratignure du deuxième paragraphe de l'article 122-1 alinéa 2, dont nous avons souvent parlé, et qui en fin de compte a été un bel exemple des victoires de "lobbys" successifs auprès des chambres puisqu'il a été supprimé, remis, etc... Pourquoi voulait-on le supprimer ? Pour ne pas avoir l'air de donner un pouvoir judiciaire aux psychiatres, en laissant entendre qu'on introduisait encore une fois une notion de responsabilité atténuée qui serait appréciée par les experts et qui aurait un poids direct sur la peine, c'était mettre le doigt dans tout ce que tu as dénoncé. Pourquoi est-ce qu'on l'a mis finalement ? Parce qu'on se rend compte aussi qu'on ne peut pas se contenter de cette dichotomie absolue entre responsabilité et non-responsabilité pénale.

On sait que la notion de punissabilité et ce qu'elle impliquait était meilleure, mais la rédaction de l'article 122 est finalement assez fine et ne donne pas un pouvoir direct au psychiatre sur l'appréciation de la peine, ce n'est ni son travail, ni sa fonction, ni le sens de son intervention. En même temps de façon très pragmatique, on signale quand même au juge les éléments à prendre en compte pour le jugement. On n'en est plus à juger exclusivement des faits sinon on en reviendrait à une espèce de justice par ordinateur, on juge les faits mais aussi une personne. On a des éléments qui sont fournis par l'enquête de personnalité, par le terrain : où ? Comment ? Les circonstances ? Etc... Parmi ces éléments, il y a aussi l'expertise et c'est quand même bien les juges qui vont se déterminer pour la peine et son exécution. Je ne veux pas avoir l'air d'avoir encore une fois le dernier mot sur toi J. Ayme, mais l'ajout de ce deuxième paragraphe me parait une bonne chose.

- Dr G. Milleret : Merci, une dernière intervention.
- Mme A. Tchariatchoukine : Bonjour Anne Tchariatchoukine, la fille du Dr Tchariatchoukine. Je suis étudiante en Droit et je travaille sur les aspects juridiques de la psychiatrie en prison. J'aurais voulu savoir, je m'adresse au Président, si, depuis la loi du 18 janvier 1994, qui fait passer la médecine en milieu pénitentiaire sous la tutelle du Ministère de la Santé, le Ministère de la Justice ne se sent pas un peu dépossédé de cette tutelle qui a longtemps paru naturelle ?
- M. R. Badinter : Je vous répondrai très simplement en vous promettant de transmettre la question à M. Mehaignerie.
- Dr O. Dormoy : Je voudrais quand même ajouter sur ce point que le Ministère de la Justice a beaucoup oeuvré pour aller dans le sens du décloisonnement, qui avait été amorcé avec les SMPR et qui a été terminé avec la loi de janvier 1994.

# Transformation de la population des prisons françaises (1974-1994)

M. Pierre Tournier

> Toujours plus de détenus ? Plutôt que de se lancer dans la description de scénarios sur l'avenir des prisons françaises, nous tenterons de cerner les grandes évolutions que la population carcérale a connues depuis le milieu des années 1970 et, surtout, au cours des années 1980 : évolution du nombre de détenus et de leurs caractéristiques démographiques et pénales, mais aussi évolution des flux d'incarcérations et des durées de détention. Cette description donnera à la question des longues peines la place importante qui lui revient (caractéristiques des personnes concernées, "érosion" des peines, récidive).

Je voudrais commencer par remercier les organisateurs de ce colloque d'avoir fait une place à la démographie carcérale. Ma tâche n'est peut-être pas facile non plus puisque je m'adresse à des praticiens qui ont pour profession, pour art, de travailler sur l'individu c'est-à-dire sur l'unité, sur le un, tandis que moi je vais vous parler des transformations que la population carcérale a connu au cours des 20 dernières années, en travaillant sur les grands nombres. Donc il y a une sorte de hiatus entre le public et le sujet de mon intervention. Ce que je vais essayer de faire, c'est de vous convaincre qu'il n'en est rien et qu'à la fin de ma démarche, qui sera j'espère suffisamment logique, en 8 points, vous verrez que l'on trouvera au centre de ma problématique et des conclusions, ce que l'on peut tirer d'une analyse démographique de l'évolution de la population carcérale, sur le rôle et la fonction du psychiatre au sein de la prison mais aussi au sein du milieu ouvert. Et ce n'est pas de ma part une pirouette mais c'est quelque chose auquel je crois de plus en plus : dans la résolution des problèmes que connaît la population carcérale en France comme dans la plupart des pays européens, se trouve posée la question du psychiatre et de sa fonction dans la prison et dans le milieu ouvert. Plus généralement son rôle dans la justice pénale.

Je voudrais commencer par préciser le point de vue qui sera le mien ; mon approche des "transformations de la population des prisons françaises" au cours des 20 dernières années sera quantitative. Cette observation reposera sur l'examen de données dont l'homogénéité, sur la période, assurera la comparabilité.

Il s'agit d'une contrainte inhérente à l'analyse diachronique ; elle est certes pesante. Aussi, je suis conscient de n'appréhender que certains aspects du sujet, peut-être pas toujours les plus importants pour le thème qui vous préoccupe, certainement pas non plus les plus futiles. Je n'ai aucune idée de l'évolution et je ne suis pas le seul.

Quelle est ma source ? C'est la base de données nommée "SEPT", ce qui signifie "séries pénitentiaires temporelles". J'ai commencé à la construire en 1981, à partir de la statistique trimestrielle tenue par l'Administration pénitentiaire ; je l'ai actualisée régulièrement depuis. Pour des raisons de commodité, cette base concerne uniquement la population des personnes incarcérées en métropole.

Je ne citerai pas trop de chiffres. Je vous donnerai des ordres de grandeur, des tendances, des faits prégnants, des choses que vous puissiez mémoriser aisément, qui puissent à vous praticiens être une sorte de cadre de référence sur la façon dont évolue, donc depuis 20 ans, cette population carcérale. Dans la mesure du possible, je replacerai le cas français dans l'ensemble européen en m'appuyant sur les données que je produis pour le Conseil de l'Europe depuis 1983.

## 1. La première transformation que connaît la population des prisons concerne bien évidemment sa dimension

Si on se réfère à la situation en début d'année - ce que l'on appelle dans notre jargon un stock -, la population est passée, en 20 ans, de **27 000** détenus à **50 000** (51 000 au 1er septembre 1994). Donc passer de 27 000 à 50 000 détenus, c'est avoir une population très nettement différente. A titre indicatif, cela représente une augmentation de **85%**. Evidemment la population de la France, elle aussi a augmenté sur la même période, mais les ordres de grandeurs des taux sont sans commune mesure : **10 à 11%**. S'il existe un facteur démographique dans cette évolution, il est bien de faible ampleur.

Sur la période 1983-1992, la plupart des pays européens ont vu leur population carcérale augmenter à l'exception de l'Allemagne et de l'Autriche, deux pays qui ont développé considérablement le "jour-amende". Pour ce qui est du rythme de croissance, la France est dans une situation plutôt moyenne.

Avant de s'interroger sur cette évolution des effectifs, donnons quelques précisions sur la structure pénale de la population carcérale en se limitant aux grandes catégories.

## 2. *Je veux surtout parler de la question de la détention provisoire*

Et à ce propos, je voudrais revenir sur une idée qui m'est chère. Quand on parle de population carcérale, quand on parle de délinquance en général ; le discours peut souvent être réduit à un toujours plus. On a systématiquement des indicateurs qui augmentent. Alors on finit par croire que tout augmente et on finit par ne pas voir les choses qui n'augmentent pas, on finit par ignorer, volontairement ou involontairement, des tendances qui sont des ruptures de croissance comme on a pu l'observer pour la détention provisoire. Et ça c'est un phénomène qui me parait essentiel à souligner.

Le nombre de prévenus, c'est-à-dire de détenus n'ayant pas fait l'objet d'une condamnation définitive, n'a pas cessé de croître depuis 1974 et cela jusqu'en janvier 1985, le taux de prévenus était à cette date supérieur à **51%**. Il y avait alors **22 000** prévenus contre **12 000** en 1974.

Ce nombre va ensuite **baisser** et se stabiliser autour de **20 000**. Janvier 1985 c'est la date de mise en application de la loi de juillet 1984 sur le débat contradictoire.

La proportion de débats contradictoires ne débouchant pas sur une mise en détention est très faible (de l'ordre du dixième). Ce n'est donc pas le débat en lui-même qui a diminué le nombre de prévenus.

On peut plutôt supposer que la complication supplémentaire exigée a poussé les parquets à restreindre le nombre d'affaires mises à l'instruction par exemple par le recours à la comparution immédiate. Ainsi du fait de cette évolution en deux phases, on se retrouve actuellement avec une proportion de prévenus inférieure à celle de 1974 : **40%** (au 1er septembre 1994) contre **44%** 20 ans plus tôt. A l'inverse la population des détenus qui purgent une peine est proportionnellement plus nombreuse. Un mot sur les dettiers : après avoir beaucoup baissé en 1986-1988, le nombre de dettiers est redevenu très proche de celui de 1974 : **280**.

Malgré l'évolution que l'on peut décrire comme positive en matière de détention provisoire, il reste que le taux de détention provisoire avant jugement, pour 100 000 habitants, est le plus élevé d'Europe (1er septembre 1992).

### 3. Pourquoi la croissance du nombre de détenus ?

Le problème est évidemment complexe, mais on peut commencer à y répondre en se posant la question suivante : l'accroissement est-il la conséquence d'une augmentation des entrées ou d'une augmentation des durées de détention, le "ou" n'étant évidemment pas exclusif ? Dans l'hôtellerie on dirait : y-a-t'il un gonflement de la clientèle ou bien un allongement des séjours ?

La réponse n'est pas la même sur toute la période. La courbe d'évolution étant rythmée par les amnisties qui suivent traditionnellement les élections présidentielles, on peut naturellement raisonner par septennat.

1974-1981 : la croissance est due à une augmentation des entrées, les durées étant constantes

en 1974 : 72 000 entrées, 1980 (et c'est juste avant la loi sécurité et liberté de février 1981) : 97 000 entrées soit 25 000 entrées en plus en 7 ans.

En matière pénitentiaire le problème de la prise en compte de ces trois dimensions, stock, flux et durée de détention est importante. Et bien si on prend cet optique là, ce triptyque sur la période 81-88, et je ne le dis pas parce que la présidence est assurée par R. Badinter, mais on va s'apercevoir que l'analyse n'est pas du tout la même que dans la période précédente.

1981-1988 : l'accroissement est lié à une augmentation de la durée de détention, les entrées baissent.

Après 1988 les choses sont moins claires du fait des grâces répétées. Mais en 1993, on obtient une durée record (7,3 mois), pour un nombre d'entrées de 80 000.

Dans l'évolution des entrées, on peut voir les effets des politiques menées en matière d'alternative. Il peut s'agir de mesures intervenant pendant la période précédant le jugement afin d'éviter la détention provisoire (contrôle judiciaire) ou bien de sanctions non-carcérales (comme le travail d'intérêt général). Aussi il semble que les efforts accomplis dans ce domaine n'aient pas été vains. En revanche ils ne suffisent pas pour résoudre le problème de l'inflation carcérale, compte tenu de l'allongement des durées de détention.

Ce modèle d'évolution se retrouve dans nombre de pays européens. Au cours des années 1980, les incarcérations ont eu tendance à baisser en Allemagne, en Belgique, en Grèce, en Italie, aux Pays-Bas, au Portugal. A l'exception de l'Allemagne, tous les autres pays ont vu augmenter leur population du fait de la durée.

## 4. Avec cette question de l'allongement des durées, on se trouve devant le problème majeur de l'évolution des prisons

L'indicateur de la durée de détention que j'ai introduit en 1981, et que l'on utilise comme référence, est un indicateur global sans distinction sur le statut juridique du détenu. Aussi cet allongement des temps de présence en prison peut-il avoir des raisons multiples :
 * accroissement de la durée des procédures (instruction, audiencement, jugement, examen des voies de recours) ;
 * aggravation des peines prononcées par les juridictions qui peut être due aussi bien à une évolution des contentieux soumis aux juges qu'à des changements dans la façon de sanctionner un même type d'infraction ;
 * modification de la législation et/ou des pratiques en matière d'individualisation des peines (moindre recours aux remises de peine ou aux mesures de libération conditionnelle)...

Les éléments dont nous disposons ne permettent pas de suivre le processus dans sa complexité, mais nous avons quelques pistes.

(1). L'indicateur de la durée moyenne de détention provisoire donné dans la base SEPT a augmenté de 1974 jusqu'en 1985, pour se stabiliser voire baisser ensuite. L'augmentation actuelle n'est donc pas une question de détention provisoire.

(2). À l'autre bout de la chaîne, la proportion de condamnés admis à la libération conditionnelle par le JAP diminue

1986 = 23%, 1992 = 12%, 1993 compétence - 5 ans = 10%.

L'exécution des peines est donc plus dure.

(3). Évolution différentielle des condamnés selon le quantum

1981-1988 : plus le quantum est élevé, plus le taux de croissance est élevé : les peines de "moins de 3 mois" baissent (de 2%), pendant que les peines correctionnelles de 5 ans augmentent fortement (12%).

1988-1994 : nombre total de condamnés stable (amnisties, grâces)
- forte baisse (6%) des peines de "moins de 3 mois"
- stabilité des peines de "3 mois à moins de 5 ans"
- forte hausse (9%) des peines correctionnelles de "5 ans et plus".

Ces évolutions sont à rapprocher de la modification des contentieux. Et s'il y a deux chiffres, qui me paraissent les plus importants à donner, pour caractériser l'évolution de la prison au cours de ces 20 ans, c'est pour ça que quand j'entends, dans des débats, dans des colloques, le même type de discours qu'il y a 20 ans sur la prison, que ce discours soit dit progressiste ou que ce discours soit dit de droite ou de très à droite, ça me parait une aberration parce que la prison en 1974 et la prison en 1994 ça n'est pas la même chose. Donc on ne peut pas en parler de la même manière, on ne peut pas parler des alternatives à la prison de la même manière, on ne peut pas parler des prises en charge de la même manière. Sinon ça veut dire qu'on n'a rien vu ou qu'on ne sait rien.

## 5. *La modification des contentieux*

En 1974, on comptait **50%** de condamnés pour vol ; en 1994, ils ne sont plus que **22%** ! C'est peut-être l'une des transformations les plus manifestes. Entre temps, les condamnés pour infraction à la législation sur les stupéfiants, comptabilisés depuis 1988, sont en passe de conquérir la première place en terme de fréquence ; précisons que parmi ces condamnés, il y a très peu de condamnés pour simple usage.

Le nombre de condamnés pour vol qualifié (crime) a été multiplié par 2, celui des condamnés pour homicide a été multiplié par 2,4, celui des condamnés pour viol ou attentat aux moeurs par 4,9 (2 700 au lieu de 700) ! Accroissement du nombre des affaires connues de la police, sévérité accrue des juges ?

Il n'y a pas de réponse simple :
- Infractions constatées par la police : prenons deux exemples
* viol, attentat à la pudeur : 1974 = 7 000, 1992 = 16 000
* trafic de stupéfiants : 1974 = 300, 1992 = 11 000

Sur ces deux contentieux la sévérité accrue des juges n'est pas seule en cause : il y a un effet de volume dont l'interprétation est d'ailleurs difficile.

- Condamnations : là aussi deux exemples

* police des étrangers en 1984 = 32% de peines d'emprisonnement, 1990 = 62% (avec un nombre absolu un peu inférieur). Ce qui signifie bien une sévérité accrue des tribunaux.

* infractions sur les stupéfiants : même proportion de peine d'emprisonnement, mais peines plus fortes :
"peines de 3 ans et plus" : 1984 = 13% , 1992 = 21%.

## 6. *La question des étrangers*

Jusqu'à présent, nous avons vu la population pénitentiaire comme un tout sans distinction sur le plan sociologique. Mais il est un phénomène majeur qui ne peut être ignoré ; il est délicat à interpréter, il est susceptible d'utilisation partisane par les mouvements xénophobes ; mais enfin il existe : l'accroissement considérable, en quelques années, de la proportion d'étrangers parmi les détenus. C'est un phénomène général en Europe, du moins dans les pays comparables en matière d'immigration (pas en Finlande !)

Sur cette question j'aurais envie de vous renvoyer au livre que j'ai écrit avec Philippe Robert (*Etrangers et délinquances, les chiffres du débat*), car je n'ai pas le temps de le traiter à fond ici. Disons simplement qu'il est essentiel de distinguer les étrangers qui sont incarcérés pour des raisons administratives - entrée et séjour irréguliers -.

En France, si l'accroissement du nombre de détenus, au cours des dix dernières années, a été deux fois plus rapide pour les étrangers que pour les nationaux, c'est exclusivement du fait des étrangers en situation irrégulière. Actuellement ces détenus représentent 8% de la population carcérale de la France (contre 2% en 1984).

Baisse des incarcérations, hausse des durées de détention, ces phénomènes, dans leurs origines, comme dans leurs conséquences, font naturellement intervenir la nature des infractions en cause. La combinaison de ces deux phénomènes amène nécessairement à une transformation de la structure des populations carcérales par une augmentation de ce que certains appelleront "le noyau dur" ou "les cas lourds" ou "les grands délinquants", transformation qui oblige à aborder la question de la surpopulation dans des termes nouveaux.

## 7. *Alors "alternative aux longues peines" ?*

Le syntagme est peu usité, on le comprend, car difficilement admissible par l'opinion publique surtout quand on lui parle, avec tant d'insistance, comme ce fut le cas en France en 1994, des meurtriers-violeurs d'enfant, quand par malheur certains se manifestent - un nombre infime -, cette opinion qui, en temps de crise économique et sociale n'est pas portée, en général, vers la clémence ;

L'expression d'"**alternatives aux longues peines**" peut recouvrir des mesures bien différentes : du changement législatif pour réduire les peines encourues inscrites dans la loi - peu réaliste pour des raisons indiquées *supra* -, à l'application des peines, en passant par le changement de comportements des juges.

On pourrait ainsi penser que la situation critique des prisons puisse influencer les juges dans le sens d'une plus grande clémence. C'est parfois le cas mais il paraît douteux qu'une cour ou un tribunal qui a à juger un individu, en toute indépendance, tienne compte de considérations de démographie pénitentiaire.

Il reste qu'en France, comme dans nombre de pays européens, existent des possibilités d'individualiser l'exécution de la peine. Celle qui a le plus d'influence sur la durée de détention effective est la libération conditionnelle, libération sous condition ou libération sur parole, le vocabulaire et les modalités d'octroi variant naturellement d'un pays à l'autre.

Or, accorder une telle mesure c'est prendre un risque face à la récidive. Aussi serait-il souhaitable de faire en sorte de réduire ce risque par des prises en charge effectives au sein de la prison, adaptées aux condamnés (on pense par exemple à certains délinquants sexuels ou aux toxicomanes lourdement sanctionnés pour usage-revente), mais aussi par le développement de mesures réelles de prise en charge et de contrôle après la sortie. Ces deux conditions sont nécessaires pour rendre la mesure crédible aux yeux de ceux qui sanctionnent.

La libération conditionnelle, devrait être pour moi le mode de sortie normale de prison, c'est-à-dire une sortie préparée, accompagnée à l'intérieur comme à l'extérieur. Ça existe déjà, je l'ai appris récemment à un colloque en Suisse, ça existe en Grèce où le système est tel que la libération conditionnelle est devenue, par des textes très récents, le mode de sortie normale de la prison.

Pour notre part, c'est là que nous situons l'un des principaux enjeux, en matière pénitentiaire, pour les années à venir. Est-il besoin de dire qu'il n'en est pas de même pour tous ?

En France ces questions ont été abordées, en juillet dernier, dans le cadre de la discussion, à l'Assemblée nationale, d'un "programme pluriannuel pour la Justice" (PPJ).

La loi programme qui porte sur les moyens a été adoptée : la mesure la plus concrète est la construction de 4 200 places de détention et de 1 200 places de semi-liberté, et la création de 3 900 emplois pour l'administration pénitentiaire.

En matière de procédure pénale, il est significatif de voir que la majorité des députés a refusé la seule proposition du Ministre de la Justice concernant le développement de la liberté conditionnelle : "que la LC puisse être accordée dès le prononcé de la peine pour les peines inférieures à un an". Autre refus significatif de la majorité parlementaire : "la possibilité pour le juge de l'application des peines de convertir lui-même une peine de prison de six mois au plus en travail d'intérêt général", la conversion TIG serait du seul ressort du tribunal. On n'est jamais trop prudent !

Dans le même temps le pouvoir exécutif accordait une grâce collective comme les années précédentes (depuis 1992), pour faire un peu de place avant les grosses chaleurs. Politique qui va à l'encontre de l'idée d'individualisation.

Pouvons-nous attendre davantage du rapport à venir d'une commission désignée par le Ministre de la Justice, commission d'étude pour la prévention de la récidive des grands criminels (dite commission Cartier) ? L'avenir le dira...

- M R. Badinter : Je me permettrai simplement une indication, quand on parle de libération conditionnelle, il ne faut pas oublier la situation économique. Le problème du chômage joue de façon plus pesante qu'on ne le croit parfois sur le rythme des libérations conditionnelles. On peut penser qu'une mesure législative pourrait à cet égard intervenir, et qui considérerait la libération conditionnelle comme le mode d'exécution normale de la fin de peine, mais ça demanderait un courage politique considérable. Je ne peux pas intervenir davantage sur ce sujet. Revenons à vous, Monsieur Fize.

# Du concept de délinquance au concept de violence : de nouveaux comportements adolescents ?

M. Michel Fize

> Autre temps, autres mots ? Autres mots parce qu'autre société ?
> Il est assurément des mots qui s'effacent ou perdent de leur pouvoir. Il en est d'autres qui s'installent à leur place comme arrogants de puissance.
> Délinquance, déviance, minorité, jeunesse populaire semblent devenus mots obsolètes. Violence, adolescence, jeunes de banlieue, exclusion, paraissent aujourd'hui dominer le discours médiatique, sinon le discours scientifique.
> Que s'est-il donc passé qui puisse expliquer ce glissement sémantique ?
> Les mots, nous le savons, ne sont pas innocents. Ils ont du sens. Ils traduisent tout à la fois un état de moeurs et du droit, reflètent une situation sociale, expriment des conditions économiques et culturelles particulières. Ils révèlent aussi des pratiques, renvoient à des théories, qui elles-mêmes subissent "le choc du présent".
> Que reste-t-il de la théorie du contrôle social par exemple ?
> Que reste-t-il de la notion de "délinquance juvénile" ?
> Interroger les mots, c'est interroger les faits. Partons sans tarder dans cette quête de sens, dans cette aventure du social.

Je vais essayer de vous parler de ce passage du concept de délinquance au concept de violence, qui traduit probablement de nouveaux comportements et, comme on ne parle bien que de ce que l'on connaît bien, je mettrai un troisième élément, celui de l'adolescence puisque c'est une population que je connais bien.

Il est des mots qui s'effacent ou perdent de leur pouvoir. Il en est d'autres qui s'installent à leur place comme arrogants de puissance.

Délinquance, déviance, minorité, jeunesse populaire semblent devenus mots obsolètes. Violence, adolescence, jeunes de banlieue, exclusion paraissent aujourd'hui dominer le discours médiatique, sinon le discours scientifique.

Que s'est-il donc passé qui puisse expliquer ce glissement sémantique ?

Les mots, nous le savons, ne sont pas innocents. Ils ont du sens. Ils traduisent tout à la fois un état des moeurs et du droit, reflètent une situation sociale, expriment des conditions économiques et culturelles particulières. Ils révèlent aussi des pratiques, renvoient à des théories, qui elles-mêmes subissent "le choc du présent".

Que reste-t-il de la théorie du contrôle social par exemple ?

Que reste-t-il de la notion de "délinquance juvénile" ?

Ne sommes-nous pas loin du temps où il était aisé de désigner le bouc-émissaire, d'assigner à la Justice une population-cible : jeunes de milieux populaires, pour lesquels elle devenait aussitôt une dispensatrice de normes ?

Tout a changé : la société, les institutions, les jeunes eux-mêmes. En deux décennies, un univers s'est effondré. Les hiérarchies ont été bouleversées, l'autorité s'est éclipsée, l'adolescence s'est affirmée. Face à ces bouleversements, l'Etat, qui s'est lui-même délesté de certaines de ses attributions avec les lois de décentralisation, ne semble plus offrir les repères d'antan ni ces gages de sécurité qui faisaient sa légitimité et sa force.

Reprenons les mots par le début.

Délinquance. Trop étroit. Il ne rend compte que d'une infime partie des pratiques "problématiques" de la jeunesse. Vient-il à être employé, le mot est comme anesthésié par l'adjectif qualificatif qui le précède. Parler, en effet, de "petite délinquance" n'est-ce pas le plus sûr moyen de se séparer d'un mot devenu socialement inadapté ? D'en atténuer le sens au point de le rendre inconsistant ?

Déviance. Le mot est plus récent. Il désigne, souvenons-nous, l'ensemble des comportements qui, s'écartant de la norme, créent des dysfonctionnements sociaux et donnent lieu à une sanction. Pour être précise, la définition n'en est pas moins inadéquate au regard de notre réalité collective. "Dysfonctionnements sociaux" disais-je, mais n'est-ce pas tout le corps social qui est en dysfonctionnement ? "Norme", mais quel sens y a-t-il encore à parler d'une norme alors que nous les savons multiples et de plus en plus personnalisées ?

Prenons un seul exemple. Fumer du H dans une cour d'école constitue-t-il un comportement déviant ? Probablement pas pour le jeune concerné. Et pour le policier ? Le médecin ? N'invoque-t-on pas, ici ou là, l'excuse de minorité (civile) du sujet, la circonstance de banalité du fait, pour estimer n'y avoir pas motif à poursuivre ?

Désétiquetage ? Déstigmatisation d'une certaine jeunesse ? Relâchement des organes de répression ? L'on dit ou l'on entend tout cela.

Réfléchissons un instant et disons les choses autrement. Etiquetage ou stigmatisation - comme délinquance - semblent aujourd'hui mots désuets, renvoyant à un état de société qui n'est plus. La crise des mots est l'indice fort de cette crise du social que nous évoquions précédemment. Crise des institutions, crise des acteurs de ces institutions.

Les jeunes délinquants se sont transformés en jeunes errants violents des banlieues. Les travailleurs sociaux sont devenus plus animateurs qu'éducateurs, les enseignants plus éducateurs qu'instructeurs, etc... etc...

Tout est aujourd'hui brouillé.

Finie la société hiérarchisée d'antan où chacun avait sa place, où la délinquance elle-même faisait figure d'institution que des organes régulaient méthodiquement. L'on semblait alors s'autoriser un volant de délinquance comme l'on s'autorisait un volant de chômage. L'écart aux normes ne mettait pas dangereusement en cause l'ordre social. Sans que tout soit pour le mieux dans le meilleur des mondes, les ajustements répondaient aux dysfonctionnements.

Aujourd'hui, dans une société de plus en plus segmentée, d'aucuns diraient "atomisée", tout semble déréglé. La violence étant partout : violence subie, violence commise, la délinquance a perdu ce qui faisait sa force : sa circonscription dans le monde social, sa stricte régulation par des organes strictement définis dans leurs fonctions et missions. Ainsi à la délinquance-institution semble s'être substituée une violence-action, diffuse, multiforme, trans-sociale. C'est aujourd'hui toute une classe d'âge - que j'appellerai volontiers l'adolescence - qui semble prise au piège de cette violence. Aucun habitat n'offre de réelles garanties de protection. Habiter dans des barres ou des pavillons résidentiels (sortes de "barres horizontales", selon l'expression de mon collègue Marc Touche), est-ce après tout si différent pour des adolescents en proie à l'angoisse quotidienne ? Se focaliser sur les seules banlieues "sensibles", n'est-ce pas prendre le risque d'oublier qu'ailleurs aussi la violence sociale est en action ? Allons plus avant : aucune famille, aucune école n'assurent plus une claire transmission des normes et valeurs. Ces grands appareils socialisateurs en crise, qui errent à la recherche d'une nouvelle identité, deviennent à leur tour déstabilisateurs. Ainsi l'adolescent se retrouve-t-il seul dans la Cité, seul avec ses copains, exposé à l'ennui, en quête d'une identité sociale qui se révèle, souvent, introuvable.

Le tableau suivant récapitule toute une série de facteurs, de composantes, de constats à l'origine de toute une gamme de violences tant individuelles que collectives que l'on peut retrouver chez nombre d'adolescents et, de plus en plus, chez des enfants.

Un dernier mot : minorité. Mot du droit, mot de la Justice, que l'on n'utilise plus guère. Les mineurs font moins parler d'eux que les adolescents ou les enfants.

L'une des nouveautés de la modernité, c'est bien l'émergence de cette nouvelle classe d'âge que l'on nomme adolescence. Née en période de prospérité économique (dans les années soixante), elle s'est développée dans un contexte de crise à partir des années soixante-dix, prenant progressivement ses distances avec les générations aînées. L'on pourrait parler d'un "gap" culturel que les années quatre-vingts n'ont fait qu'approfondir. De culturel qu'il était, en effet, le fossé est devenu mental. Tout semble séparer aujourd'hui jeunes et adultes : le langage, les valeurs, la culture. Tout semble pousser les adolescents vers une sorte de "retraite" sociale, à les encourager à rester dans un "entre-soi" à multiples facettes, loin du regard des adultes.

La nouvelle génération, ayant souvent grandi sans père et sans repères, se trouve dépourvue de règles et de normes claires. Faute d'avoir reçu les apprentissages élémentaires, elle se forge ses propres règles de conduite, qui ne sont souvent que l'expression de ce rapport de forces qu'elle vit au quotidien et la conduit aux violences que l'on sait.

La véritable question en somme n'est pas tant la transgression de la loi que sa connaissance. Ce qui conduit à cet autre constat que l'adolescent moderne est plus un être sans loi qu'un authentique hors-la-loi. D'où le sentiment de non-culpabilité fréquent qui accompagne la commission de certains délits voire crimes. Un exemple : celui du viol collectif perpétré par certains jeunes sur d'autres jeunes. N'apparaît-il pas, aux yeux de ses auteurs, comme une espèce de jeu qui aurait mal tourné ? Et que dire de cette multitude d'agressions, rackets, dépouilles ?

| Facteurs | Composantes | Constats |
|---|---|---|
| Individuels | Biologiques et psychologiques | Egocentrisme, sentiment de non-responsabilité, passion du risque |
| Sociaux | A - Lieux | Habitat périphérique et absence de centralité |
| | B - Groupes<br>. Familles<br>. Ecole<br>. Pairs | Impuissance ou indifférence parentale<br>Echec ou fort absentéisme<br>Bandes<br>Différence de culture Jeunes/Adultes |
| | C - Culture | Rupture du lien intergénérationnel |
| | D - Mutations sociales | Difficultés de socialisation et d'insertion professionnelle<br>Dilution des repères, éclatement des normes |
| | E - Conditions ou situations facilitantes | Absence ou inaccessibilité des équipements socio-éducatifs<br>Absence de moyens monétaires d'acquisition des biens de consommation<br>Drogue |

Ne sont-ils pas d'abord l'expression de ce rapport de forces qui forme la trame de notre vie quotidienne ? Un jeu, là aussi, où l'on est, tour à tour, gagnant ou perdant ?

Ces mots avec lesquels nous avons commencé cet exposé : délinquance, déviance, ont ainsi perdu tout sens dans l'esprit même de ceux à qui ils s'appliquent. Et avec ces mots d'autres mots : crime, meurtre, viol qualifié, que juges d'instruction et juges des enfants sont parfois obligés d'expliquer minutieusement aux adolescents qui comparaissent devant eux.

Si l'on ajoute, à ces considérations sociologiques, des considérations plus psychologiques, que l'on rappelle que l'adolescence c'est tout à la fois le sentiment de toute-puissance, la passion du risque, le goût de l'opposition et d'abord à ces symboles du pouvoir que sont la famille, l'école ou la police. L'on comprendra que la tâche peut paraître ardue pour toutes ces institutions qui ont pour mission la prévention, la protection, mais aussi la répression des comportements délictueux ou violents de cette classe d'âge.

- M. R. Badinter : Merci M. Fize pour ces réflexions très éclairantes et pour avoir fait un grand effort, je le sais, pour respecter l'horaire et laisser un temps suffisant pour la discussion qui est maintenant ouverte. Qui désire poser la première question ?

- Mme A. Schaffner : Je suis magistrat au bureau d'Action Sanitaire et de Lutte contre la Toxicomanie à la Pénitentiaire. J'ai une question à poser à P. Tournier à propos de l'allongement des longues peines. Est-ce que vous avez perçu qu'il puisse y avoir un rapport entre cet allongement des peines, des longues peines et surtout des peines criminelles, et la modification de la constitution des jurys d'assises, à savoir l'élargissement de la composition de ces jurys. Est-ce qu'il existe un lien à votre avis ?

- M. P. Tournier : Je ne pense pas qu'il faille chercher dans cette direction, à partir du moment où ce dont j'ai parlé est postérieur, et en particulier les tendances vraiment lourdes auxquelles je fais référence quand je parle de "LC" etc.... Ce sont les tendances récentes, même pas celles des dix dernières années, mais celles depuis les années 80 environ. Ce que je voudrais surtout dire c'est qu'on ne peut pas raisonner indépendamment de l'infraction. Je vais prendre un exemple. Souvent je compare les stupéfiants et le viol parce que là on a deux schémas d'analyse différents. En ce qui concerne le viol, il est certain que dans les statistiques de la police, les statistiques de personnes mises en cause pour viol, vous avez un accroissement considérable. Ça c'est un premier point. Ça ne veut pas dire pour autant que les viols commis ont augmenté. On sait tous qu'au cours des années 70, des mouvements féministes ont eu une action, là encore c'est assez réjouissant de voir que l'action peut avoir des conséquences, que les choses peuvent bouger, ont eu donc une action pour la prise en compte de cette infraction, pour convaincre l'opinion publique, les magistrats et l'ensemble du système pénal, que cette infraction était une infraction gravissime. Donc ça a eu des conséquences certaines sur les possibilités pour la victime de porter plainte. Le fait, par exemple, que dans la plupart des commissariats de Police il y ait maintenant au moins une femme, permet une prise en charge des victimes de viol nettement plus aisée. Toujours est-il qu'indépendamment de ce phénomène, on a observé en terme de condamnation, et là c'est extrêmement clair, une augmentation des peines qui sont prononcées. Donc là vous avez plusieurs phénomènes qui sont une prise en charge plus importante par le système pénal parce que les victimes se plaignent davantage et ça c'est bien connu, mais aussi, en plus, une accentuation des peines, le législateur suivant l'opinion publique et est-ce qu'on peut lui reprocher, qui sont passées de 10 à 15 ans. Donc il y a tout pour faire en sorte que l'on se retrouve avec ces chiffres dont j'ai parlé, les 700 qui deviennent 2700 et qui deviendront peut-être 3700 dans quelques années. En matière de stupéfiants, le schéma n'est pas du tout le même. Il est clair que, en matière de stupéfiants, en faits existants, tous les indicateurs permettent d'affirmer, même si l'on ne sait pas mesurer tout cela, qu'il y a une augmentation en matière d'usage et de trafic.

- Dr P. Michaud : Je suis médecin alcoologue à la prison de Fleury-Mérogis. J'ai beaucoup apprécié l'intervention de P. Tournier. Moi je suis de ses lecteurs fidèles donc je savais sa rigueur. Je pense que son intervention en conclusion sur le rôle de la libération conditionnelle, à mon avis, va nous poser à tous, soignants en prison, une vraie difficulté et j'ai vécu ça en arrivant comme médecin alcoologue à la prison de Fleury-Mérogis. A partir du moment où il a été connu des juges d'application des peines qu'il y a avait un médecin alcoologue à la prison de Fleury-Mérogis, ils ont commencé à exiger des détenus qui présentaient un problème d'alcool, et qui présentaient aussi une demande de libération conditionnelle, qu'ils voient d'abord le médecin alcoologue. Ce qui peut partir d'une intention louable mais qui peut aussi nous déplacer de notre rôle de thérapeute vers celui d'expert. Il a fallu batailler pour sortir de cette contradiction qui aurait été tout à fait dommageable à notre rôle de soignant. On ne peut pas, et il a fallu en convaincre à la fois les juges et les détenus, intervenir dans la décision, poser de pronostic quant à la rechute ou non de l'intoxication et encore moins quant à la récidive des actes délictueux. Donc je crois que nous sommes en plein dans le débat que l'on va avoir pendant ces deux journées : soigner en milieu carcéral est toujours quelque chose qui a pour objectif de favoriser la sortie de prison, donner de meilleures conditions à cette sortie, mais en même temps il faut veiller à ne pas nous transformer en expert donnant des pronostics.

— M. P. Tournier : Je suis très satisfait de cette intervention parce qu'elle montre vraiment le genre de réactions que j'avais envie de provoquer. C'est que, effectivement, cette histoire de libération conditionnelle pose des questions absolument de fond sur la place des uns et des autres. L'exemple de l'alcoolisme me parait tout à fait démonstratif. C'est sûr que si le condamné est soigné ou s'il n'est pas soigné, le problème de la libération conditionnelle se pose tout autrement, et c'est un cas relativement anodin. Si je prends l'exemple du père incestueux qui est condamné à 15 ans de prison, en soi cela ne me parait pas choquant c'est-à-dire que l'inceste me parait un acte suffisamment grave pour qu'une cour d'assises prononce 15 ans. Il va peut-être passer 15 ans en prison sans prise en charge thérapeutique. Il ne sait peut-être même pas ce qu'est l'inceste et à la limite, il ne le saura peut-être pas à la sortie. Je trouve qu'effectivement, entre ces deux solutions, il y a la libération conditionnelle et puis beaucoup de choses autour, et peut-être l'évitement de la prison, dès le prononcé de la peine et là on revient au débat parlementaire récent.

— Dr P. Moutin : Le psychiatre qui a travaillé pendant 25 ans dans la même maison d'arrêt, comme je le fais à Fresnes, reconnaît de façon très clarifiée un petit peu les événements qu'il a vécus pendant ces 25 ans. Il y a peut-être quand même un certain nombre de choses qui ne peuvent pas ou difficilement rentrer dans les statistiques. Je vais en donner trois exemples. L'exclusion, dont on parle beaucoup avec des intentions diverses actuellement, a sa correspondance en prison et je suis frappé moi, dans ma consultation, de voir le nombre de personnes qui me disent ne pas avoir un timbre pour communiquer avec l'extérieur, et les services sociaux n'ont manifestement pas les moyens suffisants pour répondre à toutes les demandes. Le deuxième fait c'est l'inégalité qui me parait persistante dans les moyens de défense juridique. Je pense que beaucoup de détenus n'ont pas une assistance juridique suffisante et Maître Henri Leclerc, récemment, dans une émission radiophonique, reconnaissait que, du fait disait-il de l'évolution des cabinets de droit, il ne pouvait plus actuellement assurer les mêmes services que cela avait été imaginé lors de la création des "boutiques de droit". Enfin le troisième fait qui n'a pas tellement changé en 25 ans, et là on se retrouve du côté des institutions et des sujétions pénitentiaires dont parlait J. Laurans tout à l'heure, et qui gêne beaucoup le travail thérapeutique, c'est la persistance de l'absence quasi totale de contrôle des procédures disciplinaires. Et dans le dernier numéro de la Revue de Sciences Criminelles et de Droit Pénal Comparé, un chercheur, Jean-Paul Serret, a attiré, de façon très documentée, l'attention sur cette question. Ce sont des points qui ne sont pas directement psychiatriques, mais je pense que nous ne devons pas rester enfermés dans le confort relatif, mais enfin quand même, de notre technique et voir aussi ce qui se passe à côté.

- M. A. Dubreuil : Président de la cour d'assises des Hauts-de-Seine. Je ne souhaite pas poser une question mais apporter des éléments d'informations à la suite de l'intervention de M. Tournier que j'ai beaucoup appréciée. Je suis Président de cour d'assises depuis 6 ans, j'ai jugé environ "230 affaires" et j'ai effectivement constaté cette évolution de l'augmentation du nombre des longues peines, notamment, et je dirais même plus particulièrement, en matière d'inceste. Je voudrais également signaler que, depuis quelques mois, je vis un autre phénomène qu'il faudra peut-être un jour analyser, à moins que je ne me trompe, c'est un effet pervers du nouveau Code Pénal. M. le Président, je m'en excuse. Cette personnalisation de la sanction est très bien ressentie par les jurés, mais en faisant disparaître la question de l'existence des circonstances atténuantes, nous sommes arrivés au cheminement de pensée et d'action suivant : autant il était difficile à un juré de répondre non, il n'existe pas de circonstances atténuantes, et d'entraîner l'automaticité de la peine maximum ; autant maintenant il lui est beaucoup plus facile de mettre la peine maximum en inscrivant un nombre. Nous avons donc de plus en plus de peines maximum à 15 ans prises à une majorité de 8 voix au moins, alors qu'auparavant on les connaissait peu parce qu'il n'y avait pas une réponse négative aux circonstances atténuantes.

- M. R. Badinter : C'est tout à fait intéressant. De ce problème de procédure pénale, je n'avais jamais entendu aucun magistrat évoquer cet aspect là, cette dialectique de la question. C'est tout à fait intéressant et important. Est-ce que vous avez eu l'occasion, pardonnez-moi de parler un peu technique, est-ce que vous avez eu l'occasion d'en parler avec d'autres collègues ?

- M. A. Dubreuil : Effectivement nous ressentons tous la même chose.

- M. R. Badinter : Bien, c'est remédiable je veux dire. Ça parait très technique peut-être..., c'est heureusement remédiable.

- Dr P. Lamothe : (Psychiatre au SMPR de Lyon). Je voudrais, si on le pouvait, reprendre un peu la question des sorties de détention dans la gestion du flux. Il me semble que suggérer que tout le monde sorte en liberté conditionnelle c'est bien, mais actuellement en fait on ne souffre pas tellement de l'impossibilité de prendre en compte les possibilités de sortie conditionnelle, on souffre d'une absence de volonté politique de faire sortir les gens. Il est clair que si le travail est la seule valeur reconnue pour sortir, le travail d'insertion n'existe pas en sortant de prison et les chiffres que vous avez donnés sont encore plus impressionnants si on les rapporte au nombre total des sortants. C'est-à-dire que les sortants actuellement c'est moins de 2% en liberté conditionnelle, alors que la plupart des gens dans le public sont persuadés que ça concerne presque tout le monde, que la peine prononcée n'est accomplie que pour moitié. Or ce n'est pas vrai, la peine prononcée n'est pas accomplie pour moitié, l'érosion est très très faible. Est-ce que la solution n'est pas comme certains le préconisent quand même, pour une vraie gestion des sorties, d'imposer le *numerus clausus*. Le *numerus clausus* n'est pas l'interdiction pour un Procureur de faire rentrer quelqu'un en détention, c'est l'obligation pour l'application des peines d'en faire sortir un certain nombre. Et à ce moment-là, on est obligé d'avoir un projet, et on est obligé de se poser la question de qui on fait sortir ce mois-ci...

- M. R. Badinter : Est-ce que vous pourriez, Monsieur, préciser à propos de la libération conditionnelle. Votre question n'est pas vaine quand on connaît la réalité. Toute libération conditionnelle est un pari sur celui qui sort, et lorsque le pari est perdu, s'agissant d'une grande affaire criminelle, le coût politique est incroyablement élevé. Par conséquent, tous les Gardes des Sceaux n'ayant pas nécessairement une vocation au martyre, on conçoit que dans la mesure où c'est lui qui décide pour les longues peines...

- M. P. Tournier : Pour les longues peines, les choses sont un peu plus compliquées parce qu'il y a tout un processus de sélection des dossiers qui se fait en amont. Et je n'ai pas étudié cette question.

- Dr P. Denis : Psychiatre à Clairvaux. Question un peu "bêtasse" : est-ce qu'il n'y a pas d'une manière ou d'une autre de déficit institutionnel, volontaire ou non je ne sais pas, en matière justement de réadaptation, de réhabilitation, bref de possibilités d'accès finalement à la libération conditionnelle ? Je veux dire que quand, en tant que psychiatre passager dans cette prison, je suis amené à penser à ces histoires là, je m'aperçois que les institutions auxquelles on adresse les gens, en matière de libération conditionnelle, sont des institutions un peu marginales, qui n'ont d'existence que hasardeuse, dont les travailleurs sociaux ne sont pas sûrs, etc... C'est-à-dire qu'il y a une institution très forte, si on peut dire, qui est l'institution carcérale, mais à côté d'elle, en fait il n'y a pas d'institution réelle, enfin de taille qui soit une institution de réhabilitation, il me semble. Est-ce que c'est déterminé, est-ce que c'est une tradition, est-ce-que c'est un hasard, je ne sais pas comment ça se présente pour vous.

- M. R. Badinter : Je crois que M. Fize voulait intervenir à ce sujet...

- M. M. Fize : Je ne sais pas, personne ne m'a entrouvert la porte pour le moment, donc j'ai supposé que ce que j'avais essayé de vous dresser très rapidement était quelque chose qui allait dans le bon sens. C'est vrai que là vous êtes plus évidemment sur une question d'ordre pénitentiaire, et peut-être que mon propos aurait dû être un propos très très introductif, d'ordre général.

- Dr O. Dormoy : Certainement pas et je crois que ce n'est pas un hasard si les adultes occultent d'une certaine façon la violence des jeunes.

- Pr A. Lazarus : J'enseigne et tente d'agir en santé publique comme universitaire-médecin. Avant de la formaliser en question à Michel Fize, je voudrais suggérer une réflexion sur une sorte d'antinomie essentielle et très profonde, entre ce qui fonde le "statut" de détenu et la représentation d'une toute autre nature qu'il aurait, si on le traitait comme une personne en pré "liberté" conditionnelle, c'est-à-dire capable d'être et de faire des choix.

Un détenu, hormis pour une part de ce qui se passe peut-être, dans quelques recoins secrets d'intimité inatteignable, ne doit rien faire ou rien être qui soit en dehors de l'espace de choix et du système de décision que l'administration pénitentiaire pense avoir la mission de lui imposer, pour exercer le mandat que la société lui confie.

Un détenu, pratiquement et symboliquement, est en faute contre la prison chaque fois qu'il affirme ou même laisse entendre qu'il a une opinion sur ce que l'on décide pour lui ou sur ce qu'on lui fait faire. Ceci depuis la seconde de son entrée jusqu'à l'instant précis de sa sortie des murs.

Il n'a plus qualité à avoir un jugement personnel sur l'improbable question de savoir ce qui est bon pour lui ou en tout cas, sur ce qu'il pourrait faire. Il ne peut pas avoir raison car il ne doit pas avoir raison.

L'administration pour ce qui le concerne est seule compétente. Il peut éventuellement être demandeur mais jamais décideur et c'est l'essence du dispositif. Le détenu est incompétent et doit l'être.

Incompétence en droit en fait, mais surtout incompétence de principe. Principe implicite, fondateur de l'esprit et de l'institution carcérale telle qu'elle est encore en France. Même si par bien des aspects il faut le traiter humainement, recadrer ce qui lui est dû à travers le discours correcteur actuel sur les droits de l'homme, le détenu reste d'abord une fraction numérique d'une population de ce que j'appellerais des "incapables fautifs", gérée par une administration sur un modèle égalitaire républicain. Modèle comparable à celui de l'école publique où idéalement, pour traiter chaque élève exactement de la même manière, il ne faudrait quasiment pas connaître son nom, ses origines, son histoire et son destin afin de ne rien personnaliser c'est-à-dire générer des inégalités qui seraient liées aux multiples diversités et qualités propres à chacun.

Si dès l'entrée en prison, il était envisagé presque systématiquement, comme vous le suggérez, que tout détenu est en train de se former à la capacité active de liberté conditionnelle, cela signifierait, me semble-t-il, une sorte de révolution, une transmutation : le détenu serait compétent sur quelque chose pendant sa détention. Ce quelque chose ne serait pas rien, ce serait ce qu'il y a de plus important et concurrentiel par rapport à l'autorité du projet administratif, ce quelque chose serait : lui-même. Si la conditionnelle pour être la plus constructive et positive, doit être préparée avec le détenu qui s'engage à une lourde responsabilité pour s'assumer à l'extérieur - période de chômage - retrouvailles avec tous les facteurs de risque qui ont déjà concouru à sa délinquance - c'est qu'on lui reconnaît une compétence. Double compétence, capacité à devenir, par lui-même, activement et capacité à négocier les conditions de sa liberté. Le détenu alors ne serait plus seulement un objet administratif, il deviendrait une des parties responsables de ce qui le concerne.

Dans un autre domaine, celui des toxicomanies, on trouverait une discussion analogue. Sont-ils compétents ou non sur leur propre vie. La justice, la cure, la post-cure doivent-elles se substituer à eux pour lesquels on prononce des formes d'incapacité temporaires à visées thérapeutiques, mises en oeuvre dans des registres aussi différents que le pénal et le pénitentiaire ou les règles contraignantes de la cure et de la post-cure ?

C'est la disposition très générale de notre société, par les dispositifs sanitaires et sociaux que de "prendre en charge". Démarche qui semble relever tout à la fois du progrès, des conquêtes sociales et de l'éthique, et par laquelle la société, à travers nos institutions, va se charger de ceux qui ne sont pas dans la capacité d'y arriver tout seul. A trop vouloir transformer le système pénal et pénitentiaire en un service "social rééducatif", ne risquons-nous pas de continuer à faire disparaître la capacité de responsabilité individuelle et à entretenir une sorte de culture d'incompétence de populations entières sur leurs propres vies, ce qui pousse à une inflation de social sur le modèle médico-social de la prise en charge ?

N'y aurait-il pas à décliner une position quasiment philosophique d'un autre ordre qui serait d'affirmer la compétence et la dignité des personnes sur elles-mêmes, quoi qu'il en soit, même en situation de condamnation pénale, d'assistance sociale et cela dès le premier jour, le premier moment. Nous connaissons déjà les excellents résultats de cette position. Ceux de thérapeutes comme le docteur Maurice Titran à Roubaix qui affirment leurs compétences à des mères au fond des déprimes de la dévalorisation. Compétence à être aimées par leur enfant donc à pouvoir l'élever. Ou bien ceux de l'association d'ATD Quart Monde qui valorise et s'appuie sur la dignité et la compétence qui redonnent sens et discipline de soi et capacité à vouloir avancer, même dans la plus profonde marginalité ou exclusion.

Qu'il faille encore militer pour ce type de proposition peut sembler bizarre à celui qui exerce dans les champs de la médecine et de la psychiatrie et qui évidemment, dans une relation à deux, doit bien laisser l'autre être un tout petit peu un autre, sinon il n'y aurait pas de relation ni de partenaire soignant. Le médecin a besoin de son malade pour pouvoir le soigner. En effet, c'est le patient lui-même qui "s'adresse" au médecin et bien souvent, c'est à son patient que le médecin confie la prescription et la mission de se l'appliquer lui-même. Echappent à cette règle les grands malades physiques ou mentaux et le plus souvent, les personnes qui sont à l'hôpital, à l'armée, en prison.

Il y a comme une opposition entre deux empires de signifiants. Celui qui dans une inspiration plus intime, projective, identificatoire dit à l'autre qu'il est quelqu'un. Et, celui de l'institution qui vous signifie très globalement que vous êtes d'abord un administré, l'objet de l'application normale d'une règle commune, ce qui pourrait ou devrait plus ou moins délibérément vous amener à croire que vous n'êtes personne.

La conditionnelle systématique proposée semble avoir beaucoup de possibilités préventives positives, mais si elle devenait une procédure de masse et quasi anonyme d'une population donnée pour qui la conditionnelle, systématiquement préparée s'inscrit dans une invitation à un début de parole personnelle.

Ma question est la suivante :

Si commencer à parler avec les détenus, c'est-à-dire autoriser leur parole, était une amorce de passage vers ces réformes profondes que l'on espère, il y a encore à chercher pour trouver les méthodes et les pratiques pour le faire. Dans cette hypothèse, est-ce que certains emprunts à ce que la médecine peut apporter, par la nature qu'elle donne à l'autre, pourraient aider, sans médicaliser pour autant, à réfléchir autrement le modèle de l'intervention pénale et sociale ?

- M. M. Fize : C'est une question extrêmement difficile avant l'heure du déjeuner, même peut-être après d'ailleurs ! Moi je pense qu'il y a un mot clef par rapport à cette population de jeunes encore une fois que je connais mieux que d'autres populations, c'est le mot écoute d'une part, et je dirais aussi rencontre. Il y a, je crois un certain nombre d'institutions, - et là je ne parle pas de l'institution pénitentiaire parce qu'elle n'attend rien, on lui fournit sa clientèle-, qui sont, me semble-t-il, encore trop souvent en position d'attente. Elles se veulent structures d'accueil, en réalité un certain nombre de jeunes ne fonctionnent pas de cette façon c'est-à-dire qu'il faut aller à leur rencontre. Donc j'aurais envie déjà de balayer un certain nombre de mots, là aussi puisque c'est un petit peu ce à quoi je me suis efforcé ce matin. Je crois que le mot traitement dans un certain nombre de cas pourrait sans doute être remplacé par accompagnement et ça rejoindrait un peu ce que vous disiez. Donc moi j'imaginerais tout à fait des espèces d'antennes mobiles d'accompagnement dans différents secteurs parce que, face à cette complexité, et de notre société, et des comportements qu'on appelle déviants aujourd'hui, je crois qu'il faut arriver à personnaliser les modes de prises en charge par, j'allais dire des structures, par plutôt des petits réseaux d'accompagnement de suivis. C'est peut-être en fait amorcer l'esquisse du redessinage d'une autre société... Voilà enfin tout ce que je peux dire comme ça sans y avoir réfléchit énormément.

- Dr F. Franco : "Psychiatre hospitalier et psychiatre à Liancourt au Centre de Détention. L'intervention que je fais n'est pas une question mais c'est une réflexion qui aurait un rapport avec l'exposé de M. Fize. Je voudrais parler de la nature nouvelle de certains délits, des délits que je nommerais plutôt des délits anonymes, une catégorie de délits faciles, lâches, qui risquent de mener à un grave accident. Je veux parler par exemple de ces pavés, que des jeunes, en général, suspendent au niveau des ponts de la SNCF et qui viennent fracasser les trains. Ces délits me paraissent très inquiétants parce qu'ils ne visent personne en particulier, ils visent une foule de gens en mouvement. Cet aspect de loterie du choix des victimes me semble particulièrement préoccupant et très inquiétant. Il a en tout cas comme valeur de renseigner sur la profondeur des malaises actuels que vous évoquiez dans votre exposé. On ne peut même pas les comparer aux délits des incendiaires ou des pyromanes, où là il s'agit d'une autre problématique. Je voulais insister sur ce type de délit, probablement nouveau, et qui parait très très préoccupant parce qu'il est anonyme.

- M. M. Fize : Je crois qu'on pourrait d'ailleurs ajouter à votre exemple, un autre exemple dont on a beaucoup parlé, c'est la fusillade qui a entraîné la mort de trois policiers et d'un chauffeur de taxi, et qui a été présentée effectivement comme une sorte de violence sans cause, pour rebondir un peu avec mon expression de rebelle sans cause. Alors, comment ? Je crois quand même que ça participe effectivement de cette espèce de violence dont on ne peut plus véritablement identifier des causes précises.

**Séance présidée par Michelle Perrot
(Modérateur Claude Guionnet)**

# DE LA LOI À LA NORME : DE NOUVEAUX ENJEUX

De la dialectique de la faute et du châtiment à celle du symptôme et du traitement, questionnement sur le sens de la peine et son intelligibilité. Criminalisation de la psychiatrie et psychiatrisation de la criminalité. Comment la psychiatrie en milieu carcéral doit-elle se démarquer pour n'occuper que sa place et faire obstacle aux dérives/impostures ?

**- Mme M. Perrot** : Cette première table ronde est donc consacrée à une réflexion sur le parcours, si l'on peut dire, de la loi à la norme avec les nouveaux enjeux que cela suppose. Trois personnes vont intervenir sur ce thème : M. Godefroy du Mesnil du Buisson qui est juge de l'application des peines au Tribunal de grande instance de Pontoise et également vice-président de l'Association nationale des juges de l'application des peines. Ensuite interviendra M. Daniel Glezer qui est chef de service au SMPR de Marseille, et enfin Mme Sylvie Nerson-Rousseau qui est psychanalyste et fondatrice du Carrefour Inter-disciplinaire de la Recherche sur l'Individu.

# De la dialectique de la faute et du châtiment à celle du symptôme et du traitement, questionnement sur le sens de la peine et son intelligibilité

Le mariage de Themis et d'Hippocrate à l'épreuve de la durée
Rôles du juge et du médecin dans l'intelligibilité de la peine
et son évolution

M. Godefroy du Mesnil du Buisson

> A une époque où l'action humanitaire, tant au plan interne qu'international, est considérée comme un modèle de comportement *humaniste*, que la lutte contre toute souffrance est ressentie comme objectif prioritaire, la notion de peine - châtiment infligé volontairement par la puissance publique, *au nom du Peuple français*- est nécessairement perçue de manière paradoxale, selon des mécanismes alternatifs tant d'identification à l'auteur d'une infraction que de rejet compulsif. Dans cet esprit, le service de l'exécution des peines du procureur de la République, au sein de chaque tribunal, peut n'être perçu par le profane que comme un *jardin des supplices*, ou tout au moins l'administration des afflictions - ce qui nous conduit à nous interroger sur la fonction de la peine.
> Réponse sociale à un comportement volontaire rompant le consensus minimal communautaire -l'acte délinquantiel : l'infraction -, la sanction pénale n'a vocation à s'appliquer dans notre droit pénal traditionnel qu'à celui qui a agi *librement*, c'est-à-dire sans que sa volonté ne soit obérée par un désordre psychique.

La répartition des compétences entre le juge et le médecin apparaît clairement définie : au premier les sains d'esprit, au second les aliénés. Mais ce schéma ne résiste pas à la diversité des affections mentales et le magistrat doit assumer sa perplexité à la lecture d'une expertise relative à celui qui doit être perçu comme "moyennement fou" ou, pis, "fou à temps partiel".

Si le fou est celui qui a tout perdu sauf la raison, selon le mot célèbre de l'écrivain britannique Chesterton, alors la justice doit à son égard, plus encore que vis-à-vis de tout autre, justifier sa raison sociale, au sens propre du terme : par la qualité de son écoute - le caractère non contestable de la procédure et en particulier l'observation du principe du contradictoire -, par la valeur de sa parole - tant dans l'affirmation de la vérité que dans la proclamation de la loi- et enfin par la cohérence de son action, la justice rappelle qu'elle est d'abord un lieu de dialogue, dont la décision n'est d'un certain point de vue que la résultante, et de considération des personnes - et en particulier dans la prise en compte de celui qui est jugé, sujet de droit et de devoirs.

Mais l'action judiciaire souffre d'une ambiguïté remarquable en ce qu'elle n'incite nullement celui qu'elle condamne à justifier personnellement de l'acte commis : jusqu'au procès pénal, la culpabilité n'étant pas établie, l'interrogation portera essentiellement sur les éléments de preuve et conditions matérielles de la commission du délit ou du crime ; après la décision définitive, la gestion pénitentiaire de la peine ne favorisera que rarement la remise en question personnelle que la déclaration solennelle de réprobation sociale doit induire nécessairement chez le sujet conscient - remise en question plus encore nécessaire chez celui qui est moins apte naturellement à l'introspection. Ainsi, en amont du jugement, l'intérêt du *comment* élude la problématique initiale ; en aval, l'intérêt pour le sujet en tant que tel - administration du corps des détenus, action socio-éducative, traitement médical- la réduit à n'être qu'un épiphénomène.

Par-delà l'évidente nécessité de restituer la problématique originelle en intégrant à la fois la vérité judiciaire proclamée quant aux faits et l'implication directe de l'auteur concerné, apparaît également en filigrane la fonction dévolue à la justice : l'office du juge est-il seulement de dire le droit ? ou de rendre la justice de manière effective et durable ? Le rôle de celui-ci s'arrête-t-il au prononcé du jugement ou continue-t-il dans la mise en oeuvre des mécanismes de réconciliation et de réparation tant matérielle que symbolique ?

Dans la multiplicité des facteurs de la récidive dont on ne peut faire l'économie de la synthèse, le juge qui statue sur le sort des condamnés détenus ou placés sous surveillance judiciaire n'est certainement pas celui "qui sait à la place d'autres", mais celui grâce à qui le savoir des *spécialistes* peut servir l'intérêt commun.

Semblable analyse peut impliquer que soit redéfini un statut - voire différents statuts ? - de la médecine en milieu pénitentiaire. Entre la protection du secret médical et l'indispensable complémentarité des savoirs spécifiques, faut-il envisager,

> bien au-delà la spécialité de médecine légale, la mise en place d'une spécialité de médecine pénale (sur mandat judiciaire ou commission d'expert) ? N'y-a-t-il pas lieu en ce cas de préserver l'exercice indépendant par des dispositions appropriées ?
> Oscillant actuellement entre le gardiennage qui caractérise la détention et l'aide sociale et éducative des peines alternatives à l'emprisonnement, la peine est-elle aujourd'hui condamnée à être dépourvue de sens ? N'y-a-t-il pas lieu de promouvoir désormais une intelligibilité intrinsèque de la sanction pénale, porteuse à la fois de compréhensibilité et de cohérence interne - conditionnant tant son adéquation proportionnelle que son éventuelle évolution temporelle - puisque répondant à une problématique originelle posée en termes de justice ?
> Par-delà la symbolique de la justice qui se dit, quelle intelligence de la peine qui se fait ?

## *Préalable historique : de l'ignominie de la faute à la personne du coupable.*

Toute l'évolution historique du droit pénal, le droit des peines, est marquée par une prise en compte progressive de la personne du coupable qui, d'objet de châtiment, va devenir peu à peu sujet de droit et de devoirs.

Ainsi, le Moyen-âge ne connaît que les châtiments corporels, ces sanctions sur le corps du condamné, plus rares qu'on ne le croit souvent, mais toujours spectaculaires. "L'époque moderne" y substitue la rétention des corps, privés de liberté dans les établissements pénitentiaires créés à cette fin.

La fin du XIXème siècle voit l'apparition en 1885 de la libération conditionnelle, cette "jeune fille de 110 ans" comme j'aime à l'appeler, tant son intuition est novatrice et toujours d'actualité. En effet, la libération conditionnelle permet de distinguer un deuxième rôle de la sanction pénale : non plus seulement punir, mais aussi corriger dans le cadre d'une liberté sous contrôle. Le jugement rendu pourra donc être modulé dans son application, à proportion du comportement du condamné et des nouvelles garanties qu'il présente au juge : libéré sous condition, celui-là appréhende une seconde phase de la peine puisque la sanction initialement prononcée se poursuit sous d'autres modalités.

Cette tendance prenant davantage en considération la personne du coupable est confirmée par l'apparition du sursis à l'emprisonnement en 1891, par le rôle de reclassement social des condamnés explicitement dévolu à la prison en 1945, la création du sursis avec mise à l'épreuve (emprisonnement prononcé totalement ou partiellement avec sursis conditionnel) en 1958 et le travail d'intérêt général en 1983, pour ne citer que les réformes qui ont le plus été suivies d'effet dans la pratique des tribunaux.

Désormais et depuis plus d'un siècle, le but de la sanction n'est plus uniquement une obligation de subir un châtiment, - telles sont les fonctions d'expiation, d'intimidation et de neutralisation (temporaire ou à perpétuité dans notre droit) traditionnellement dévolues à la peine. En effet, par-delà cette obligation de subir émerge une nouvelle fonction de la sanction pénale par laquelle le condamné, d'acteur passif (de figurant ?), est conduit à devenir le sujet de la peine, de même qu'il s'est révélé l'auteur de l'infraction. Cette fonction de la peine originellement qualifiée d'amendement restitue celui qui a été le protagoniste de l'acte délinquant dans un rôle majeur où l'action pénale n'a plus tant pour but de punir que de corriger, en prenant en compte la personnalité du condamné et sa capacité tant à comprendre la sanction qu'à jouer un rôle moteur dans l'évolution de celle-ci. Dans la droite ligne de l'"Ουδεις κακος εχον" (nul n'est méchant volontairement) de Platon, le méchant est quelqu'un qui se trompe, philosophiquement s'entend, et donc susceptible d'intégrer la sanction prononcée, d'être corrigé et de se corriger.

Par-delà l'évolution juridique, les courants d'idées de la fin des années 60 insistent sur la responsabilité sociale dans la production de la délinquance, soulignant la dette de la société à l'égard de celui qu'elle a perverti. Pour mettre fin à la délinquance, l'accent est mis sur la nécessité de l'aide aux condamnés, aussi bien sociale que médicale (médecine générale et spécialisée, psychiatrique en particulier) qui doit leur être prodiguée afin de prévenir toute récidive, à l'exclusion de toute sanction, signe de violence sociale à proscrire nécessairement. A l'essoufflement de ce courant de pensée correspond aujourd'hui l'émergence, prégnante dans maints discours de praticiens, du nécessaire "rappel à la loi", qui réaffirme la primauté de la norme à celui qui s'en détourne.

Alors que les structures pénitentiaires sont écartelées entre deux tendances qui peuvent sembler antinomiques, la détention des corps - la prison -, et l'aide aux condamnés - au sein des comités de probation, qui relèvent également de l'administration pénitentiaire -, il apparaît indispensable de resituer la sanction pénale en relation avec les attentes qu'y place le corps social, souvent partagé face à l'obsessionnel dilemme devant l'auteur d'un acte de délinquance : est-il fou ? est-il méchant ?

Semblable approche nous invite inéluctablement à considérer les relations entre le juge et le médecin, en tant qu'elles s'inscrivent dans une nécessaire intelligence de la peine, qui puisse être ressentie comme intelligible, c'est-à-dire porteuse de sens, tant pour les parties concernées (condamné, victime (s), familles) que pour le corps social et ses institutions.

## DES ATTRIBUTIONS EXCLUSIVES...

Il faut ici souligner que si les relations professionnelles entre l'autorité judiciaire et les médecins ont été clairement définies et répondent parfaitement aux besoins, tant au stade de l'instruction qu'au moment de l'audience de jugement, il n'en va pas de même en ce qui concerne l'après-jugement. Alors qu'il s'agit d'une population que l'on appelle souvent désormais "sous main de justice", alors que le code de procédure pénale est pourtant toujours applicable, dans le flou juridique, la spécificité des rôles reprend toute son importance.

### *Le rôle de la justice dans l'intelligence de la peine*

La parole de justice, le "dit judiciaire", a une fonction qui peut être synthétisée en ces termes : faute et châtiment. La fonction première de la justice pénale va être en effet de dire qu'une infraction a été commise, de déclarer celui qui en est coupable et de décider d'une sanction. L'audience publique est d'abord lieu de convergence des arguments, elle est aussi le premier stade de compréhension de la peine. Il est frappant de constater combien coupable et victime gardent en mémoire l'instant du procès. Si le jugement est incontestablement un acte de société, rendu au nom du peuple français, affirmation de valeurs sociales et porteur de sens pour les parties, sa compréhension et la valeur même de la sanction pénale qui l'assortit sont directement liées aux conditions dans lesquelles il aura été rendu.

Quelle que soit la sanction prononcée, celle-ci revêt deux aspects : la manifestation de la réprobation sociale qui s'exprime dans l'affliction, qui délivre de l'écrasante culpabilité en ce que l'autorité publique fixe "le prix du sang", le prix de la faute ; en cela est normalisé l'acte anormal puisque reconnu, identifié, évalué, "tarifé". Cet aspect est parfaitement identifiable dans le discours des sortants de prison lorsqu'ils déclarent : "J'ai payé ma dette à la société, je suis quitte." Mais un autre visage de la sanction, corrélatif au premier, est la réintégration dans le consensus social. La transformation pénale ne saurait être une gageure puisque "la réinsertion sociale" figure comme un objectif défini dans la gamme des peines susceptibles d'être prononcée... y compris l'emprisonnement. La rupture - voire la mise à l'écart - provoquée par la peine entraîne une période d'épreuve (de purification ?) permettant la réconciliation.

L'institution relativement récente dans l'histoire de nos institutions judiciaires du juge de l'application des peines (qui n'a même pas atteint l'âge canonique) procède de cet esprit de réconciliation, qu'il s'agisse de l'aménagement des peines d'emprisonnement ou des peines dites alternatives à l'incarcération : le jugement initial n'est plus désormais une simple remise du corps du détenu à la disposition de l'administration à charge pour elle de "l'administrer" pendant une durée préfix, il est l'outil préalable permettant la continuation du dialogue judiciaire initié devant le tribunal, sous une autre forme (les entretiens avec le juge de l'application des peines peuvent se tenir en tout lieu : cabinet du juge au tribunal, bureau à l'établissement pénitentiaire, cellule du condamné...), mais avec une finalité davantage tournée vers la responsabilisation effective du condamné, avec le concours des professionnels concernés.

De fait la parole judiciaire n'est pas absente, à la fois parce que le condamné demeure sujet de droit (dans le cadre du nouveau code pénal, rares seront les détenus privés du droit de vote puisqu'il faut désormais une décision expresse du tribunal ou de la cour ; surtout, l'établissement pénitentiaire doit observer la réglementation méticuleuse du code de procédure pénale et le détenu peut former certains recours) ; mais aussi parce que la peine est susceptible d'évoluer, abrégée dans sa durée ou surtout modifiée dans son contenu.

Cependant, nul n'est besoin de se dissimuler le comportement habituel de la population détenue : attente du jugement pendant la détention provisoire, ponctuée par différentes demandes "pour avoir une provisoire" (entendre : bénéficier d'une mise en liberté), puis calcul frénétique pour savoir "ce que je vais toucher comme grâces", la dénomination incluant aussi bien les remises de peine présidentielles de la fête nationale que les réductions de peine quasi-automatiques, installation dans la durée (les promenades, la cantine, les visites, la télévision...), et enfin, recherche du : "comment je pourrais avoir une conditionnelle". On le voit : la peine perd son sens lorsqu'elle n'est qu'attente et arithmétique de dates sans remise en question personnelle et évolution du traitement pénal.

De même l'administration pénitentiaire ne connaît-elle que deux situations en ce qui concerne les condamnés : le "milieu fermé" où on les *garde* et le "milieu ouvert" où on les *suit* - les expressions sont d'elles-mêmes suffisamment parlantes pour se passer de commentaire, d'autant que les mêmes condamnés peuvent relever successivement -

voire alternativement - de ces deux régimes radicalement différents. Mais peut-être faut-il mettre fin au manichéisme selon lequel l'exécution d'une peine est intrinsèquement "mauvaise" - culpabilisant par là même les personnels dont c'est la mission - et l'aide aux condamnés "bonne" en soi, afin de resituer toute action dans l'oeuvre de justice qui en est à l'origine et qui a vocation à s'accomplir. Chacun sent à l'évidence les limites de ce manichéisme, et combien il apparaît nécessaire de réinvestir le contenu de la sanction pénale et ce qui la justifie.

## *La place du médical*

Le dissensus apparent actuel sur les finalités de l'action judiciaire favorise l'isolement des professionnels et la vision partielle de chacun, nuisible à l'appréhension globale de la problématique liée au délit commis, qui est la convergence d'un sujet, d'une situation et d'un acte.

Les praticiens médecins, et particulièrement psychiatres, semblent éprouver trois réticences principales :
- réticence à l'égard de l'administration pénitentiaire :

par refus d'être, à l'initiative du personnel pénitentiaire, distributeurs d'une médication qui calme les détenus les plus remuants et rende supportable la détention, en ne faisant que prodiguer une médecine de confort faisant du praticien médical le "complice" de l'administration ;
- réticence vis à vis de la justice :

par suspicion d'un chantage judiciaire dont le juge serait soit l'auteur (le juge serait tenté de faire violer le secret médical au détriment des intérêts du condamné), soit la dupe (juge et médecin risquant alors d'être manipulés par le délinquant) : s'agit-il du refus compréhensible d'être l'instrument d'un chantage judiciaire ou d'une vision caricaturale des attentes du juge et des impératifs de la justice ?
- réticence relative à la pureté de la demande du patient demandeur de soins :

une demande profondément ancrée présuppose un sujet responsable et motivé, ce qui est rarement le cas. Surtout, la plupart des demandes de soins ne sont-elles pas sous influence nécessairement : souffrance physique ou psychique ressentie par le sujet, menace de licenciement professionnel, pression de l'entourage familial...? Pourquoi l'influence judiciaire serait-elle considérée comme non saine alors qu'elle répond davantage à l'intérêt général et devrait en conséquence en recevoir une aura plus grande ?

Il faut surtout souligner ici l'ambiguïté d'une problématique posée en termes de demande : Victor, l'enfant sauvage de l'Aveyron, formulait-il la demande d'accéder à la culture - c'est-à-dire à la vie en société d'une communauté humaine organisée ? Il en avait pourtant besoin, ainsi que le corps social, découvrant à travers le Docteur Itard toute la richesse de l'apprentissage d'un être aux multiples modes de communication, notamment intellectuels et affectifs, existant en société (... surtout Victor pouvait-il se parer des attributs du bon sauvage, ce qui n'est pas le cas de la population dont nous avons connaissance).

L'exemple de Victor doit nous inciter à une réflexion sur l'aptitude au vouloir et au faire de celui qui est dépendant d'une affection psychique et auteur de délit(s). Nous rencontrons peu de condamnés qui aient suivis des soins en relation avec leur état préalablement à la commission de l'infraction pour laquelle ils ont été condamnés, puisqu'ils n'en n'ont généralement pas vu la nécessité. Surtout l'exigence d'une demande préalable réduit une problématique de justice - la commission d'une infraction par une personne reconnue responsable de ses actes - à un problème exclusivement individuel.

Enfin, vouloir une demande pure ou présupposer à défaut l'existence d'une contrainte, c'est nier la persuasion de la cohérence qui fait qu'un délinquant répondra souvent : "c'est normal, c'est juste" au juge qui, lui ayant expliqué les conséquences judiciaires de l'infraction commise, lui indique qu'il va devoir suivre des soins. C'est en ce sens que l'obligation de soins est responsabilisante en ce qu'elle conduit un condamné à se déterminer par rapport à une norme, considérant que sa réintégration dans le consensus social passe par l'intégration dans un processus thérapeutique.

Encore convient-il que le discours médical ne contredise pas la parole judiciaire dans la prise en compte de l'intérêt commun et de l'intérêt des parties que celle-ci a pour fonction de traduire. En détention moins qu'ailleurs l'affection psychique ne concerne que le sujet : liée à l'infraction initiale, elle doit alors être resituée dans une perspective globale.

Les limites de l'exclusivité des attributions médicale et judiciaire atteignent leur comble lorsque le comportement du délinquant remet en cause la compétence même de son interlocuteur. Tel est le cas du discours du toxicomane ou de certains psychopathes :
- Je suis malade, dit-il au juge.
- Non, délinquant, déclare-t-il au médecin.

Le praticien n'ayant jamais autant confiance qu'en sa propre ignorance, son soulagement n'a d'égal que celui du fonctionnaire du troisième étage qui, après avoir écouté votre doléance pendant vingt longues minutes, vous déclare avec un grand sourire : "Cela concerne le bureau du premier étage !". De la sorte, les juges au cours du délibéré (ou les médecins entre confrères) peuvent alors se regarder d'un air entendu : celui-ci ne nous concerne pas.

Dans un semblable conflit d'incompétences (dont la caricature n'est ici pas si grande), le délinquant peut aisément mettre en place une dialectique de l'évasion, ou tout au moins jouer des incohérences du système. Ainsi, devant un prévenu qui se déclare "malade", le juge correctionnel diagnostiquera souvent une obligation de soins dans le cadre d'une mise à l'épreuve.

Lorsque le juge, laissé dans l'ignorance, fait un semblant de diagnostic médical, pourquoi le médecin ne deviendrait-il pas juge ? C'est ainsi que la loi du 1er février 1994 relative aux criminels sexuels prévoit que le juge de l'application des peines envisageant la libération conditionnelle d'un condamné à la perpétuité assortie d'une période de sûreté de trente ans saisira un collège de trois médecins-experts qui se prononcera sur la dangerosité du condamné et son aptitude à rejoindre la société civile, l'avis de ce collège permettant la saisine des magistrats de la Cour de cassation - ce qui donne un singulier pouvoir judiciaire au psychiatre.

Semblable interversion de rôles implique qu'à des attributions exclusives réponde une compétence partagée.

## ... VERS LA COMPLEMENTARITE DES COMPETENCES

Le propre de la justice est d'être rendue *au nom du peuple français*. A ce titre, le rôle de la justice est-il épuisé avec le jugement ? Les attentes de notre société en termes de justice se suffisent-elles d'une décision rendue... "du haut d'un comptoir" (comme l'exprime l'humour judiciaire) ? Dans l'affirmative, l'après-jugement est nécessairement la chose de l'administration et des professionnels qu'elle accueille en son sein, et le juge n'y a pas sa place.

Mais la question doit être posée avec davantage de précision : la fonction de la justice pénale est-elle seulement de proclamer la vérité - qui est coupable, qui est victime, et de quoi - ou de résoudre, par des instruments juridiques mais non moins effectivement, la problématique exprimée par l'infraction commise ? La fonction des tribunaux est-elle de dire le droit ou de faire justice ?

Notre système juridique français a depuis longtemps répondu à cette question en distinguant entre la justice de l'instant, lors du procès, et la justice de la durée, adaptée à l'évolution de la personnalité du condamné et de son comportement. Cette notion de justice de la durée est bien connue des juges des enfants et, dans une moindre mesure du juge civil de l'exécution et du juge aux affaires familiales qui, eux aussi, traitent des suites des jugements rendus.

Dans le domaine pénal, notre droit ne connaît aucune sanction préfixe inéluctable, soulignant ainsi la reconnaissance sociale de l'aptitude de tout sujet à l'évolution personnelle. Ainsi le juge de l'application des peines présente-t-il la particularité d'avoir le pouvoir de mettre fin au rite sacrificiel de la peine.

Mais l'exercice cohérent de ce pouvoir exige trois conditions cumulatives :
- que la mise en oeuvre de la sanction pénale et son évolution potentielle reposent sur un clair consensus des professionnels impliqués ;
- qu'existent des lieux de rencontre de ces mêmes professionnels qui soit signifiants et sans ambiguïté ;
- que le système de relation soit suffisamment institutionnalisé pour être clairement identifiable par tous les acteurs concernés.

## *Développer le consensus autour de la signifiance de la peine*

Nous avons vu plus haut que notre droit français intégrait parfaitement la notion de peine évolutive conduisant à une modification progressive du contenu de la sanction carcérale, de la contrainte externe à la responsabilisation personnelle.

Force est de constater néanmoins que la logique judiciaire n'est pas toujours comprise des praticiens médicaux, soit qu'ils estiment que la plupart des condamnés détenus souffrant de troubles du comportement n'ont pas leur place en prison quoiqu'ils aient été reconnus responsables de leurs actes par l'application des articles 122-1 et 2 du code pénal, soit au contraire qu'ils désapprouvent un système pénal qui met en liberté des criminels dangereux avant le terme de leur peine.

Néanmoins la conception traditionnelle : "au juge le devoir de punir, au médecin le pouvoir de soigner", propice à l'indifférentisme mutuel, ne résiste pas plus longtemps à la critique.

En effet, s'il est clair que le juge qualifie le délit et le médecin la maladie, il n'est pas moins certain que le juge traite du mal pénal et le psychiatre du mal psychique. Or on ne saurait soutenir qu'il s'agit de deux domaines sans lien entre eux, compte-tenu de la spécificité même du soin psychiatrique, qui n'a que peu à voir avec d'autres spécialités médicales : ainsi, on n'objectera pas que les affections dentaires n'ont généralement pas de lien avec l'infraction ; il en va tout différemment des soins psychiatriques dès lors que la confrontation à la norme est en cause, nécessitant qu'il puisse être mis fin au cloisonnement absolu existant.

Encore convient-il d'appréhender pleinement que la sanction pénale a une dynamique qui n'est pas seulement punitive (punir puis remettre en liberté), mais aussi de réparation et de prévention de la récidive. Pareille approche devrait permettre de considérer le but de la prison comme étant bien plus d'inciter à l'action que de réduire à l'inaction.

Dans une semblable dynamique de la peine, la contestation médicale de l'atteinte présupposée à la volonté du patient sclérose toute perspective d'évolution : le défaut d'alternative progressive à la détention implique que le mois ou l'année de prison sans aménagement aucun est la seule unité de compte de la justice pénale, la libération définitive n'étant précédée d'aucune période transitionnelle. Ces blocages dans la perception de l'action de la justice en prison cohabitent souvent avec un discours simpliste : doit-on punir un fou ? On ne soigne pas par la force... - alors que dans l'espace relatif au contenu de la peine et à son avenir, on ne peut se situer ni dans la remise en cause d'une peine antérieurement prononcée ni dans le recours à la force. A cet égard, n'y a-t-il pas lieu de reconnaître un droit à ne pas se soigner ?

Il convient de relativiser la "pression de la justice" sur le condamné demandeur de soins : le juge n'est aucunement demandeur d'une augmentation du nombre des aménagements de peine. Cependant, compte-tenu de l'aspiration à la liberté de la population détenue et de la demande judiciaire de soins préalables on peut s'interroger sur la valeur d'une telle demande présentée par le condamné ) : la contrainte de la volonté du condamné peut-elle néanmoins permettre l'émergence du désir ?

La souffrance pénitentiaire subie n'est susceptible de provoquer un changement réel de comportement qu'autant qu'il puisse y avoir prise de conscience, passage de l'état d'objet (tant d'une dépendance que de soins) à celui de sujet responsable. Ce n'est pas la souffrance de la détention qui provoque l'amendement (elle peut au contraire renforcer les rancoeurs), mais bien le sens de celle-ci s'inscrivant dans une logique de justice.

En ce sens, le jugement ne peut être porteur de sens que dans la mesure où le condamné trouve un écho médical à son propre questionnement (le pourquoi de l'acte ou du comportement), l'embryon de désir étant lui-même désir.

Ici est-il nécessaire que médecins et juges acceptent d'induire chez le condamné une exigence de vérité susceptible de lui manifester qu'il est apte à comprendre son acte, à l'intégrer comme sien et enfin à en avoir la maîtrise relativisante, en manifestant également à celui-ci qu'il est apte à une action de réparation matérielle ou symbolique, et à une démarche volontaire de réconciliation avec le corps social.

Les détenus sont naturellement sensibles à la manière globale dont leurs interlocuteurs perçoivent la peine qu'ils accomplissent. La clarté des professionnels quant à la fonction de la peine est structurante pour la population pénale. Encore convient-il que soient observés les lieux de rencontre institutionnels.

## *Lieu de rencontre actuel entre le juge et le psychiatre, la commission de l'application des peines.*

Le lieu le mieux repérable de l'action de la justice dans la prison est la commission de l'application des peines, où sont évoquées les demandes d'aménagement des peines présentées par les condamnés.

Le juge qui préside la commission joue le rôle de technicien du droit prêt à l'ignorance : il n'a généralement pas connu les conditions du jugement initial, et n'a au mieux rencontré qu'une ou deux fois le détenu. C'est l'ignorance du juge liée à son extériorité (permettant l'impartialité) et à sa technique d'analyse juridique de dossier qui lui donnent une capacité d'écoute et lui permettent d'être homme de synthèse susceptible de prendre une décision dont le risque est assumé.

L'ignorance du juge et la gravité des décisions de justice rendues impliquent nécessairement la présence du psychiatre au sein de la commission de l'application des peines, non que son intervention doive porter sur les patients qu'il a été amené à connaître mais parce qu'il est membre de cette commission (article D 117-1 du code de procédure pénale), et à titre de conseiller technique sur des questions d'ordre général.

Mais il faut d'abord reconsidérer la fonction de la commission de l'application des peines, lieu de réflexion où l'exigence du secret est rappelée, mais également lieu où ne se tient pas un débat sur un mode binaire, exclusivement entre détention et liberté : le juge n'est pas celui qui, après avoir mis en prison, va avoir pour seul désir de remettre en liberté, le juge est celui qui va avoir pour but de synthétiser les différents savoirs en vue d'une décision la plus adaptée à la réalité humaine du condamné et des raisons originelles de sa présence dans l'établissement pénitentiaire.

Trois exemples :

- N'y a-t-il pas lieu dans certains cas de prévoir des permissions de sortir pour des raisons thérapeutiques dans les derniers temps d'une peine d'emprisonnement ?

- La mise en place de traitements ambulatoires, avec au besoin la présence d'un accompagnateur de l'établissement pénitentiaire ou extérieur est-elle une bonne préparation à la sortie dans le cadre d'une libération conditionnelle éventuelle (l'automaticité brisant le dialogue) ?

- N'est-il pas opportun, pour intégrer certains condamnés dans des établissements hospitaliers non pénitentiaires ou des structures intermédiaires, d'envisager, et le cadre juridique le permet dans certains cas, le placement à l'extérieur de détenus ?

Ces différentes questions mettent en relief à la fois la liberté et la responsabilité que laisse le droit au juge, la libération conditionnelle n'étant qu'un mode d'intervention envisageable aux côtés d'une pluralité d'aménagements possibles correspondant à la diversité des situations.

Il impose de recentrer ici le rôle de la commission de l'application des peines. Cet organe au sein duquel les participants sont tenus au secret est un lieu où les intervenants se doivent avec humilité de rendre compte de savoirs limités : la confrontation des incertitudes y est le fondement d'un véritable humanisme permettant la maturation de la décision judiciaire la mieux adaptée. Mais cette humilité récuse la prétention du secret absolu qui refuse d'être confronté à la réalité des savoirs complémentaires : mon secret est d'abord ma certitude que vous ne saurez pas le peu que je sais.

La commission de l'application des peines est également le lieu où pourraient être représentés également les organismes de victimes dont les attentes et les espérances doivent être intégrées tant dans la responsabilisation du détenu que dans le processus décisionnel.

L'évolution de la peine d'emprisonnement ne peut être décidée que dans une exigence de vérité non parcellaire qui implique que le juge de l'application des peines ne soit pas laissé dans l'ignorance, compte-tenu de l'importance des conséquences attachées à la décision de justice. Ainsi les libérations conditionnelles - mesures non de faveur, mais continuation de la peine selon des modalités différentes de contrôle - mal préparées peuvent conduire à des récidives. Le déclin drastique du prononcé des décisions de libération conditionnelle et l'augmentation de la durée des condamnations à l'emprisonnement - et les magistrats de l'application des peines n'y font pas exception - incitent à s'interroger sur la valeur de la prise en compte de la dimension du traitement.

A cet égard, une clarification des relations entre psychiatres et magistrats de l'application des peines apparaît indispensable. Je voudrais citer ici Antoine Garapon, Secrétaire général de l'Institut des hautes études sur la justice : "Abandonner le dément à son statut de malade mental, c'est nier la fonction instauratrice du sujet par le droit."

Les distorsions entre les professionnels ne peuvent aucunement servir la structuration de la personnalité de ceux qui ont d'abord besoin de cohérence intérieure.

## *L'institutionnalisation des relations : médecine pénale et mandat judiciaire de traitement*

Tout juge de l'application des peines confronté de prime abord aux dispositions du code de procédure pénale concernant l'obligation de soins dans le cadre de la libération conditionnelle ou de l'emprisonnement avec sursis et mise à l'épreuve est amené rapidement à découvrir que ces textes présupposent un consensus entre le judiciaire et le médical qui n'a peut-être jamais existé. En effet, à la différence de l'injonction thérapeutique et du traitement des alcooliques dangereux, aucun dispositif précis n'a été mis en place en ce qui concerne l'obligation de soins.

Pour satisfaire à cette obligation de soins initialement réglementaire, désormais ayant force de loi dans le nouveau code pénal, le juge ne dispose que de deux possibilités :

- ordonner une expertise qui ne présentera pour le juge qu'un intérêt partiel dans la mesure où celle-ci ne fait que donner une "photographie" à un moment donné de l'existence d'un sujet, alors que le juge de l'application des peines statuant sur la durée a besoin d'un "film" rendant compte du déroulement du traitement. Or l'expertise est mal adaptée au suivi dans la durée.

- demander régulièrement au condamné la production de certificats médicaux réguliers attestant qu'il rencontre fréquemment le praticien de son choix - solution imparfaitement satisfaisante lorsqu'un généraliste est choisi là où un spécialiste serait indispensable et laissant le praticien médical tributaire des seuls éléments d'information fournis par son patient.

Dans ce dernier schéma les sphères de compétence restant parfaitement distinctes entre le juge et le médecin, la relation globale existante peut être décrite comme une relation en V dont le condamné serait à la pointe et les professionnels aux extrémités. Dans cette relation le sujet, condamné pour le juge, patient pour le médecin, peut assister éberlué à une non-confrontation dont il est l'enjeu, la cause des deux interventions étant généralement identique (le fait originel constituant une infraction et traduisant un trouble du comportement). Une semblable relation en V fait du condamné le seul médiateur face à ce qui paraît à beaucoup d'entre eux comme l'impression d'une schizophrénie professionnelle médico-judiciaire : "Vous m'envoyez voir un médecin et vous n'êtes même pas au courant ?"... sauf lorsqu'un contact s'établit entre les deux praticiens judiciaire et médical, ce qui ne peut satisfaire le juge qui a pour mission l'application de la loi et partant des dispositions concernant le secret professionnel (et quoique "la victime" du viol du secret professionnel soit bien souvent consentante).

Ici convient-il de distinguer trois différents niveaux de secret médical :
- le secret absolu : garant d'une confidentialité parfaite lors d'une visite du patient au médecin, il est la garantie d'une médecine indépendante, respectueuse de la personne. A ce titre, il semble utile de prévoir que l'établissement pénitentiaire demeure un lieu d'exercice libre de la psychiatrie.
- le secret partagé : le secret médical étant institué dans l'intérêt du patient il est difficile de justifier qu'il puisse lui être opposable. Ainsi celui-ci doit-il pouvoir aussi bien demander tout certificat médical détaillé à son médecin traitant. Il serait tout autant souhaitable qu'il puisse demander de manière non ambiguë, écrite le cas échéant, qu'un contact direct ait lieu entre le praticien médical qu'il mandate et le praticien judiciaire sous le contrôle de qui il est placé.
- le "secret interdit" : il faut entendre par là inopposable à l'autorité judiciaire qui est à l'origine de la mission médicale soit dans le cadre de l'expertise (à un moment précis de l'histoire de l'auteur d'une infraction), soit dans le cadre de ce qui pourrait être le mandat judiciaire de traitement (dans la durée). Mais il va de soi que le secret reste opposable aux tiers, seuls le juge, le médecin et le patient-condamné étant concernés.

On doit rappeler que les soins prodigués en milieu pénitentiaire ont une très grande spécificité dès lors qu'il s'agit de soins relatifs aux troubles du comportement qui ne concernent pas seulement le sujet mais une problématique dans laquelle la société tout entière est impliquée à travers l'action de la justice.

Cela ne signifie pas qu'il convienne de mettre fin au secret médical et nous émettons certaines réserves quant aux conclusions du rapport CARTIER sur les longues peines d'emprisonnement qui paraissent opter pour une main-levée du secret médical dans certains cas. Nous pensons au contraire qu'il faut clarifier le statut juridique des trois secrets exposés ci-dessus :

- en renforçant l'accès aux soins en toute confidentialité (sans qu'aucune information ne puisse circuler en détention) lorsque le condamné le souhaite ;
- en prévoyant explicitement que celui-ci puisse à l'inverse réclamer une communication claire entre les intervenants médical et judiciaire afin de pouvoir mettre fin à la relation en V parfois très mal comprise par les condamnés qui vivent très difficilement de ne pouvoir, par refus d'un praticien, communiquer des informations claires à l'autre (cette circulation étant rendue impossible dans l'un et l'autre sens), pour y substituer une relation triangulaire permettant, dans une visibilité certaine aux yeux du patient-condamné, une réflexion commune sur une problématique ni exclusivement pénale ni exclusivement médicale ;
- en mettant en place au sein des établissements pénitentiaires une spécialité médicale soucieuse de l'intérêt public, à l'instar de la médecine du travail ou de la sécurité sociale : qualifiée de "médecine pénale", prenant en considération non seulement la problématique induite, et ayant accès aux données judiciaires permettant un dialogue vrai avec le patient, elle serait susceptible d'agir dans le cadre d'un mandat judiciaire au régime globalement comparable à celui de l'expertise mais s'inscrivant quant à lui dans la durée (et ne faisant pas obstacle à la liberté du patient d'accès au système traditionnel de soins : il ne s'agit certainement pas de soigner "de force" !).

Il est indispensable qu'une réflexion s'engage sur la pluralité nécessaire des statuts de la médecine psychiatrique en établissement pénitentiaire - cette pluralité de statuts n'impliquant pas nécessairement pluralité de praticiens concernés, mais clarifiant le contenu de l'intervention de chacun, tant à l'égard du patient que de la justice, et permettant une lisibilité optimale de l'action menée sur mandat judiciaire de traitement ou à la demande de l'intéressé.

*Soigner et/ou punir ?... Pareil questionnement semble induire une problématique posée exclusivement en termes de maladie et/ou de méchanceté. Pourtant, la mise en oeuvre d'une sanction pénale n'est pas seulement question de dépendance à une maladie ou de méchanceté intrinsèque.*

*Lorsque la fonction de l'emprisonnement, et particulièrement en ce qui concerne les personnes souffrant de troubles de la personnalité, se réduit à n'être qu'un gardiennage au fil des jours où se dilue l'effet du châtiment auquel se substitue une attente absurde, le service médical risque fort d'être considéré par les détenus comme un attribut du confort pénitentiaire au même titre que la cantine ou la télévision.*

*Il apparaît indispensable que la mise en oeuvre de la sanction pénale garde un caractère judiciaire pour que la peine conserve un sens. Le mandat judiciaire de traitement permet de situer celui qui a commis une infraction non seulement dans une relation duelle patient-praticien médical mais en intégrant également la problématique infractionnelle plus large qui ne concerne pas seulement le condamné et le médecin.*

*Le discours judiciaire est intrinsèquement structurant parce qu'il donne au condamné de percevoir qu'il n'a pas devant lui une myriade d'intervenants divers, chacun suivant sa logique propre : le personnel de surveillance qui garde, le service socio-éducatif qui aide, le psychiatre dont l'action n'aura pas nécessairement de continuité à la sortie - mais va permettre une restauration du sujet de droit en tant qu'il est conçu comme personne globale et non comme individu déstructuré entre les différents services d'un même établissement, à l'image de sa propre déstructuration interne.*

*La psychiatrie en prison ne pouvant aller à rebours de la logique judiciaire, la cohérence minimale implique un statut clair de la médecine pénale sur mandat judiciaire.*

*Si nos sociétés sont plus promptes aux cérémonies d'exclusion que de réintégration, ces dernières sont tout autant porteuses de sens et l'action du coupable pour réparer ou se réparer doit être intégrée dans un régime progressif pour être prise en compte dans l'évolution de sa situation pénale suivant des programmes d'action définis explicitement avec le condamné.*

*Il est indispensable de prendre en considération le temps de la peine privative ou restrictive de liberté pour y inscrire une réflexion en présence du condamné sur les causes et conséquences du délit commis afin qu'il soit invité non à "subir sa peine" (conception traditionnelle) mais à agir au sein de ce temps donné pour contribuer à résoudre progressivement et réparer symboliquement (voire réellement dans le cadre de l'indemnisation progressive) la problématique induite par l'infraction.*

*C'est à cette condition que la sanction pénale sera susceptible de devenir pleinement signifiante pour devenir instrument de réconciliation sociale en raccourcissant le temps d'attente devenue inutile à l'aune de l'action volontaire entreprise par le condamné.*

*Soigner et/ou punir ? D'abord corriger, au sens strict du terme, en provoquant le condamné au désir et à la possibilité de se corriger (s'améliorer), en fonction de valeurs précises qui n'ont guère cours dans les prisons désinvesties par le discours de la loi mais pourtant partiellement reconnues par la population pénale.*

*Corriger, ce mot auquel le dictionnaire nous donne les synonymes de tempérer, reprendre, relever, réformer, équilibrer...*

- Mme M. Perrot : Je vous remercie Monsieur pour cet exposé qui montre les difficultés d'une pratique et nous aurons sans doute l'occasion d'y revenir. Je vais demander maintenant à M. Daniel Glezer, qui est donc chef de service du SMPR à Marseille, de bien vouloir à son tour parler pendant environ un quart d'heure.

# Criminalisation de la psychiatrie et psychiatrisation de la criminalité

Dr Daniel Glezer

> Sous l'influence d'un courant humaniste visant à rétablir le Malade mental dans le champ Social en respectant, en particulier, sa Responsabilité pénale, les Psychotiques sont maintenant invités, sous ce nouvel éclairage expertal, à répondre de leurs actes Médico-légaux, ce qui ne manque pas de susciter, par un réflexe de "défense sociale", des sanctions pénales souvent lourdes.
> Au-delà des diverses interrogations qui en découlent, largement abordées au cours de cet exposé, ce dernier introduira l'hypothèse de ce qu'il s'agit peut-être là, en fait, d'un subterfuge discutable sur le plan éthique, et visant à déplacer le champ d'exclusion des Psychotiques, de "l'Hôpital Psychiatrique vers la Prison...".
> A l'inverse, l'Exercice de la psychiatrie en milieu carcéral confronte ceux qui en ont investi la charge, à l'étonnante attente d'une "Psychiatrisation" du désordre, de l'indiscipline : les soignants sont ainsi conviés, à leur corps défendant, à médiatiser les incontournables tensions qui jalonnent le parcours des "Criminels", dans ses relations obligatoirement "tourmentées" avec l'institution pénale (judiciaire, pénitentiaire).
> C'est sur la base d'une éthique stricte et vigilante que la pratique psychiatrique en milieu carcéral doit pouvoir se prévenir de ce double courant paradoxal et pourtant synchrone de la "Criminalisation de la Psychiatrie" et de la "Psychiatrisation de la Criminalité".

Je vous remercie. Je vais essayer mais ça ne sera pas facile.

Dans l'entretien de son masochisme naturel, le psychiatre qui, chaque jour, franchit l'enceinte de la prison, se doit dans sa pratique de "faire avec" les réalités du dehors et celles du dedans, c'est-à-dire avec des pressions, des courants, qui suivant qu'il se trouve à l'intérieur ou à l'extérieur s'exercent quelquefois de manière paradoxale, sinon contraire, l'incitant à participer en milieu ouvert, à la "criminalisation de la Psychiatrie", et dans la prison, à la "Psychiatrisation de la Criminalité".

En effet, étant, pour la plupart, psychiatres-hospitaliers de formation, nous avons été témoins, sinon acteurs, de ce que Jean Ayme rappelait ce matin en évoquant la "désaliénation du psychotique", c'est-à-dire sa sortie de l'ancien "asile", avec l'évolution moderne de la psychiatrie, sous l'influence de la politique de secteur, encouragée par les progrès thérapeutiques, et l'affinement des mesures médico-sociales d'accompagnement. Mais de retour dans la cité, où il a d'ailleurs entraîné dans son sillage les équipes soignantes, le "fou" s'y montre plus qu'avant "capable de délinquer", *a fortiori* lors des ruptures inopportunes de prise en charge.

Or, ce mouvement humaniste de "ré-inclusion sociale" du "fou", comme l'a également rappelé Jacques Laurans ce matin, a aussi imprégné la psychiatrie légale qui, sous le couvert d'arguments tout à fait recevables, incite maintenant à "responsabiliser" les psychotiques de ses gestes délictueux.

En effet, en rappelant que les textes de base de l'Expertise Psychiatrique Pénale, (l'ancien Article 64 du Code Pénal, peu modifié dans le nouvel Article 122-1), "boutait le fou hors la Loi", par le prononcé du non-lieu, véritable renforcement du déni psychotique, on a, à juste titre, espéré, en laissant l'action pénale se poursuivre, que le malade puisse se réapproprier son acte, accéder à la fonction expiatoire de la sanction... bref, réinvestir un statut social.

Dans cette perspective, certains ont même exigé l'abrogation pure et simple de ces textes, sans présager qu'il fallait envisager par là une réforme plus globale du Droit Français puisque pour l'heure, et d'une manière générale, pour qu'une infraction existe en tant que telle, il faut certes qu'elle ait été matériellement réalisée (et il faut s'en assurer, même pour les "fous", ce qui décuple les regrets quant à l'abandon du concept de "non-punissabilité", initialement envisagé dans l'avant-projet de réforme de l'Article 64 du Code Pénal), mais il convient également que le malfaiteur ait agi avec une volonté libre ("élément moral" de l'infraction), ce qui est visé par l'Article 122-1 du Code Pénal, au travers de l'abolition du discernement ou du contrôle des actes.

En dehors de ces éléments théoriques, il demeure que le comportement inadapté du malade, à l'audience de la Cour d'Assises, interpelle légitimement sur sa capacité à saisir le sens de ce qui se déroule devant lui, donc à assumer sa défense, ce qui est tout à fait contraire aux dispositions du Code de Procédure Pénale, dont il faudrait là encore envisager, dans cette perspective, le "toilettage".

Plus souvent responsabilisé par les experts, et donc de retour devant les tribunaux, le psychotique suscite habituellement chez les juges, chez les jurés, un réflexe "de défense sociale", se traduisant, en pratique, par des sanctions pénales "plus lourdes".

Au passage, ceci place l'expert, dans une position éthique paradoxale, puisque, loin de resituer "l'Aliéné" dans le circuit sanitaire, ce qui avait été le sens initial de sa mission, autour de l'Article 64 du Code Pénal, il s'emploie dorénavant, je veux croire malgré lui, à le stigmatiser en décrivant ses anomalies, et donc en l'exposant à une sanction plus élevée. A cet égard, d'ailleurs, je ne partage pas du tout l'optimisme que développait ce matin Pierre Lamothe, à propos de l'application de l'Article 122-1 alinéa 2 du Code Pénal, puisque comme le disait hier très justement le Président de la Cour d'Assises que nous avons entendu, je crois que les conclusions des experts restent personnelles et non souveraines. Elles ne s'imposent pas, nous le savons, à la juridiction, et pour m'en être entretenu récemment avec le Président de la Cour d'Assises d'Aix-en-Provence, il semble manifestement que les sanctions pénales continuent à être de plus en plus lourdes, et que ce réflexe de défense sociale, dont j'ai essayé de parler tout à l'heure, continue à s'appliquer y compris aux psychotiques malgré, évidemment, les réserves que nous formulons en proposant le 122-1 alinéa 2.

La conséquence de cette évolution, constatée au quotidien, est donc l'accroissement progressif et régulier du nombre des psychotiques dans la population pénale.

Quelques chiffres statistiques illustreront rapidement ce propos :
- Ainsi, parmi les malades traités dans l'Unité d'Hospitalisation à temps plein du SMPR de la Maison d'Arrêt des Baumettes : 30%, soit 1 sur 3, étaient considérés, en 1988, comme psychotiques ou apparentés, alors que ce pourcentage passait à 47% en 1992, soit 1 malade sur 2.
- Le nombre total des psychotiques dans les prisons françaises reste cependant difficile à évaluer, mais de source avertie, il aurait atteint près d'un millier en 1993.
- Cette sur-représentation des psychotiques, unanimement repérée, nous paraît susciter diverses interrogations qui ont amené C. Paulet, Responsable de l'Unité d'hospitalisation, à réunir autour d'elle, un groupe régional de réflexion, réunissant soignants,

pénitentiaires et magistrats : bien vite se sont exprimées des inquiétudes, certes de forme, mais également de fond.

\* En ce qui concerne la forme, première question : de réalité immédiate, quotidienne : Quelles structures d'accueil si l'on envisag de "punir" ces malades, tout en les "soignant" en prison ?

. Dans les Maisons d'Arrêt du secteur public, comme du Plan 13000, la pratique actuelle désigne déjà les SMPR comme l'institution de référence dans l'accompagnement de ces malades, tout en rappelant leurs limites bien connues.

- Se pose le consentement du malade dont on sait qu'il est incontournable, en dehors des Etablissements régis par la Loi du 27 juin 1990.

- Mais aussi, l'inadaptation des moyens, par ailleurs variables suivant les SMPR, certains fonctionnant avec lits "à temps plein", d'autres "à temps partiel", et enfin, d'autres encore sans lit.

- Enfin, dernière limite réglementaire : les dispositions de l'Article D 398 du Code de Procédure Pénale dont on sait qu'il ne permet, dans le meilleur des cas, que de courts séjours de stabilisation dans les hôpitaux psychiatriques, avant la réintégration en détention.

Pour les psychotiques les plus lourdement condamnés, on connaît à présent les réponses envisagées, au travers des dispositions de la Loi du 18 janvier 1994 relative à l'équipement sanitaire, et donc psychiatrique des prisons, c'est-à-dire également des Etablissements pour peine (Centres de détention, Centrales).

Pour autant, nous ne voyons pas comment pourrait leur être octroyé un plateau technique adéquat à des prises en charge "lourdes", ce qui dans le nouveau dispositif, ne manquerait pas de replacer les SMPR , en position "centrale", au double sens du terme.

\* Mais s'agissant du questionnement de fond, ne peut-on pas se demander, en prenant quelque recul, si, en encourageant ici, la responsabilisation du "psychotique", c'est-à-dire sa criminalisation, et là, l'équipement adéquat pour pouvoir le traiter, nous ne sommes pas en train de promouvoir, plus ou moins inconsciemment, au travers de "la prison", une autre forme d'exclusion sociale que nous avions cru faire reculer en démembrant l'Asile.

Alors qu'au-dehors, tout se passe comme si, consensuellement, on avalisait la contention carcérale du "fou", dans la prison, tout nous presse, au contraire, à "psychiatriser la criminalité".

En effet, face aux incontournables tensions qui jalonnent le parcours du détenu, dans ses relations obligatoirement "tourmentées" avec l'institution pénale (judiciaire, pénitentiaire), le psychiatre est invité à user de ses outils (la parole, le médicament), pour médiatiser les conflits, le désordre, l'indiscipline carcérale.

Toute sortie de l'anonymat ambiant, à fortiori s'il s'agit de conduites bruyantes, revendicatrices (gestes auto-agressifs, grève de la faim), de nature à troubler les rythmes monocordes de la prison, pourrait, dans cet esprit, relever d'une intervention psychiatrique, c'est-à-dire d'une réponse sédative.

La prison idéale, pour tous, s'organiserait, à l'extrême, sur la base d'une contention chimique générale, assurant à chacun, dans la somnolence, le paradis carcéral.

Au-delà de l'image, se profile ici l'invitation à un dérapage éthique qui ferait de la bonne adaptation à la prison l'essentiel de notre programme de soins, au détriment des pathologies sous-jacentes, qu'elles soient ou non à l'origine de l'incarcération.

Au total, ballotté ici et là entre ces courants contraires, se gardant au dehors de la criminalisation de la psychiatrie comme au dedans de la psychiatrisation de la criminalité, l'exercice de la psychiatrie en milieu carcéral, interpelle définitivement sur le masochisme de ceux qui, à notre instar, continuent modestement à la servir. Je vous remercie.

- Mme M. Perrot : Merci à Daniel Glezer d'avoir posé, avec beaucoup de vigueur, les problèmes qui, j'imagine, traversent l'exercice de votre profession si difficile. Je le remercie aussi pour le temps qu'il a su garder, et je donne maintenant la parole à Sylvie Nerson-Rousseau qui est psychanalyste et fondatrice, je le rappelle, du Carrefour Inter disciplinaire de Recherche sur l'Individu.

# Où faut-il se tenir pour que le symbolique tienne ?

Mme Sylvie Nerson-Rousseau

> Quelles nécessités y a-t-il à n'occuper que sa place dans le dispositif de contention que constitue l'ensemble juridique - pénal - thérapeutique ? Quelle part du symbolique chaque acteur de cet ensemble a-t-il comme "vocation" de représenter, produire ou maintenir pour :
> - les citoyens qui rencontrent les limites de la prison ?
> - les sujets qui rencontrent la limite en prison ?
>
> L'échec de la subjectivation du sens des valeurs du "vivre ensemble" qui produit le passage à l'acte délinquant ou criminel, est d'autant moins réversible, qu'il est énoncé en tant qu'objet de sanction, et ce, en même temps que les termes même de la sanction.
>
> Différencier les lieux et le temps des énoncés juridiques et psychiatriques représente une chance pour le citoyen défaillant de retrouver un temps et un lieu pour l'énonciation subjective qui peut donner accès à une citoyenneté consentie et assumée.
>
> N'est-il pas nécessaire que les Juges et les Psy repèrent les interactions qui jouent entre leurs propres rapports à la castration symbolique (donc à la toute puissance imaginaire) et ceux qu'ils désirent voir s'instaurer ou se restaurer pour les délinquants ou criminels qu'ils écoutent de leurs places respectives ?
>
> Cette question nous mène à repérer l'imposture dans laquelle se trouve le juge et le psychiatre, mais aussi l'accusé et son conseil, quand, pour défaire le noeud responsabilité - culpabilité, ils s'engagent dans ce que j'appellerai "un jeu de quatre coins".
>
> Elle nous invite également à repenser la part d'insoutenable attenante à chacune de ces deux fonctions, puisqu'on le sait, l'inquiétude de faire passer l'accusé du côté des victimes (de mauvais traitements, d'erreurs etc) est à certains moments taraudante.

J'ai choisi, en fonction du temps qui nous est imparti, d'aborder les problèmes de la psychiatrie en milieu carcéral, essentiellement pour ce qui concerne les sujets attendant d'être jugés incluant dans cette problématique, la question de l'expertise, que j'envisage non pas comme acte mais comme parcours.

Par ailleurs, le fait que le débat soit proposé en termes de nouveauté : "les nouveaux enjeux" me questionne beaucoup, je me demande en effet si les enjeux sont vraiment nouveaux ou s'ils ne se sont pas surtout radicalisés. En tout état de cause, j'ai envie de vous parler de la dynamique qui lie la vérité ou les vérités à l'efficience thérapeutique ; soit encore des fonctions symboligènes du "chacun à sa place" dans les établissements carcéraux et au cours des procédures judiciaires.

A défaut de nouveauté, si l'on envisage l'acuité des rapports contemporains entre le droit, que j'appréhenderais ici dans sa "fonction de promotion de la possibilité de tenir debout comme humain à la fois pour l'individu et pour l'ordre social", selon la formule de Pierre Legendre, et la psychiatrie, force est de constater que pour ce qui concerne la demande sociale la tendance est aujourd'hui plus légitimiste que légaliste. Ce qui est attendu de la justice, en deçà de l'équité de ses sanctions, c'est qu'elle définisse, dans son application, le degré légitime de légalité qu'une institution peut exiger d'un citoyen, ou que les citoyens peuvent attendre les uns des autres. Qu'il s'agisse de délits ou de crimes, le socius réclame plutôt du savoir et du sens, que de l'attribution. En quelque sorte la confusion entre égalité et similarité ayant enfin fait long feu, l'équilibre entre égalité de droit et égalité de devoir est actuellement déstabilisé. Cette demande produit bien évidemment une forme d'emprise du droit sur la loi, laquelle en corollaire, nécessite que la justice prenne de plus en plus en compte des registres de vérités forts divers voire logiquement incompatibles. Ce constat d'aporie fait, il nous faut reconnaître que l'imposture qui en résulte, n'est pas seulement éthique mais aussi téléologique. Quelles finalités communes peuvent nommer ensemble les juges et les psychiatres ? Pour ma part ne pouvant me départir totalement d'un idéal, je m'y tiendrai ici, quitte à en rabattre au cas par cas.

Partons de l'idée que le phénomène juridique n'est normatif que s'il trouve un écho dans la conscience de chacun, et qu'en ce cas seulement, la règle morale le rend opératoire. "L'être là" du droit se donne non pas comme un fait naturel, régit par un déterminisme nécessitant, mais comme résultant d'une construction intellectuelle organisatrice. La loi, au contraire, est toujours plus ou moins sciemment référée au réel, elle est assimilée à l'immobile, en quelque

sorte à une nature discriminante et arbitraire. Pour les sujets qui subissent la loi comme une limite uniquement arbitraire et non pas significative, les législateurs et les juristes, en tant qu'artisans de cette discrimination, peuvent facilement occuper la place du bouc émissaire, puisqu'ils représentent la toute puissance du réel. Dans cette perspective, l'éthique, vidée du substrat qu'est le désir, ne s'inscrit plus comme visée, elle est assimilée à la seule contrainte morale. Or l'éthique procède de ce fameux écho que j'évoquais à l'instant, vous entendez à quel point le signifiant écho est opportun, j'y reviendrai. Dernier terme de l'équation : la psychiatrie, prise ici au sens large et qui englobe, bien sûr, la métapsychologie analytique, prise, pour le dire vite, au sens où son objet serait la causalité psychique et le traitement de ses avatars. Donc :
- le droit comme système
- la morale comme opérateur
- l'éthique comme visée,

Telles sont les variables auxquelles la psychiatrie doit se combiner afin de donner une place juste à la causalité psychique, en tant qu'elle serait l'aune de la liberté d'un "quelqu'un" pour reprendre l'excellent terme qu'Alain Badiou a trouvé pour lier les concepts d'homme, de sujet et de citoyen.

Je reviens à Echo, car c'est de Narcisse qu'il faut nous soucier.

Avant Freud, Kant distinguait déjà l'hétéronomie du juridique et l'autonomie de la morale. Il posait, dans "la doctrine du droit" que le droit ne recherche pas le bien en soi, mais qu'il a, tout au plus, pour mission de le servir. La conscience morale, au contraire, toujours selon Kant, recherche et produit la notion de bien, elle est attributive. La théorie freudienne faisant de la castration, l'opérateur différenciant, par lequel le sujet doit en passer pour constituer un Surmoi intégré entre persécution et identification, et à partir duquel il peut élaborer son propre système attributif, repose sur une représentation de la sublimation qui n'est pas sans rapport avec les conceptions du philosophe de Koenisberg. Cette proximité entre la préoccupation éthique de Kant et l'invention psychanalytique ne représente-t-elle pas pour nous un repère limitatif ?

D'autre part le fait psychique et sa théorie sont aujourd'hui tellement intégrés à "l'opinion", que la psychiatrie, quand elle est mêlée aux affaires de la justice, se trouve mise en demeure de soutenir cet écho dans la conscience individuelle et ce tintamarre dans la rumeur publique. En effet à l'idée d'une société bonne qui punit les coupables pour leurs actes, a succédé la nécessité d'une société juste, qui punit les coupables en fonction de leurs capacités personnelles à se soumettre à la Loi.

La psychiatrie peut-elle, doit-elle se faire la pierre angulaire de cette construction ?

Dans la suite des impostures qui découlent de cette évolution, la première est celle à laquelle se trouve assigné le délinquant ou le criminel lui-même. D'un côté il est arrêté parce qu'il a échoué à désintriquer suffisamment le feuillet sublimatoire du feuillet pulsionnel de son être, sans doute parce que c'eut été un écartèlement subjectif, de l'autre il est confronté à une pratique institutionnelle qui risque de faire fusionner les différentes compétences en charge des deux modes d'être, que sont le subjectif et le social. Comment peut-il s'y retrouver ? Psychotique ou non, l'auteur d'un crime, n'en demeure-t-il pas moins l'auteur quand il s'avère qu'il en est psychiquement irresponsable ? Je crois que nous lui devons de faire respecter, ce que j'appellerai, une "reconnaissance primaire minimale" de sa subjectivité, qui me semble être la condition nécessaire à une utilisation adéquate d'une approche psychiatrique de la délinquance ou de la criminalité. Dans l'exercice quotidien du psychiatre, comment tenir l'interprétation et la thérapeutique de telle façon que la finalité juridique, quand elle cherche argument en cette lecture, ne se trouve pas déchargée de sa compétence et de sa responsabilité spécifique ?

Rappelons-nous que Freud a brisé tout espoir d'une thérapeutique rédemptrice en même temps que la vision d'un homme originellement et définitivement responsable. A ce prix nous pouvons peut-être faire choir le fantasme manichéen selon lequel le "psy" serait du côté des bons, puisqu'il cherche à comprendre le déterminisme subjectif pour en faire une raison, et les juges du côté des mauvais, s'ils n'évaluent que les faits et la transgression. Se représenter le droit comme miroir insuffisant et la psychiatrie comme authentique psyché, nous convoque à nouveau au chevet de Narcisse, cette fois pour interpeller notre propre toute puissance de praticien, pour briser l'image des uns, imaginairement sommés de tout expliquer et des autres, de tout évaluer. Sortons de ce tout, et regardons le reste, reste qui est bien sûr la barbarie constitutive que nous partageons ; "psy", juges et criminels confondus. A chacun ses modes de résistance, à chacun de se débrouiller avec ses compulsions de résolution. Voilà de quoi baisser les bras me direz-vous. Pourtant il me semble que l'imposture définitive ne réside pas encore là, elle résiderait plutôt en la croyance que l'ajustement entre les conclusions d'un "psy" et celles d'un juge puisse éliminer totalement l'arbitraire que comporte tout jugement. Si le mélange doit intervenir pour produire une sanction juste et sensée voire opératoire, ce n'est pas dans un lieu imaginairement commun, mais au lieu même où cette fusion fonctionne : dans le psychisme du délinquant ou du criminel lui-même. Pouvons-nous prétendre substituer à "l'intime" et à la continuité de ce sujet, une intimité construite entre deux autres qui comprendraient le premier ? Si derrière la sanction se trouve la signification de la transgression, et à travers la transgression, l'énoncé de la norme qui prend toute sa force dans sa dénégation, le seul énonciateur possible du sens de la sanction n'est-il pas l'auteur de la transgression lui-même ? Tout autre ne peut-il pas n'en faire que l'hypothèse, et en l'occurrence soutenir cette hypothèse avec la plus grande fermeté ?

Nous percevons à ce point du raisonnement l'importance majeure du facteur temporel. Le temps dont je parle est celui du parcours à rebours de la logique d'un passage à l'acte. Pour donner ses chances à un délinquant ou à un criminel de faire ce chemin, un juge et un psychiatre ne doivent-ils pas malgré tout en passer par une certaine conjonction ? L'un en énonçant une sanction virtuelle non relative, l'autre en faisant remonter le fil historique d'une décompensation qui met l'acte non point en place de conclusion, mais en celle de prémisse. L'enjeu est que l'auteur d'un crime devienne lui-même producteur du sens et de l'opérativité de sa sanction, car personne ne peut faire à sa place le parcours de cette boucle temporelle, même si nous sentons tous, que la disposition psychique dans laquelle il peut se trouver à ce moment là, n'est pas sans rapport avec celle qui a fait de nous des psychiatres et des juges.

Une conclusion conjointe ne peut porter ses fruits que si elle ne vient pas renforcer la dissociation qui a permis à ce sujet de passer à l'acte. Comprendre au contraire que l'acte est le point de départ possible d'une remontée dans le temps et ne point la parasiter précocement de logiques arbitrairement mêlées, me paraît indispensable. L'élucidation d'un acte nous engage à envisager l'avenir d'un délinquant, ou d'un criminel, comme celui d'un sujet **encore à part entière**, et d'un citoyen **encore** potentiel. C'est aussi notre propre engagement de citoyen au-delà de ce à quoi la fonction professionnelle le réduit. En amont d'un jugement, lier a priori l'impunité (la non punissabilité) à l'irresponsabilité nous plonge dans un babel psychiatrico-juridico-judiciaire, dans lequel aucune sanction ni aucune thérapeutique ne peut plus remplir sa fonction symbolique. Ce qui importe pour le psychiatre est de repérer si pour un sujet donné l'acte exprime l'absence d'accès au sentiment de culpabilité, ou au contraire son excès. Il ne peut le faire qu'en pleine indépendance. D'ailleurs Freud, dans "quelques types de caractères dégagés par la psychanalyse", précisait déjà en 1916, que le sentiment de culpabilité non rapporté à quelque chose de défini est insupportable pour certains sujets, et suscite la nécessité de transgresser. Je pense que, pour ces sujets, si la sanction n'est vécue que comme acquittement de la dette contractée par l'acte, la continuité Surmoïque n'est plus assurée, car la représentation symbolique de la faute n'est plus liée à la culpabilité imaginaire, quelle autre issue reste-t-il alors si ce n'est la récidive ? Atteindre un équilibre du sentiment de culpabilité consiste à accepter "d'encourir (en permanence) le risque de la castration plutôt que de subir (ponctuellement) l'interdit", je cite encore Legendre. C'est dire à quel point l'énoncé d'une sanction, intervenant, bien évidemment, comme deuxième énonciation de l'interdit, peut représenter symboliquement pour le délinquant, le fait que son acte a du sens pour les autres ; c'est dire aussi combien il est déterminant, pour certains sujets, que l'élaboration de la sanction procède très clairement d'un lieu séparé du lieu transférentiel où s'élabore ce rapport à la castration. Si la collaboration précoce d'un "Psy" et d'un Juge peut desservir l'intérêt subjectif d'un délinquant, elle peut aussi lui être défavorable sur le plan d'une citoyenneté qui reste toujours, ou imaginairement ou réellement, à reconstruire. Quand passer à l'acte s'est révélé pathologiquement nécessaire à un sujet pour garantir en lui la confusion qui lui est non moins nécessaire, entre interdit, loi et castration, la psychiatrie, si elle accepte de mettre son institution à la place d'une rencontre inaugurale et instituante, ne prend-elle pas figure d'une revendication théorique ou idéologique, et ne s'invalide-t-elle pas elle-même aux yeux de ce sujet ? De son côté le juge devenu prescripteur de psychiatrie, parce que harcelé par les finalités pénales, produit de la forclusion, c'est-à-dire invalide les chances d'émergence des représentations symboliques que seul le sujet peut énoncer à bon escient, c'est-à-dire mettre à la place de la violence pulsionnelle, cause du crime. J'irai jusqu'à parler de complicité pour définir certains rapports de la psychiatrie et de la justice avec la délinquance, quand celles-ci font de la prison une institution indifférenciée. Pour que dans les murs d'une prison, la présence de la psychiatrie remplisse elle-même une fonction symbolique ne faut-il pas éviter que son accès résulte d'une injonction judiciaire ? En effet demander, en l'occurrence de l'écoute et du soin, c'est déjà reconnaître de l'autre, de l'ailleurs, de la différence. Le résultat d'une trop grande indifférenciation des univers peut aller jusqu'à la désubjectivation de l'acte pour son auteur, et le réduire au silence de l'idiot. Il me parait essentiel que même à défaut d'une demande de soin émanant du délinquant ou du criminel, la prescription d'un travail thérapeutique, ou seulement diagnostic, n'émane pas seulement de l'instance pénaliste, mais aussi d'autres maillons de la chaîne carcérale. Le soin psychiatrique pour rester thérapeutique en ces murs doit trouver à tout prix un mode de séparation d'avec la préoccupation pénaliste, et le donner à percevoir à l'incarcéré lui-même.

Séparons donc aussi les choses, avant de conclure ici, et restons dans nos préoccupations purement psychiatriques. D'abord est-il si facile de se déprendre d'une certaine fascination qu'exercent sur nous ces sujets, qu'on les considère comme fous ou comme "résistants" : c'est-à-dire soumis passivement à leurs démons intérieurs ou utilisant ces démons comme rationalisations d'une lutte portée à l'extérieur ? La pratique psychiatrique à laquelle nous sommes assignés avec des sujets que nous rencontrons par le biais du judiciaire, se trouve traversée de façon toute particulière par la pulsion de mort, puisque la privation sexuelle se trouve d'une part régulée par l'extérieur, et que d'autre part elle est le point de mire de l'univers carcéral tout entier, qu'elle hante tout autant les représentations des soignants que celles des soignés. Comment ne pas céder à la tentation de s'en remettre aux pénalistes pour gérer l'absurdité qui consiste à mettre la privation réelle à la place de l'assomption de la castration symbolique ? Pour le dire simplement, comment rester crédible si les psychiatres acceptent de jouer à soutenir la castration par la privation et si les pénalistes tentent de justifier la privation par la nécessité de la castration ! Justifier l'application de la loi par la nécessité thérapeutique ne rend-il pas la démarche psychiatrique purement adaptative, et n'engage-t-il pas une fois encore la confusion entre adaptation et subjectivation ? Faire miroiter la possibilité d'une moindre sanction au nom du thérapeutique prive la sanction de sa charge symbolique propre. Comment sortir de l'impasse qui résulte de cette séparation arbitraire du pulsionnel et du subjectif et maintenir au contraire l'autonomie de la psychiatrie, comment ne pas produire cette pathologie expérimentale qui vient alourdir la "pathologie naturelle" ?

Comment peuvent donc seulement s'entendre, et non pas s'influencer, le juge et le psychiatre pour assumer chacun la charge disjointe afférente à leur fonction et répondre de l'exigence éthique qui la fonde. Il n'y a pas de doubles réponses à cette nécessité, mais je rêverais de m'autoriser à penser que les raisons de nos difficultés actuelles ne sont qu'institutionnelles. J'avancerai néanmoins, et très prudemment, l'idée d'une "pratique de la réserve" qui serait une forme de ponctuation discrète et non pas une concertation franche et massive entre les "psy" et le juge. Peut-être faut-il abandonner le jeu des quatre coins et accepter que certains recoins d'une affaire ne soient pas investis par les institutions, pour permettre à l'accusé de prendre sa place de sujet, c'est-à-dire celle d'où peut être énoncée la vérité d'un crime, et investie l'avenir du criminel. Entre l'univers pénal et l'univers thérapeutique il faudrait pouvoir aménager un espace où l'accusé pourrait se penser dans une appartenance, si l'on veut bien considérer le sentiment d'appartenance comme le degré minimum de liberté subjective, nécessaire à l'intégration d'une décision de justice. Dans l'idéal ce sentiment pourrait être soutenu par l'aménagement d'un cadre pénitentiaire qui produise moins de solitude existentielle et suscite plus de solitude ontologique. Tout compte fait concilier l'exigence pulsionnelle et l'idéalité régulée par le social, ne représente que la difficulté banale de vivre notre conflit constitutif, et si Freud s'est battu contre tout ce qui constituerait un déni programmé de la culpabilité, c'est bien parce qu'il avait compris que ni la justice des hommes ni la lecture du fonctionnement psychique ne peuvent suppléer au tragique de ce conflit, moins encore si elles prennent figure de croyance. L'interrogation des logiques qui mènent un homme à devenir criminel pour se vivre sujet, peut-elle soustraire un sujet à l'appartenance qui le rend passible, en devenant une sorte de spectacle institutionnel dont il est en fait plus le figurant que l'acteur ? Je me demande si au regard de la vérité, le seul expert compétent dans un tribunal ne peut pas être l'accusé lui-même, car la vérité d'un crime étant toujours pluridimensionnelle, seul l'accusé serait en position d'en restituer l'unité. N'est-ce pas habité par cette conviction théorique que le psychiatre pourrait véritablement travailler avec l'accusé si on le lui permettait ? L'expertise telle qu'on lui demande actuellement de l'effectuer perdrait de sa valeur assertive, et de ce fait profiterait autrement au travail thérapeutique qui suivra le jugement. C'est en donnant cette forme à l'expertise que l'on permettrait à l'institution judiciaire d'occuper plus pleinement dans la réalité, la place de tiers qui a fait symboliquement défaut dans l'histoire des sujets délinquants ou criminels. Cela lui permettrait d'être un organe de justice au vrai sens du terme, c'est-à-dire de produire et de maintenir des valeurs plutôt que d'être surtout un outil de régulation sociale. Les juges pourraient, peut-être alors, plus indépendamment, assumer le condamné ou pas. Les psychiatres, pour ce qui les concerne, n'auront-ils pas fait leur travail s'ils ont concouru en amont du procès à ce qu'un criminel devienne ce que j'ai décrit comme "son propre" expert, et si en aval ils continuent d'assurer le premier soin qui doit être dispensé à ce condamné : le maintien de sa dignité et de l'espoir ? C'est de cette base et des conditions d'application de la peine, que dépend comme on le sait, l'effectuation d'un parcours thérapeutique qui pourra amener le juge d'application des peines à proposer une révision de la peine.

- Mme M. Perrot : Je crois que nous avons eu dans cette présentation comme trois voix, la voix du juge d'application des peines, la voix du psychiatre et la voix du sujet, ou de ce qui se voulait être la voix du sujet. Je crois qu'autour du thème qui est le nôtre, le débat est bien engagé et j'espère que vos questions vont être nombreuses.

- Dr Abdelfattah, psychiatre à Soissons, expert à la cour d'appel d'Amiens : J'ai compris que l'expert était accusé quelque part, et je voulais simplement poser comme question à Sylvie Nerson-Rousseau, quelles sont, de son point de vue, les qualités et les défauts de l'expert.

- Mme S. Nerson-Rousseau : J'ai bien peur de vous décevoir, car pour moi, la question n'est pas de faire un portrait robot du bon expert, mais plutôt de ne pas perdre de vue ce que l'expertise **représente**. En effet si l'on essaye de repérer les confusions, les recouvrements, les indistinctions et autres glissements qui émanent de la complexité institutionnelle, il me paraît extrêmement important de répéter que l'expertise psychiatrique en est leur paradigme, car c'est le moment institué (et instituant) où la vérité scientifique que l'expert peut prétendre détenir, et la vérité subjective (tant la sienne que celle de l'accusé) viennent percuter **de front**. Somme toute ce que l'on demande à l'expert, c'est tout bêtement d'être un bon psychiatre, de faire un diagnostic psychopathologique exact, or si la nosographie me semble avoir là toute sa place, elle ne me paraît pas pour autant être exhaustive de la question que pose le passage à l'acte d'un délinquant, ni même d'un criminel. Par ailleurs l'utilisation que le judiciaire peut faire d'une expertise et la place - tant imaginaire que symbolique - qu'elle peut lui accorder, a un impact véritablement effectif. Il n'y a pas à remettre en question des compétences ou des qualités aussi différentes, il y a à maintenir ouvert le débat que ces différents spécialistes peuvent avoir entre eux, et surtout viser à énoncer en commun quelles priorités éthiques, psychologiques, juridiques, et judiciaires doivent présider à une décision de justice. Je ne pense pas enfoncer un clou en rappelant qu'aucun sujet, juge ou psychiatre ne peut faire complètement fi de sa propre subjectivité : l'importance encore une fois, imaginaire et symbolique qui est accordée à l'expertise n'est pas sans effets sur la façon même dont un expert fait son expertise. Je ne crois pas du tout à la pureté d'un acte, mais plutôt à la justesse de sa place et de ses modalités ! Ce qui le "contamine" me paraît tout à fait essentiel pour ce qui concerne sa détermination. J'espère avoir un peu répondu.

- Dr D. Glezer : J'ai envie d'ajouter que l'expert, lui, est toujours bon puisqu'il est expert, par définition. Mais au-delà, je crois que ce sur quoi nous avons peut-être aussi à réfléchir ensemble, c'est la mission que l'on nous confie pour essayer de faire en sorte que nous puissions rester effectivement dans le cadre de notre travail qui est quand même la psychiatrie.

- M. Ph. Jacquette, psychologue au SMPR de la Maison d'Arrêt de la Santé : Il y a quelque chose qui m'agace beaucoup. J'ai l'impression que pour tous les intervenants, les gens qui sont incarcérés sont de grands névrosés qui passent à l'acte. Passage à l'acte ça veut dire lutte anxieuse devant l'obligation de faire un acte qui est interdit et qu'on considère comme interdit. Je voudrais quand même rappeler que beaucoup de gens qui peuplent nos prisons sont des délinquants professionnels qui n'ont rien à faire de la loi, et qui n'ont pas intégré l'interdit que vous vous semblez avoir intégré. Et je pense aux gens qui vendent de la drogue comme ils vendraient des pommes de terre et n'ont aucune culpabilité. Donc le problème du passage à l'acte ne se pose que pour un petit nombre de détenus. C'était la réflexion que je voulais faire.

- Mme M. Perrot : Votre réflexion a visiblement suscité des rumeurs et va faire rebondir la discussion.

- Dr D. Durand-Poudret, SMPR de Varces : Je ne répondrais pas à l'intervention du psychologue de la Santé dont je n'ai pas retenu le nom. Par contre, je ne me retrouve pas tout à fait dans les interventions qui ont été faites car s'il est évident qu'expert ou médecin traitant au SMPR, on est psychiatre, lorsqu'on intervient auprès d'un détenu on ne porte pas la même casquette et il est capital de le lui dire d'emblée. C'est-à-dire qu'on peut, en tant que médecin traitant dans un SMPR, reprendre une expertise psychiatrique faite par un collègue, et travailler avec le détenu-patient ce qui a été dit dans cette expertise, mais on est médecin traitant avant tout. Et j'ai eu l'impression moi, qu'il y avait, par moments, des glissements entre ces deux fonctions. Ça n'est pas possible et je reprendrais une petite partie de la deuxième intervention en disant qu'on n'a pas affaire à des névrosés mais à des gens qui sont complètement déstructurés. Il est donc important qu'ils nous identifient clairement quand on les rencontre, pour leur permettre de pouvoir effectivement nous parler au niveau où nous nous sommes présentés.

- Dr C. Guionnet : Il y avait donc un élément de réaction au moins, si ce n'est une réponse. Autre question ?

- M. J. Rambeau du SMPR de Fresnes : Je crois que la question de la psychose dont on entend parler depuis ce matin, pointe bien au fond l'articulation délicate des deux termes du titre de la journée, entre le soin et la punition. Parce qu'effectivement, ce qui apparaît comme cheval de bataille c'est au fond *à qui appartient le fou*. J'aurais plusieurs remarques à faire. Est-ce le fait que le sujet fou soit inculpé ou le fait qu'il soit incarcéré qui est néfaste à sa personne ? Depuis ce matin il n'a pas été entendu de choses allant dans ce sens là. On parle toujours en effet du statut du psychotique en prison mais qu'est-ce qui viendrait argumenter au fond que le fou n'a pas sa place en prison ?

- Dr D. Glezer : Je peux répondre à cela en rappelant que les SMPR ont été mis en place bien sûr pour la prise en charge des problèmes d'hygiène mentale dans les prisons. Mais assez rapidement, il a été clair que les limites de leur action ont été déterminées par les moyens techniques donnés et par le cadre dans lequel ils s'inscrivaient. Et assez vite, il a été précisé qu'une certaine pathologie nécessitant des soins lourds, un accompagnement important, ne saurait être pris en charge dans le cadre des SMPR. Cela correspondait par ailleurs à l'article D.398 qui jusque là établi la limite de nos moyens d'intervention. On peut donc effectivement se poser la question de savoir si le fou, pardon le psychotique, a sa place dans la prison et c'est aussi le sens de la réflexion que j'essaie de conduire sur l'article 64, sa réforme, en tout cas l'utilisation qui en est faite. Au niveau du principe, si on considère que le fou ou le psychotique peut avoir sa place en prison, et il s'y trouve bien actuellement, le problème est celui des moyens et ces moyens existent-ils et quels sont ceux dont nous souhaiterions disposer pour sa prise en charge ? En l'état actuel des choses, l'organisation des soins psychiatriques en prison ne se conçoit pas sans cette perspective là.

- Dr J.-C. Ollivier, SMPR de la Réunion : Je voudrais reprendre cette notion du fou en prison pour poser la question : mais pour combien de temps ? Il s'avère qu'à la Réunion, le SMPR traite toute la population pénale, à savoir et les condamnés, et les prévenus, ce qui fait que l'équipe a été confrontée justement à ces gens qui ont échappé à l'article 64, il y a 15 ans, il y a 20 ans, qui se trouvent encore avec une peine de réclusion à perpétuité, qui ont développé une psychose qu'ils avaient d'ailleurs au départ et qu'ils ont entretenue dans le cadre pénitentiaire. Et le problème se pose, à l'heure actuelle, au niveau de la libération conditionnelle, de savoir ce qu'on va en faire car si nous envoyons à l'asile un réclusionnaire à perpétuité, avec l'article D.398, il nous est renvoyé au bout de trois semaines. Le problème se pose aussi avec le nouvel article 122-1, et en particulier le deuxième alinéa au niveau du procès pénal. A savoir qu'on va se trouver en face d'un diagnostic en quelque sorte de maladie mentale mais de maladie mentale avec responsabilité, et d'un pronostic de dangerosité où se trouvent mêlés à la fois le concept de dangerosité criminologique et celui de dangerosité psychiatrique, et comment expliquer cela aux magistrats et à la Cour. C'est un problème difficilement soluble. Autre réflexion sur l'expertise : le juge de l'application des peines, tout à l'heure, nous a parlé de clichés, d'instantanés. C'est vrai que c'est un instantané mais il est rarement demandé par les magistrats un deuxième ou un troisième examen avant le jugement, ne serait-ce qu'un examen médico-psychologique qui pourrait montrer l'évolution du sujet, lorsqu'il s'est engagé dans une thérapie. La plupart des sujets, en effet, vont s'engager dans une thérapie après leur incarcération, lors de leur détention provisoire, et il me parait plus difficile de l'envisager après le jugement. Notre travail de SMPR c'est justement de proposer aux détenus qui le souhaitent un travail en vue d'un projet thérapeutique, qu'il serait trop tard d'entreprendre, en général, après la condamnation. Car tout va se jouer au moment du procès, lors de la déposition des experts et de ce qu'ils vont pouvoir dire d'un pronostic, d'un traitement, alors que la plupart du temps ils ne peuvent pas dire grand chose parce qu'ils n'ont pas cette appréciation de l'évolution, de la continuité que nous avons en tant que médecin traitant au SMPR. Pour corriger ce défaut, je crois qu'il faudrait que les magistrats instructeurs proposent, ou alors le Président de la cour d'assises, des bilans avant la comparution.

- Dr C. Guionnet : Merci. Une réaction ?
- Dr E. Archer, je suis responsable du SMPR de Loos : Ma question s'inspire de celle posée par quelqu'un d'autre, concernant le pourquoi des malades mentaux en prison, et de l'embarras suscité par cette question. Glezer a répondu sur les moyens mais on a oublié les fins. Depuis ce matin, la logique des institutions a primé sur leurs fonctions sociales, c'est-à-dire en fait sur leurs raisons d'être. On peut dire qu'il y a telle ou telle catégorie de détenus qui ne relèvent pas de la prison, qu'il faut faire un *numerus clausus* pour éviter la surpopulation, alors que ce qu'il faudrait c'est une réflexion sur la politique criminelle. En disant que les services de psychiatrie ne sont pas actuellement organisés pour prendre en charge tel type de malades, on se réfère à leur organisation et non pas à leur cahier des charges ni à leur fonction sociale. Lorsqu'on dit qu'on ne peut pas prendre en charge tel type de malade pour des raisons d'organisation et de moyens, c'est une fois de plus la logique interne de l'institution qui prime sur sa fonction sociale. Je crois que la réponse, c'est dans l'histoire qu'il faut la chercher. Il a fallu une évolution de la pénologie et de la criminologie et aussi de la psychiatrie pour qu'on ne mélange plus, comme c'était le cas par exemple à la Bastille ou dans d'autres prisons, les malades mentaux tout à fait avérés et les criminels tout à fait avérés. Il a fallu des combats au nom de l'humanité, au nom des réseaux humanitaires pour faire cette distinction. Si on y renonce qu'on le dise clairement mais qu'on ne

cherche pas dans la logique institutionnelle, des arguments, des impostures ou des dérives pour justifier ceci ou cela. J'ai l'impression qu'on est en train de parler du droit, du droit à la punition comme on parle du droit à la mort dans certains cas et dans certains pays, comme on parle d'un certain nombre d'alibis qui cachent en fait les difficultés toutes matérielles des institutions, et qu'il faut prendre en compte, à faire face à leurs cahiers des charges, c'est-à-dire à leurs obligations.

- Dr D. Glezer : Je voudrais juste réagir car si je me suis permis de parler de l'organisation des soins, c'est bien parce qu'elle poursuit une finalité. Quand on met les structures en place, quand on les organise d'une telle manière, quand on prend des dispositions réglementaires comme l'article D.398, c'est bien qu'on poursuit une finalité. C'est qu'on considère qu'il y a une limite à l'action qui est la nôtre. Tous ceux qui ont travaillé à la mise en place des SMPR le savent, il y a une limite claire à notre action et cette limite c'est quand même la psychose. Nous avions clairement donné notre avis au sujet des réflexions que tu soulèves et il me paraît évident que la logique des institutions répond aussi à une logique de finalité.

- Dr C. Guionnet : Je voudrais rebondir sur l'intervention de notre collègue de la Réunion pour permettre à Mme Nerson-Rousseau de compléter ces éléments de réponse. Vous avez parfaitement mis en évidence la dimension temporelle, à la fois rétrospective de l'article 64 et prospective du D.398, et soulevé aussi un autre problème qui était celui du transfert dans la dimension temporelle et en fonction du cadre. J'aimerais vous entendre sur ce point.

- Mme S. Nerson-Rousseau : Juste en deux phrases, je crois qu'effectivement il y a là, un problème technique qui vient une fois de plus recouvrir un problème éthique, qui est, chacun le sait, pour la question du thérapeutique, la dimension du transfert. Effectivement au moment de leur arrestation et en amont de leur procès, un très grand nombre de sujets sont susceptibles de développer des transferts massifs. En effet la représentation du temps pour un sujet qui attend d'être jugé, voire condamné, se découpe irrémédiablement en Avant et Après. Il nous appartient de ne pas l'omettre dans la façon dont nous nous engageons et dont nous engageons un sujet dans un remaniement subjectif, alors même que le processus risque d'être interrompu par une séparation bien avant que ce travail ne soit arrivé à terme. Ce que je veux dire, c'est qu'il me parait inévitable, si l'on veut prendre cette responsabilité, d'envisager non seulement la temporalité comme opérateur thérapeutique, mais le temporaire comme cadre du processus lui même.

- Dr P. Lamothe : (Psychiatre au SMPR de Lyon). C'est une question qui s'adresse à notre Président, puis en même temps un petit peu à la salle, concernant la déontologie du secret. Je ne suis pas tout à fait d'accord avec vous en ce qui concerne cette dichotomie absolue entre secret total et secret interdit. Je crois que ça serait concevoir le rôle de l'expert et le rôle du thérapeute, je caricature un peu ce que vous avez dit, dans une dichotomie insupportable.

On n'est pas propriétaire du secret comme élément du narcissisme du médecin et le secret appartient au patient, il est fait pour le protéger, il est fait pour lui et non pas comme une chose en soi. On aurait, si on ne se pose pas la question, une espèce de paradoxe que les détenus, pour lesquels on revendique l'éthique maximale avec notre position de soignant et notre respect du secret, n'auraient pas accès aux droits auxquels ont accès les malades extérieurs qui sollicitent constamment leur médecin traitant pour avoir un certificat descriptif, pour avoir quelque chose faisant état de leur situation thérapeutique au regard de telle ou telle administration, de telle ou telle position qu'ils revendiquent ou autres demandes auxquelles on fait droit en milieu civil. Et nous on répondrait constamment non lorsque le détenu nous dit : dites quelque chose au juge d'application des peines, faites quelque chose pour la Cour d'Assises, ça fait 18 mois qu'on travaille ensemble, etc... au motif que c'est perverti par l'utilité pratique et immédiate qu'un tel certificat pourrait avoir et le risque de compromission bien sûr que prendrait la thérapeutique par rapport au devenir judiciaire ? On se mettrait à refuser systématiquement tout certificat qui ferait état d'une certaine progression du travail ? Je comprends mal que ça pose un problème insurmontable, ou tout au moins à ne pas résoudre, au nom d'une position de principe.

L'autre problème de déontologie à propos du secret - insurmontable ou tout au moins peut-être insurmonté -, est à l'inverse l'expert car quand vous dites que l'expert est interdit de secret je ne suis pas d'accord. Il est tout à fait évident que quand on accepte une mission d'expertise c'est pour répondre à des questions, ce n'est pas pour systématiquement être un transcripteur de ce que laisserait échapper le patient. Nous avons, quand nous acceptons la mission d'expertise, un rôle déontologique pour interpréter la façon dont le patient a perçu notre fonction et nous n'avons pas pour rôle de le faire avouer ou de lui faire dire quelque chose, même du domaine clinique ou du domaine par exemple de sa vie privée, qu'il ne souhaiterait pas faire passer dans l'expertise. On a constamment des gens que nous expertisons et qui nous disent : ça, je ne veux pas qu'on en fasse état, ça concerne le secret de ma mère... ça concerne ma femme, ça ne doit pas apparaître dans l'expertise... on n'est pas transparent dans une expertise, on interprète. Donc finalement la capacité de secret de l'expert et le devoir de non secret du thérapeute sont deux choses qui peuvent, je ne dis pas se rejoindre mais se concilier dans la même éthique du respect du patient, de notre mission, et du principe de symétrie avec la société civile. On est certes constamment dans le compromis mais on ne peut pas constamment être dans la position de dire "j'ai les mains propres mais je n'ai pas de mains".

- Mme M. Perrot : Il y a une réponse sur ce sujet.
- Dr D. Glezer : Je crois qu'il n'y a pas de divergence fondamentale entre ce que vous venez de dire et ce que j'écris puisque j'ai distingué entre trois secrets : le secret interdit dans le cadre de la mission d'expertise, et ça rejoint tout à fait les observations que vous avez faites, le secret absolu dans le cadre de la demande du patient, et celui du secret partagé mais dans ce cas là uniquement à la demande du patient. Cette distinction ne veut pas dire que le praticien se rattache définitivement, en ce qui concerne en particulier le secret absolu et le secret partagé, à une fonction statutaire, mais, dans le cadre d'une exigence de cohérence et de clarté à l'égard du détenu, il est important que celui-ci sache dans quel cadre il parle au praticien. Si vous mettez dans le cadre du secret interdit non seulement l'expertise mais également ce que j'appelais le mandat judiciaire de traitement, c'est dans le souci d'une clarté vis à vis du patient. Alors effectivement qu'il puisse y avoir des aménagements au secret absolu, nous nous rejoignons tout à fait.
- M. J. Rambeau : Je voulais simplement apporter une petite précision à ce que j'ai dit tout à l'heure. Au fond Jacques Lacan dans son enseignement a souvent fait usage des cercles de l'aire, c'est-à-dire deux cercles qui se chevauchent pour une partie. On pourrait dire qu'en s'appuyant sur cette figure là, d'un côté on peut mettre la psychiatrie sur l'un des cercles, dans l'autre cercle on peut mettre le judiciaire y incluant le pénitentiaire et, entre les deux, dans la morsure de chaque cercle sur l'autre cercle, le fou. Je veux dire par là que c'est vrai que la psychiatrie a fait incursion dans le judiciaire, c'est-à-dire que le champ de la psychiatrie est venu mordre le champ du judiciaire, et est aussi venu mordre le champ du pénitentiaire. Mais en retour, ça veut dire que le judiciaire lui aussi va faire morsure sur le champ psychiatrique. Et peut-être qu'en effet la question de la psychose, si présente aujourd'hui, c'est peut-être le retour de cette morsure là, du judiciaire dans le psychiatrique.
- Mme M. Perrot : Je pense que c'est une des questions qui était au coeur de l'intervention de M. Glezer notamment et visiblement elle

est posée, donc on ne va pas la résoudre maintenant et je propose que nous fassions une pause avant d'aborder la dernière partie de la journée qui sera certainement très intéressante aussi. Merci aux intervenants.

# MEDIAS, OPINION PUBLIQUE ET LEGISLATION

Entre l'exploitation du fait divers, la montée de l'irrationnel et les nouveaux textes, les psychiatres peuvent-ils répondre à toutes les demandes et la loi peut-elle conserver sa fonction symbolique ?

**- Mme M. Perrot** : Un thème crucial pour cette deuxième table ronde : Médias, opinion publique et législation. A l'heure où le fait divers occupe de plus en plus de place dans nos journaux et à la télévision, et où peut-être il est le centre d'une sorte de nouveau consensus, on peut en effet s'interroger et notamment sur le rôle et la place des psychiatres. Pour traiter de ce sujet brûlant : Catherine Ehrel, journaliste à Libération et spécialiste des questions pénales ; Pierre Lamothe, chef de service au SMPR de Lyon, que tout le monde connaît bien ici ; Jean-Pierre Michel, magistrat et député de la Haute-Saône, membre aussi du Conseil National du Sida ; Gérard Miller enfin, psychanalyste bien connu. Alors sans attendre davantage je passe la parole à Catherine Ehrel.

# La psychiatrie et la loi ou le législateur et les psychiatres

Mme Catherine Ehrel

> Les députés ont jugé nécessaire d'entendre des psychiatres avant de voter la loi sur la perpétuité réelle. Au cours des débats parlementaires, les références aux psychiatres sont permanentes, ils sont ceux qui savent et ne peuvent rien (pour éviter la récidive des grands pervers sexuels), ce qui n'empêche pas le législateur de compter sur eux pour :
> 1- assurer le suivi de tous les délinquants sexuels.
> 2- endosser la responsabilité de la décision de libérer (ou non) les condamnés après 30 ans de détention.
> Entre toute-puissance et impuissance, images de la psychiatrie et des psychiatres vues au travers des débats parlementaires sur la perpétuité réelle.

Merci beaucoup. J'interviens dans cette assemblée comme journaliste. Il se trouve que j'assiste à titre professionnel à certains débats parlementaires et que j'ai assisté aux débats sur ce qu'on a appelé "la perpétuité réelle" comme j'avais assisté précédemment à ceux sur le Code pénal. La "perpétuité réelle" présente cet intérêt particulier que les psychiatres y ont été cités à tout bout de champ et que la psychiatrie a servi à toutes les sauces, prise en otage par tous les clans, les pour et les anti, dans une confusion incroyable.

En quatre ans de ces débats, j'ai assisté, en direct quasiment, à la perte de crédibilité de la loi. La Loi, avec un grand L et ce qu'elle peut avoir de normatif donc de général, de porteur de l'intérêt général, se dilettait au fil des séances à l'assemblée ou au sénat. Et avant d'arriver à la loi sur la perpétuité réelle, je vais me permettre un bref rappel du travail que nous avons fait sur le Code pénal. Je dis nous parce que Michelle Perrot y a brillamment contribué ainsi qu'Antoine Garapon, maître d'oeuvre de l'initiative, *Libération*[1] et d'autres, un psychiatre, Jean Louis Sarradet, un syndicaliste, un théologien, des sociologues, des philosophes, des historiens. L'idée de départ était très simple. J'avais été frappée en assistant à ces débats sur le Code pénal par le fait que les discussions générales étaient de haute volée, morale, éthique ou philosophique, avec références littéraires ou bibliques, etc. Et que, finalement, les articles et les amendements se votaient sur la base de critères très prosaïques, le fait divers du jour ou celui de la veille, les grandes peurs qui traversaient l'actualité, peur du Sida, peur des étrangers, peur de la drogue, ou peur des petits délinquants urbains dans le RER. Peur du sexe aussi. Les parlementaires étaient en train de rénover ce monument napoléonien vieux de deux siècles, ils avaient l'ambition de faire un code pénal moderne, exprimant les valeurs de la modernité pour les deux siècles à venir, et ils avaient le nez rivé sur le journal local de leur circonscription et sur le JT de 20 heures. Etait-ce naïveté ou ignorance de ma part, j'avais été frappée du décalage entre les grandes envolées des discussions générales et les motivations de vote au moment de la discussion article par article. Un député disait sans honte : "Comme nous le rapporte la presse de ce matin, un policier séropositif a tenté de violer une jeune fille pour la contaminer. Ce geste est criminel, je voterai donc cet amendement." Beaucoup de dispositions du Code pénal sont des dispositions de pure circonstance, étroitement dépendantes de l'actualité. Ainsi est venue l'idée de faire une lecture du Code pénal parallèle à la lecture des faits divers ou des émotions publiques au moment des débats parlementaires, d'étudier comment la peur devient un moteur de la loi, d'essayer de comprendre pourquoi les délits sexuels ont tellement préoccupés le législateur de 1991, d'analyser comment ce nouveau Code pénal qui avait d'excellentes intentions au départ, s'est trouvé "prisonnier de la prison" comme l'avait dit Michelle Perrot, c'est-à-dire incapable d'inventer une autre punition que la prison. Bref, de faire des lectures multiples de ce nouveau Code pénal, multiples mais toutes profanes, c'est-à-dire non-juridiques.

    Le travail s'est révélé passionnant mais la loi n'en sortait pas grandie. On voit le législateur dans ses petites oeuvres. Telle député

---

[1] Lecture du nouveau Code pénal - IHESJ - ENM -Libération - janvier-juin 93 - La première contribution "La Loi et le fait divers" a été publiée dans la Revue ESPRIT - octobre 92.

centriste demande qu'on calque la définition de l'agression sur un fait divers de sa circonscription où une femme avait été battue à mort "alors qu'elle était à terre", insiste-t-elle. Elle veut donc faire inscrire "à terre" dans les circonstances aggravantes de l'agression. Tel député veut créer un délit contre les "skateboard sur les trottoirs", parce que, explique-t-il, "dans son quartier c'est une plaie". Tel autre, ancien médecin obsédé par la maladie, veut revenir à une majorité sexuelle à 21 ans pour les homosexuels parce que, dit-il, "la séduction d'un mineur par un homosexuel est un délit, un crime même si l'on pense aux risques de dissémination du Sida."

Certains parlementaires ont été amenés à soutenir des propositions totalement contraires entre la première et la deuxième lecture, simplement parce que l'actualité a bougé. Prenons l'exemple du crime d'empoisonnement. Il était question de le supprimer selon l'idée qu'il existe des meurtres et des assassinats et qu'il n'y a pas de raison de distinguer un mode opératoire plutôt qu'un autre. En première lecture emporté par l'élan, Jacques Toubon s'écrie: "L'empoisonnement, quelle affaire ! Il n'y a plus que l'opposition pour empoisonner le gouvernement." La seconde lecture arrive après que l'affaire du sang ait éclaté. Garretta vient d'être inculpé. Simone Paugam a déposé ses premières plaintes pour empoisonnement devant les télévisions. Il n'est plus question pour Jacques Toubon de supprimer l'empoisonnement.

Pour faire bonne mesure je peux citer un exemple de revirement qui touche les socialistes. C'est François Colcombet qui est rapporteur du livre 4 et il s'agit de l'interdiction de critiquer une décision de justice. François Colcombet dit en première lecture : "A contre coeur mais au nom de la commission des lois, je demande le maintien de la disposition qui interdit de critiquer une décision de justice." Il est voté. Mais lorsqu'arrive la deuxième lecture, l'arrêt Touvier, c'est-à-dire celui qui accordait un non-lieu à Paul Touvier au nom d'une analyse historico-juridique très contestée, l'arrêt Touvier donc soulève un tollé d'indignation. Robert Badinter lui-même y est allé de sa plume pour dénoncer l'arrêt de la première chambre. Et Colcombet d'annoncer en seconde lecture : "Au nom de la commission des lois je propose la suppression de la disposition qui interdit de critiquer une décision de justice puisqu'elle n'est respectée par personne, pas même par le Président du Conseil Constitutionnel."

Au total on a souvent le sentiment d'une loi réactive, d'une activité législative réactionnelle, en tout cas impulsée, dominée, déterminée, par les flux très mouvants de l'émotion publique et de l'actualité.

De ce point de vue la loi sur la perpétuité réelle est une caricature. 13 septembre 93. La petite Karine est violée et assassinée dans des conditions épouvantables. Et sans crier gare, à l'occasion d'une conférence de presse de rentrée, 48 heures après l'arrestation de l'assassin présumé, le ministre de la justice annonce un projet de loi destiné à éviter que ces actes se reproduisent. La manière dont il l'annonce est très inattendue. C'est une journaliste de la Croix qui lui demande : "Où en est le groupe de travail chargé d'évaluer les traitements pour délinquants sexuels ?" et Pierre Mehaignerie répond : "Tout cela est terminé et va prendre la forme d'un projet de loi déposé très prochainement sur le bureau de l'Assemblée". Je ne sais pas si les membres du groupe de travail sur les délinquants sexuels, dont certains doivent être ici, seront ravis du raccourci ministériel, mais c'est très exactement comme cela que ça s'est passé. Moins de trois semaines plus tard, un projet de loi hâtivement bricolé est déposé sur le bureau des deux assemblées.

Au milieu de dispositions diverses, il comporte deux articles, l'un qui autorise les cours d'assises à rendre incompressible la peine perpétuelle pour les criminels sexuels qui ont assassiné ou torturé des mineurs de 15 ans, l'autre qui exige une expertise psychiatrique avant la libération conditionnelle d'un délinquant sexuel. Devant la polémique extrêmement violente que suscite son projet de loi, y compris dans les rangs de sa majorité, le ministre hésite un instant à le maintenir et opte finalement pour un passage-éclair au plus rapide, au plus près de l'émotion publique, entre la petite Karine, le procès d'un pervers sexuel à Chambéry qui se déroule en même temps que les débats parlementaires et l'affaire de Van Geloven, l'assassin des deux fillettes d'Elne, qui doit passer en procès quelque temps plus tard. Dans le télescopage, le législateur répond à la télévision ou même s'y déplace. Le président du Sénat est à "7 sur 7" à la veille du débat. Le ministre presse en urgence le vote de cet article pour pouvoir l'annoncer à l'émission "Le jury d'honneur" où il doit passer le soir.

Malgré la précipitation, les deux assemblées auditionnent des "experts". Le Sénat en version courte, invite un professeur de psychiatrie, doyen de la faculté de Paris, le Professeur Brion, et un responsable syndical des directeurs de prison. L'Assemblée se livre à une journée d'auditions publiques, avec force battage médiatique, et invite le Professeur Jacques Leauté, une mère de victime, responsable d'une association des parents de victime, un psychiatre le Docteur Cordier, des surveillants de prison, etc.

Ont-ils mal compris ? Ce qu'ils retiennent des auditions de psychiatres tient en quelques affirmations qui seront reprises tout au long du débat :

1. les criminels sexuels sont d'abord des malades.
2. il est impossible pour l'instant de les guérir. Aucun traitement n'est efficace.
3. "pédophile un jour, pédophile toujours", il existe une quasi-certitude de récidive" (Pasquini), une "automaticité potentielle de récidive", dit le ministre. Et Mehaignerie appuie son propos d'un "Tous les psychiatres, toutes les expériences étrangères, toutes les études le démontrent."

Conclusion : puisqu'on ne peut pas les soigner, il faut les enfermer. A vie . CQFD.

Déclinés sur tous les tons, ces arguments ont servi d'antienne lancinante dans les deux assemblées. Mais l'un des plus beaux exemples, lapsus compris, reste encore cette phrase de Pierre Mehaignerie le premier jour du débat au Sénat : "Mon objectif, c'est de protéger l'enfant sans anéantir l'individu. Protéger l'enfant c'est constater que, dans les cas où les psychiatres estiment que les risques de récidive sont très importants, il n'existe pas d'autre solution que l'enfermement, en l'état actuel des connaissances médiatiques, euh, médicales, voulais-je dire et psychiatriques".

Tout au long des débats, y compris dans les modifications qui ont été apportées au projet de loi, les références aux psychiatres et à la psychiatrie sont omniprésentes et souvent contradictoires. Les psy sont présentés comme étant à l'origine même du projet de loi. C'est parce que ces criminels sont si particuliers - ce sont d'abord des malades - qu'il faut sortir du droit commun et faire une loi spéciale. Les psychiatres sont ceux qui savent, qui alertent et qui ne peuvent pas. Ils savent évaluer la dangerosité d'un pervers sexuel puisqu'on leur confie une mission d'expert mais ils ne peuvent pas garantir sa non-dangerosité. Michel Dreyfus Schmidt a beau souligner la contradiction, cela n'émeut personne. De même ils peuvent soigner, mais des gens qui ne sortiront jamais parce qu'ils ne sont pas amendables. Et Pierre Mehaignerie de citer un groupe d'experts canadiens qui dit que : "même les patients qui ont marqué des progrès en cours de traitement restent dangereux pour la société".

Néanmoins, et comme on n'est pas avare de paradoxes, la psychiatrie est présentée comme l'espoir. "Il faut garder ouvertes les portes de l'espoir, dit Pierre Mehaignerie, avec une gestion humaine des longues peines, des soins médicaux et psychiatriques, une grâce". Psychiatrie-espoir aussi, la "fenêtre" ouverte dans le principe de la perpétuité réelle par le Sénat et qui consiste à faire appel à un collège d'experts psychiatres chargé d'évaluer la dangerosité du condamné au bout de trente ans de détention. Psychiatrie-espoir aussi, le comité éthique qui rend le 8 décembre, alors que le texte est devant l'assemblée, un avis favorable aux traitements hormonaux. "Il faudrait pouvoir soigner préventivement ces malades" se met à rêver Pierre Pasquini. Et face à la médicalisation du débat, le gouvernement dépose précipitamment en séance un amendement pour que les assassins d'enfants qui passeront leur vie en prison "soient orientés dans des établissements pour peine qui permettront d'assurer un suivi médical et psychologique adapté". Et il ne lésine pas sur les promesses : créations de nouveaux SMPR, 10 MF pour étudier une prison-hôpital pouvant assurer le suivi médical et psychologique des longues peines, 68 MF dans le suivi psychiatrique des petits délinquants sexuels. "Nous sommes très attachés à la médicalisation de ces situations" répète-t-il à plusieurs reprises, visant indifféremment les délinquants ou les criminels sexuels.

Enfin et surtout, les psychiatres sont la caution scientifique de la loi. Pierre Mehaignerie déclare un jour à l'assemblée : "Je ne prétends pas que ma solution soit parfaite". Mais le 29 novembre, une centaine de spécialistes de psychiatrie légale et de criminologie clinique, réunis à Toulouse, la qualifiait de "réponse justifiée" faisant allusion à votre congrès de Toulouse l'année dernière. La phrase du Dr Cordier retenue par le rapporteur à l'Assemblée nationale est "Nous ne sommes pas prêts... Dans 10 ans peut-être". Et Pasquini de compléter : "Face aux petites Karine, face à leurs familles, pouvons-nous attendre dix ans ?"

Troisième et dernier exemple. Christian Estrosi, partisan de la peine de mort ou au moins d'une vraie perpétuité réelle, sans fenêtre ni grâce, en vient à appeler le Dr Bernard Savin à la rescousse. Lorsque Bernard Savin dit : "C'est justement parce qu'ils sont en détention que nous pouvons leur proposer autre chose. Pour beaucoup la prison est le seul endroit où ils se sentent en sécurité. Les murs les contiennent et les apaisent car ils arrêtent le tourbillon qu'ils ont dans la tête et qui conduit au drame", Christian Estrosi en conclue qu'il n'y a rien d'inhumain à les laisser en prison jusqu'à la fin de leurs jours puisque c'est là qu'ils sont le mieux. C'est sans doute de bonne guerre dans une démocratie. De même qu'est de bonne guerre l'attaque en règle contre les psychiatres déclenchée par Alain Marsaud qui s'énerve : "Je me demande si le lobby des psychiatres n'a pas frappé, parce que nous en sommes au 6ème amendement qui propose des assistances psychiatriques, médico-psychologiques et j'en passe. Ce n'est plus un projet sur le Code pénal c'est une réforme des professions médicales".

Et le rapporteur Pasquini de se lancer dans ses expériences désastreuses avec les psychiatres en tant que bidasse et en tant qu'avocat. "Pour vous prouver que j'ai une méfiance totale envers les psychiatres, j'ai l'habitude de dire en cour d'assises : un psychiatre représente une affirmation, deux psychiatres une contradiction, trois psychiatres une confusion". Propos de table ? Non, propos de législateurs qui viennent de voter la perpétuité réelle, assorti d'une "fenêtre" qui fait appel à un collège de trois experts-psychiatres.

# Pression médiatique,
# LOI de circonstance, LOI symbolique

Dr Pierre Lamothe

> Assez d'actes, des paroles ! disait Alphonse Allais à une jeune maîtresse exigeante. C'est ce que je souhaiterais parfois dire en tant que psychiatre quand je me sens sommer de répondre au moins, voire d'expliquer, à défaut de prévenir ou de traiter quand les médias et l'opinion s'emparent d'un bonhomme massacrant sa famille ou d'un violeur d'enfant itinérant.
> Mais il me semble qu'on ne cesse de vouloir au contraire des actes plutôt que des paroles, des passages à l'acte même quand tout se joue dans l'urgence, médias-immédiats qui ne médiatisent plus, législateurs qui répondent par des lois d'exception à des problèmes de société pour (ou contre) les hémophiles contaminés ou les délinquants sexuels.
> Qui fait l'évènement ? Qui fait l'opinion ? Qui fait la loi ?
> Chacun s'épuise au mimétisme de l'autre, la presse écrite rejoint la magie du direct, les députés la manif et les psychiatres l'électrochoc (estimable thérapeutique au demeurant).
>
> Qui dit le sens ? Où trouver un pare-excitation qui ne répète pas l'immaturité générale (qu'il faut peut-être appeler décadence) ? En nous-même, chacun à notre place de personne humaine avant de parler de notre position de fonction.

Catherine Ehrel vient de poser une question intéressante si ce n'est pertinente : les psychiatres doivent-ils être considérés comme tout puissants, impuissants... impotents. L'impuissance nous reconduirait facilement au petit aphorisme d'Alphonse Allais que j'ai cité dans mon résumé : "assez d'actes, des paroles" comme il disait à une maîtresse plus jeune que lui qu'il n'arrivait plus à satisfaire. Mais vous allez comprendre que je vois aussi dans ces mots le devoir de maturité des psychiatres. Ça ne veut pas dire que la maturité s'accompagne de l'impuissance mais sûrement que la maturité s'accompagne d'une capacité de parole qui précède ou au moins accompagne les actes.

Or force est de constater que tout au contraire dans notre civilisation (qu'il faut peut-être se décider à appeler décadente), la réponse aux difficultés se fait systématiquement dans l'urgence, sans élaboration aucune comme s'il fallait même devancer la réflexion que pourraient susciter des situations dont nous n'avons qu'une vue, immédiate, mais tellement partielle et partiale, par l'image télévisée.

La télévision et ses "interviews-trottoirs" a tiré derrière elle la justice et même le législateur qui s'efforce à répondre systématiquement dans l'immédiat par de véritables passages à l'acte, même si cela prend la forme de mots, à tous les problèmes et à toutes les questions mais surtout à tous les scandales, à tous les sondages et tous les groupes de pression sans qu'on puisse accéder à la réflexion de fond sur les motifs de ces demandes et le sens de ces réactions.

Il y a un constat qu'il faut faire. Sans reprendre le célèbre "la France a peur" de Roger Gicquel, on peut vérifier tous les jours la contamination de l'information par le média télévision qui tire un peu tous les autres avec une fascination par l'image. La presse écrite elle-même renonce aux éditoriaux pour les billets d'humour et finit par copier l'image dans tout ce qu'elle a de plus cru et de plus immature, bref tout ce qu'elle a de plus imaginaire et tout ce qu'elle a de plus loin de la réflexion et du sens.

La fascination du public par les médias va quelquefois prendre des tours proprement insupportables, et va entretenir ce que je désignais comme immaturité ambiante, ou comme décadence si on prend l'aspect social des choses. Quand on voit interviewer Christian Didier, après l'assassinat de Bousquet, et qu'on justifie cette interview en nous disant : "mais attention s'il nous avait prévenus avant, on n'aurait pas passé son interview. On passe l'interview juste parce que c'est après et qu'on a bien discuté entre nous, ça nous parait éthique, etc..." Moi ça ne me parait pas éthique du tout, et en tout cas, l'auto-justification qui a été donnée pour une réponse aussi dans l'urgence à une diffusion dans l'urgence d'un interview d'un criminel, malade en plus, ne m'apparaît pas du tout s'inscrire dans un sens et dans une distance où un journaliste aurait parlé avec sa parole, en disant ce qu'il pensait de ce qu'il voyait. On a volontiers l'idée que l'image est ce qu'a vu le journaliste alors qu'elle n'est jamais que ce qu'il nous montre, et donc, elle est forcément d'une subjectivité totale alors qu'on essaye de nous faire croire que ce qui nous est montré est objectif. Ce garde-à-vous devant l'imaginaire participe ainsi au maintien de cette immaturité...

Est-ce qu'on a les journaux qu'on mérite ou est-ce qu'on finit par influencer l'opinion avec des journaux ? Toujours est-il que les hommes politiques suivent, à la fois en se laissant enfermer dans de sempiternelles questions sur les stratégies et les alliances au lieu d'exiger d'être interrogés au fond sur leurs programmes, et, à la fois en étant tellement à l'écoute des électeurs dans une démocratie directe médiatique qu'ils sont prêts à renoncer à leurs idées au fil des sondages.

Les gouvernements répondent dans une espèce de ping-pong par des lois d'exceptions à des situations d'exceptions.

Que ce soit pour le sang contaminé ou pour les délinquants sexuels, on a légiféré dans l'urgence alors même que des groupes de travail officiels étaient saisis du problème, et élaboraient avec un terme raisonnable des solutions raisonnées ou au moins un message de communication serein et cohérent, qui aurait pu permettre aux décideurs de décider et de dire au peuple pourquoi.

Et on a en plus le front de nous dire que si ces textes sont maladroits et ou inopportuns, ce n'est pas grave car ce qui compte c'est leur valeur symbolique !

Je peux être touché par la sensibilité d'homme du Garde des Sceaux dont il soutient qu'elle a inspiré son texte sur les délinquants sexuels récidivistes. Mais lorsqu'il nous dit (notamment dans un faux débat avec notre cher ami Ballier, qui a fait ce qu'il a pu, mais vis-à-vis duquel les cartes n'étaient pas égales), qu'il sait bien que la perpétuité réelle, appliquée aux récidivistes, ça n'aura aucune valeur de protection puisque par définition ça frappe des gens dont on ne savait pas avant qu'ils allaient récidiver, mais que ça a une valeur symbolique, le Ministre a tout faux... Alors là autant dire qu'il en va de notre justice comme de l'Eglise : "la barque de Saint-Pierre avance à coups de gaffe !!". Le véritable accès au symbolisme aboutirait exactement au contraire. C'est précisément de ne pas désespérer qui est symbolique, et de dire qu'il y aura des gens qui devront mourir en détention, c'est au contraire rester dans un imaginaire, dans un discours où on s'approprie l'autre, où on écrit d'avance son histoire en interdisant de lui reconnaître toute possibilité évolutive. Si c'est symbolique de quelque chose, c'est du rétablissement de la peine de mort mais sûrement pas d'une volonté de répondre, avec des moyens et des projets et le respect de la dignité de la personne, aux problèmes humains et de société que posent les violeurs d'enfants.

Je parle avec tout le respect que l'on peut devoir aux parents des victimes qui nous font l'honneur d'être avec nous aujourd'hui, et que leur douleur ne prépare pas à accueillir facilement ce que nous souhaitons proposer à leurs agresseurs. On ne parle pas ici pour ou contre quelqu'un, on parle pour le respect de l'homme et pour la conception du sens de notre travail.

Veut-on s'interroger vraiment au fond sur certaines des causes les plus directes de la violence ? On (les journalistes et les hommes politiques surtout, mais derrière ou devant eux l'homme de la rue), nous demande à nous psychiatres, devant un cas qui défraye la chronique, une réponse explicative immédiate, un traitement dans l'urgence, ce qui permet aux plus pervers de démontrer notre impuissance puisque notre réponse ne peut s'exprimer dans les termes de la question.

On ne veut pas entendre que nous disons qu'il faut d'abord réfléchir à ce qui est repérable dans la société comme systématiquement traumatisant pour les enfants, et entretient en eux aussi bien une excitation non maîtrisable que l'impossibilité de constituer un appareil légal intrapsychique, capable de les protéger contre leurs pulsions. Qu'il convient de rechercher ce qui les maintient dans une confusion dans le discours sur la loi et qui les empêche de s'identifier à des pères qui parlent. Là est la plus grande violence, alors qu'on se contente si facilement de stigmatiser les huit ou dix "monstres" qui résumeraient chaque année le plus grand abus sur nos enfants.

Quand vous voyez qu'on parle de corruption en ce moment dans les journaux, en en faisant des gorges chaudes, en comparant les patrimoines de Pierre, Paul ou Jacques, et qu'il y a un an ou deux, vous aviez une publicité pour la très officielle RATP, ou pour je ne sais plus quel organisme public, qui annonçait des réductions pour les jeunes sous la forme d'une affiche qui leur disait: "si tu payes le prix, t'as rien compris." Je l'ai vu sur les murs comme vous tous, et ça m'apparaît un discours particulièrement pervers même si c'est pour faire un bon mot. Il s'agit d'une contr'éducation.

Dans le même temps vous voyez aussi une incitation pour les enfants à se protéger de l'inceste, où on leur dit "ton corps t'appartient"... Abominable perversion! J'ai reçu ma vie et mon corps. J'en suis locataire, j'en dispose, mais mon corps ne m'appartient pas, pas plus qu'il appartient à quelqu'un d'autre et un tel discours ne peut être que source de confusion pour l'enfant.

J'en parle avec toute la prudence nécessaire encore une fois devant les parents de victimes, mais nous ne sommes pas non plus propriétaire de nos enfants, et j'ai souvent eu l'impression que le cri, si disproportionné avec la statistique, qui consistait à stigmatiser le délinquant sexuel violeur et tueur d'enfants, et à le désigner comme le monstre absolu, était en réalité une espèce de désignation de celui qui avait mis en scène dans l'horreur la réalité d'une appropriation beaucoup plus "soft", mais tout aussi violente en fin de compte de nos enfants. Nous faisons pour eux des projets fermés, peut-être parce que nous n'avons plus que ceux que nous avons désirés, en tout cas parce que nous préférons qu'ils fassent ce que nous désirons à leur place, pour nous en fait, au lieu de les laisser écrire leur propre histoire.

Cette violence symbolique est extrêmement forte. Mais il y a plus. Il faut savoir que chaque fois que la violence "officielle", tolérée par les institutions et la société, s'exerce d'une façon qui n'est pas légitime, elle est extrêmement contagieuse. Regardez le meurtre des trois policiers par cette jeune fille dont le complice est mort dans l'affaire. Il y a quelques journaux qui ont montré l'état de sa chambre. On nous a dit qu'elle avait été voir le film "Tueurs nés" dont on a retrouvé des affiches chez elle. Il est faux de soutenir que sont innocents des films de ce genre, tolérés et même applaudis au nom de l'esthétisme, malgré une représentation extrêmement crue de la violence et des scenarii extrêmement pervers ou nihilistes.

On voit en permanence, sur les écrans ou sur les affiches, des choses qui quand même devraient relever de la censure. Il avait été dit, lors de la présentation de la loi dite "X" sur le cinéma, qu'elle avait une fonction symbolique pour protéger les jeunes qui n'ont pas encore les moyens de leur économie psychique, susceptibles donc d'être traumatisés. On les protégerait par une loi les mettant à l'abri de l'affichage, avec une fiscalité et un circuit de distribution qui soient propres aux films classés X, pour décourager une production systématique favorisant un certain prosélytisme etc..., malheureusement on en a fait une loi anti-gynécologie qui s'applique à la représentation la plus triste de la pornographie, et on a complètement oublié le fait qu'elle devait aussi s'appliquer à la violence. Le seul film classé X pour violence a été "Massacre à la tronçonneuse" dans les années 80, et depuis on a fait beaucoup mieux, dans des films qui passent à 20 heures.

Quand vous voyez l'argument complètement dévoyé de protection d'un enfant tel qu'il est représenté dans le film "Léon", vous pouvez vous demander quel niveau de tolérance, à la violence, à l'excitation pulsionnelle permanente, nous avons atteint. Et quand dans le même temps on nous demande de protéger les enfants par des lois visant les criminels sexuels, on se moque de nous. Là, on est dans l'anti-symbolisme le plus total.

Ça parait irréversible dans les structures sociales actuelles, mais il n'est pas impossible d'imaginer, qu'avec nos petits moyens quotidiens, nous arrivions à faire changer les choses. C'est là où je reviens au devoir de maturité. Nous avons tous un devoir de parole, chacun de nous a le devoir de dire ce qu'il sent, et d'être lui-même homme et de se respecter dans sa vie quotidienne, qu'on soit journaliste, qu'on soit psychiatre, qu'on soit politicien.

Je pense que c'est l'essentiel de ce que je voulais vous dire, en espérant que ça puisse à terme déboucher sur davantage de sens de nos actions, davantage de sens de nos lois, et davantage de respect de la personne ce qui, je crois, est le meilleur moyen de lutter contre la répétition de la criminalité comme contre la pulsion de répétition.

# Entre l'exploitation du fait divers, la montée de l'irrationnel et les nouveaux textes, les psychiatres peuvent-ils répondre à toutes les demandes et la loi peut-elle conserver sa fonction symbolique ?

M. Jean-Pierre Michel

> La loi pénale est de plus en plus tributaire du fait divers médiatisé, des fluctuations de l'opinion publique, de ses peurs, de ses craintes.
> Le législateur et le gouvernement hésitent de moins en moins à légiférer sous cette contrainte immédiate. Cela traduit en fait son embarras, la difficulté du discours politique privé de références idéologiques sûres, d'un cadre d'interprétation de la réalité sociale. - En fait le politique qui est "le social devenu conscient", n'existe plus.
> Dans ce domaine où la loi touche au plus intime du citoyen et la société, on perçoit clairement la dépolitisation du citoyen au profit de la recherche d'un consensus mou. Les politiques faute d'une réflexion approfondie et aussi de courage, sont contraints d'être à la traîne de l'opinion. Ils y trouvent en quelque sorte une légitimité douteuse.
> Dans le nouveau code pénal :
> - Rétablissement de la peine de sûreté de 30 ans
> - Le tag
> - Le minitel rose
> - Les squatters
> - Le racket scolaire
> - Le sida...

> Dans les annonces faites par le gouvernement :
> - Modification de la prescription pour le terrorisme.
> Dans les textes votés :
> - Peines perpétuelles pour les crimes commis contre les mineurs de 15 ans.
> Les conséquences de ce phénomène sont inquiétantes. La loi devient éphémère, elle perd son caractère général et sa force symbolique.
> Le législateur s'empare de la sphère du privé sous prétexte d'en soulager les souffrances, ce qui est contraire à la conception de la République.
> Le législateur, désemparé, a tendance à s'en remettre à d'autres notamment au psychiatre au détriment du judiciaire.

Catherine Ehrel a donné des extraits d'interventions, c'est très cruel de faire ça... je n'ai pas osé apporter les débats ici. Et je me rappelle que certains députés disaient : "ce matin j'ai pris le métro, j'ai vu des tags, c'est ignoble, c'est sale..., il faut faire une infraction ou un délit qui punisse les tags". Une autre fois c'était le minitel rose : "quelque chose d'absolument abominable car nos enfants peuvent y avoir accès ..." Puis après c'était les squatters parce que la télévision avait évoqué une affaire où des squatters avaient mis le feu... et après on a dû faire un délit qui visait très précisément le phénomène des squatters. L'autre jour, c'était le racket scolaire parce qu'à la télévision ou dans des journaux, il y avait eu un fait divers dans le collège d'une banlieue défavorisée..., il a fallu faire une infraction spécifique de racket scolaire. Je rappelle l'affaire du sida avec le fameux amendement Sourdille qui a failli arriver à son terme. Et puis c'était l'auto-avortement etc... Et puis c'était le rétablissement de la peine de sûreté de 30 ans, sur une intervention malheureuse du président (socialiste) à l'époque de la Commission des lois, qui avait certainement dû être motivé dans sa ville par un fait divers, et qui a remis à l'ordre du jour cette peine de sûreté de 30 ans comme un substitut de la peine de mort, alors qu'il avait été bien entendu, depuis que la peine de mort avait été abolie, qu'il n'y aurait pas de substitut parce que rien ne peut se substituer à la peine de mort. Elle était abolie, point final, et il ne devait pas y avoir dans notre système pénal de peine destinée à éliminer définitivement le condamné.

La discussion, et je le dis un peu pour Catherine Ehrel qui n'y a pas assisté et c'est dommage parce que ça nous aurait permis peut-être de lire des articles intéressants, s'est concrétisée dans ce qu'on appelle la Commission mixte paritaire, c'est-à-dire le moment où des députés et des sénateurs, en nombre égal, se retrouvent pour essayer de se mettre d'accord. Les débats de cette Commission n'ont tourné qu'autour de ces incriminations qui répondaient à des faits d'actualité; à des faits divers, à uniquement ça et non pas à des grands principes du droit pénal et des personnes. Cette Commission mixte paritaire, je peux le dire parce que j'en étais membre, a été un marchandage entre les uns qui disaient : "bien, écoutez non, vous ne pouvez pas..., oui bien mais alors donnez-nous ça et puis on garde ça, et puis on diminue ça mais en contrepartie voilà..." Finalement on est arrivé à ce que vous connaissez et qui est vraisemblablement une très grande régression sur le plan des principes. Mais s'il s'agissait seulement du nouveau Code Pénal ! Mais non, ça se poursuit ! Ça se poursuit dans un certain nombre de textes qui ont été votés récemment, notamment le texte sur la violence dans les stades, sujet qui n'est pas nouveau mais on y répond désormais par un texte de loi répressif qui incrimine spécifiquement les violences dans les stades. Et puis le texte dont on a parlé longuement, c'est-à-dire la loi sur la peine perpétuelle pour les assassins et les bourreaux d'enfants. Ça continue également dans les annonces faites par le Gouvernement. J'ai été très frappé, peut-être l'avez vous été aussi, cet été, lorsque le dénommé Carlos a été arrêté et amené en France. Ce monsieur a commis, ou est supposé avoir commis, un certain nombre d'attentats qui ont fait de nombreuses victimes. Lorsqu'il a été présenté devant le juge d'instruction, on l'a mis en examen pour des faits qui remontaient à moins de 10 ans, puisque ceux qui étaient antérieurs tombaient sous le coup de la prescription. On a vu, on a entendu à la télévision, un certain nombre de gens qui ont dit : "mais nous la prescription on ne sait pas ce que cela veut dire, c'est totalement idiot. Nous avons été victimes, dans notre famille, d'attentats commis il y a plus de 10 ans, à Orly, rue Marboeuf, et donc nous voulons que le juge d'instruction soit saisi de l'ensemble des faits commis par Carlos sur le territoire français, quelles que puissent être les règles de la prescription". On aurait pu répondre à ces personnes, calmement et avec tout le respect qu'on leur doit, parce qu'elles sont victimes et qu'elles n'ont pas été réparées par une action judiciaire, que la prescription était une règle vieille comme les sociétés, que déjà sous la Grèce antique, au bout d'un certain temps, on oubliait le criminel s'il n'avait pas été poursuivi. Il retournait alors dans la cité, il y retrouvait sa place et c'était une des règles de la vie en société. On n'a pas répondu ça. On a répondu aux micros des télévisions, notamment le Garde des sceaux, qu'on allait d'abord recevoir les familles, ce qui est la moindre des choses. Mais à la sortie, on a annoncé qu'on allait mettre sur pied un projet de loi pour modifier les règles de la prescription en matière de terrorisme, uniquement en matière de terrorisme, et non toutes les règles de prescription en matière criminelle. Alors je crois que tout ceci montre un très grand dévoiement de ce qu'est la loi pénale. Si on rapproche cette manière de faire la loi de ce qui a été le Code Pénal de 1791, on voit quand même toute la différence. Lorsqu'on a discuté du premier livre du Code pénal, des principes généraux, j'avais relu un peu une partie des débats de 1791 et notamment les rapports des rapporteurs. Tout d'abord il est intéressant de voir que le premier acte législatif, après 1789, a été le Code Pénal. C'est la première grande loi qu'ont fait les révolutionnaires. Mais qu'ont-ils dit ? Ils ont dit : "on a la Déclaration des Droits de l'Homme, donc on a des principes fondateurs et on sait ce qu'est le citoyen, ce qu'est la République", et on légifère sur ce socle là et de façon, je dirais, assez générale. D'ailleurs le Code Civil a été fait de la même manière. Les articles du Code Civil sur la Responsabilité s'appliquent toujours aujourd'hui, ils n'ont pas été modifiés depuis lors. A cette époque il n'y avait pas de véhicule automobile, d'avion, de grand paquebot, de ski, de bobsleigh, de vedette ou de moto des mers..., et cependant l'article s'applique toujours, dans tous ces cas particuliers. Donc je dirais que notre manière actuelle de légiférer ne s'inspire plus de grands principes, ne s'appuie plus sur aucun socle, et on est conduit à légiférer au coup par coup. La loi que l'on crée, que l'on produit, perd complètement de sa force symbolique, elle évolue au fil de l'actualité, et elle sera vraisemblablement entraînée par une autre actualité ce qui la rend très rapidement obsolète. Donc c'est une espèce de jeu de ping-pong, comme l'a dit Pierre Lamothe.

Ce malheureux constat a quand même quelques conséquences et c'est le deuxième point que je voudrais aborder.

La première conséquence, je crois, c'est que le législateur ne sait plus ce qu'est la politique criminelle. J'étais assez frappé ce matin lorsque j'ai entendu la communication de Pierre Tournier. Jamais à ma connaissance, en tout cas depuis que je suis Député, le législateur ne s'est posé la question de savoir qui va en prison. Il vote des peines de prison pour des incriminations mais il ne s'est jamais posé la question de savoir qui cela concerne et qui est la population pénale. Il ne s'est jamais non plus posé la question de savoir combien coûte de mettre quelqu'un en prison. Il ne s'est jamais posé la question de savoir, sauf à de très rares exceptions près, s'il coûte plus cher d'avoir quelqu'un de malade en prison, dans un service psychiatrique, ou d'avoir un malade à l'hôpital. Répondre au coup par coup comme le législateur le fait, est l'illustration de l'absence de toute réflexion globale et de toute politique criminelle. C'est un constat qu'il faut hélas faire.

La deuxième conséquence est que le législateur s'en remet aux autres, c'est-à-dire qu'il n'assume pas sa fonction qui est la fonction de faire la loi, de définir la norme symbolique, celle qui devrait durer un certain nombre d'années, quels que puissent être les aléas de l'évolution des techniques, des sociétés, du chômage ou des banlieues. Alors il s'en remet aux autres et tout d'abord au juge. Puis il s'en remet au médecin, au psychiatre, dont d'ailleurs certains sont entendus en Commission, mais il faut bien reconnaître qu'on les choisit et qu'on entend ceux dont on sait ce qu'ils vont dire et qui vont conforter ce que l'on pense. On s'en remet à eux et dans le texte on dit : ils vont nous régler le problème. Voilà, c'est un peu le raisonnement qui a présidé, même si en cours de discussion, il y a eu des améliorations au texte de la loi Mehaignerie sur la peine perpétuelle. A la fin, il y a quand même eu une espèce de rébellion contre les psychiatres... Et puis quand la loi a été votée, tout le monde a été soulagé. On avait fait quelque chose, quoi exactement ? On ne savait pas trop bien. Mais il y avait une demande, on y a donc répondu..., et que les juges et les psychiatres se débrouillent avec ça. Le Garde des sceaux, pas celui qui a fait la loi puisque dans 30 ans il ne sera plus là, se débrouillera aussi, ce qui montre bien d'ailleurs que ce texte, dans 30 ans, ne sera plus le même. C'est donc vraiment légiférer pour ne rien faire et sans se soucier de ce qu'il adviendra du condamné.

Même si j'ai grossi un tout petit peu le trait pour provoquer vos réactions, on voit bien que le politique cherche à réaliser le consensus dans l'opinion publique sur l'émotion, parce que c'est assez facile et qu'on ne peut plus le réaliser sur autre chose, sur des grands principes parce que les valeurs se délitent, parce qu'on ne sait plus quelle société nous voulons, parce que tous les principes sont contestés, y compris la laïcité dans un état républicain, y compris la commémoration de la Révolution de 1789 où l'on a vu défiler des hordes de barbares sur les Champs-Elysées. Or la nation ce n'est quand même pas une succession de tribus, c'est une entité. Comme on n'a plus de grands principes, on fait le consensus sur l'émotion. Et comme on fait le consensus sur l'émotion, c'est le délinquant, le criminel, l'accusé qui est le bouc émissaire. C'est lui qui supporte et qui, sur sa tête, focalise tous les méfaits et les horreurs de la société. Et si en plus les psychiatres disent qu'il est un peu dérangé, et bien ça arrange tout le monde puisqu'il est totalement à part, que les autres peuvent être satisfaits car ce n'est pas à eux que ça arrivera... Cette réalité, qui fait du criminel et du délinquant un bouc émissaire, est chargée justement de réaliser ce consensus. Une société qui est basée principalement sur l'émotion est en contradiction avec ce qu'est vraiment notre population pénale. Parce que notre population pénale aujourd'hui, elle est quoi ? C'est ce qu'a dit ce matin Pierre Tournier. Elle est majoritairement formée de jeunes qui ont entre 17 et 25 ans et qui sont des étrangers. Et ces gens là, que représente pour eux l'acte délinquant ? C'est un acte essentiellement identitaire. Ils recherchent une identité, une socialisation dans la délinquance, c'est tout à fait évident. Alors si on en fait des boucs émissaires, on est dans une contradiction totale.

J'aborde la troisième partie qui aurait pu être ma conclusion, mais c'est une interrogation. Je dirai que le rôle du psychiatre se trouve fortement interpellé. Je pense que son premier rôle c'est d'abord de resocialiser, de refaire du délinquant un citoyen, de faire en sorte qu'il puisse expliquer son acte par rapport à sa perte d'identité, c'est le point qui me paraît le plus essentiel. La deuxième chose, qui est un tout petit peu annexe, c'est qu'il faudrait arriver à créer dans la chaîne pénale, dans le processus pénal, ce que j'appellerais un *bloc pénal* c'est-à-dire en terminer avec cette séparation qui est juridique mais totalement factice quand elle s'applique aux personnes, entre ce qui est du ressort d'une part, du juge d'instruction, et d'autre part du juge d'application des peines. Je suppose que pour la personne qui est en prison c'est la même chose, et je crois qu'il faut absolument que soient liés tous les moyens de contrôle judiciaire et d'exécution des peines. Mais on se heurte à des résistances internes au Ministère de la Justice, on se heurte à des querelles de boutiques entre les prérogatives des uns et des autres. Je veux cependant rappeler que dans les années 70, certains juges d'instruction ont été des promoteurs en matière de contrôle judiciaire, qu'ils ont créé leurs petites officines indépendamment du juge d'application des peines, et qu'ils ont mis un peu la main dans l'univers pénitentiaire qui est comme on le sait très sale et dans lequel il ne faut pas rentrer. Je crois qu'actuellement il faut dépasser ces querelles de clocher et faire bloc de tout cela. Je reste persuadé qu'il est indispensable de créer un tribunal de l'exécution des sanctions ou de l'application des peines, auquel doit participer le juge d'application des peines, bien entendu. Il y aurait alors un véritable débat où les victimes pourraient être présentes, car si elles ont été présentes au moment du jugement pour faire valoir leurs droits à des dommages et intérêts financiers, on dénie justement aux victimes le droit de réclamer une sanction, et il faut rester sur cette position très fermement, par contre on doit insérer la victime dans l'exécution et l'application de la sanction. On doit recueillir son avis, son point de vue, lui fournir des explications, et on ne peut le faire que dans un procès, c'est-à-dire dans un débat qui serait le débat public du tribunal de l'application des peines et de l'exécution des sanctions. Le psychiatre doit intervenir, à son niveau, sans se réfugier derrière des précautions de non prédictivité. Le tribunal de l'exécution des sanctions doit rendre une décision, et je suis d'accord avec Pierre Tournier pour dire que la libération conditionnelle doit être dès le départ dans la tête du délinquant. Mais à ce moment là, il va falloir que le psychiatre dise son point de vue et je ne serais pas hostile à ce que ce tribunal de l'exécution des sanctions soit un tribunal paritaire, style tribunal pour enfants, où le psychiatre siège en tant que juge... Je vous remercie.

## Le sida, la médecine et l'opinion
## Le temps des meutes

M. Gérard Miller[1]

> Pendant des semaines, une rumeur terrible s'empara de plusieurs centaines (peut-être de plusieurs milliers) d'habitants d'une Zup : "Il y a eu un enfant éventré, puis deux, puis du sang sur le mur de l'école..." Et rien ni personne - aucune enquête, aucun discours, aucune autorité, ni les directeurs d'école, ni les commissaires de police - ne réussit à générer le moindre effet d'apaisement. Il y avait nécessairement crime. Nécessairement, puisqu'il y avait coupable - un nommé Christophe, placé à la DDASS pour ses 18 mois et sur qui fondaient, vingt ans plus tard, les signifiants du doute comme autant de preuves : jeune, métis, marginal, toxicomane... A partir de cet exemple et de nombreux autres, la question se pose ainsi : mais pourquoi retrouve-t-on un peu partout, dans l'Europe sur-médiatisée, la même passion - celle des meutes.

Oui, je vais en effet vous parler de l'opinion. Quand on m'a très aimablement invité à participer à cette journée, j'ai pensé que j'allais prendre un exemple, l'analyser un petit peu avec vous, et l'exemple qui m'est venu c'est celui de l'affaire du sang contaminé. Voilà en effet une affaire absolument terrifiante qui n'aurait certainement pas pris l'ampleur qu'elle a aujourd'hui, sans la remarquable ténacité d'un

---

[1]M. Gérard Miller a publié au Seuil, en janvier 1995, "La France des Hérissons", livre dans lequel le texte ci-dessous s'inscrit.

certain nombre de victimes, ou de parents des victimes, et aussi d'un certain nombre de journalistes qui, pendant très longtemps, ont parlé avant que cette affaire ne devienne vraiment publique. Qui s'intéresse aujourd'hui à l'affaire du sang contaminé, se heurte à un mur : celui de l'opinion. Que celle-ci ait matière à être furieuse, nul n'aurait le goût de le contester. Mais chacun à l'intuition qu'il ne s'agit pas seulement de cela. Car alors même qu'on affirme un peu partout vouloir la vérité, la France est travaillée au corps par le farouche désir de ne pas l'entendre.

Dans ce champ particulier de l'expérience humaine que Freud appelait la psychologie collective, le cas n'est pas rare - même s'il ne recouvre pas pour autant le phénomène des épidémies hystériques que l'ancien ministre de la Santé, Michèle Barzach - autre clinicienne - crut déceler un jour dans l'affaire du sang contaminé. Qu'on se rappelle par exemple l'agitation subjective des habitants de la Zup du Beau-Marais, à Calais... Pendant plusieurs semaines, une rumeur circula parmi eux : "Il y a eu un enfant éventré à Greuze, puis deux, puis du sang sur le mur de l'école..." Certes, trembler pour ses enfants, anticiper le pire, joindre ses craintes à celles de quelques autres - cela existe et se répète. Mais ce qui fut saisissant au Beau-Marais, c'est que rien ni personne, aucune enquête, aucun discours, aucune autorité - ni les directeurs d'école, ni les commissaires de police - ne réussit à générer le moindre effet d'apaisement. Il y avait *nécessairement* crime. Nécessairement, puisqu'il y avait coupable - le nommé Christophe, placé à la DDASS pour ses 18 mois et sur qui fondaient, vingt ans plus tard, les signifiants du doute comme autant de preuves : jeune, métis, marginal, toxicomane... Le commissaire Van Vrabant pouvait s'époumoner : "Il n'y a ni cadavre, ni disparition d'enfant. Si quelqu'un a quelque chose à dire, qu'il vienne le dire. Mais personne n'avait rien vu. C'était toujours le voisin qui avait dit que... Et le voisin n'était pas là..." Le voisin, non, et pas plus les enfants martyrisés : mais Christophe, oui, adolescent égaré dans son malheur et néanmoins de taille à transformer l'amour des mères en haine.

Aussi étrange que cela puisse paraître, l'affaire du sang contaminé n'est pas sans rapport avec une telle effusion pulsionnelle. Certes, elle ne manque pas de victimes bien réelles, de souffrances abominables, d'aveuglements, de lâchetés et sans doute de crimes. Mais que s'agit-il par exemple de circonscrire dans cette lente mélopée qui nous laisse entendre à intervalles réguliers, ces trois noms : Dufoix-Hervé-Fabius ? Je me moque de protéger ici des hommes politiques et je ne vois rien d'exorbitant à ce que leur désir de gouverner les hommes soit mis à l'épreuve ! Mais il y a quelque chose d'indigne chez de nombreuses belles âmes qui répètent : "Qu'on les juge !", comme d'autres, au coin d'une rue agitée, s'écrient : "Qu'on les pende !" Tentative inquiétante de se débarrasser en groupe de sa propre culpabilité, que le dessinateur Faizant, à l'époque de la Haute Cour, interpréta en première page du *Figaro*, faisant prononcer ces mots abjects à l'un des personnages de sa caricature : "Et encore heureux que les moeurs se soient civilisées ! Jadis ça aurait pu être *Haut et Court*."

On retrouve, dans ce qui mobilise l'opinion un formidable "je n'en veux rien savoir", qui fait accuser d'autant plus facilement les politiques qu'il cherche à exonérer les médecins, et on ne comprendrait pas ce à quoi nous sommes confrontés, si nous ne prenions pas au sérieux l'insupportable qu'il y a pour la plupart d'entre nous à pourfendre trop directement la médecine.

On soupçonne le premier ministre de l'époque d'avoir été trop lent. Trop lent à comprendre, trop lent à décider. Dans le même temps, que dire des soignants, des principaux acteurs de la transfusion ! En septembre 1985 - c'est-à-dire trois mois après que Fabius ait pris la décision du dépistage -, est-ce qu'on se souvient du pourcentage de médecins qui pensaient encore que "la peur du Sida était exagérée" ? 87%. Chercheurs, spécialistes, praticiens en tout genre, ceux-là même dont on pouvait attendre - et parce qu'ils étaient confrontés au mal dans leur activité quotidienne - qu'ils sonnent le tocsin : ils doutaient ! En suivant les recommandations des experts, en partageant le scepticisme, l'incrédulité voire l'hostilité de l'opinion face aux "sidaïques", il est d'ailleurs trop clair que Laurent Fabius aurait pu tout aussi bien prendre de mauvaises décisions. Il en a pris de bonnes et plutôt rapidement. Entre la demande d'enregistrement des tests de dépistage et la reconnaissance définitive de leur fiabilité, il s'est écoulé en France trois mois, contre un an aux Etats-Unis. Entre cette reconnaissance et la décision politique d'appliquer le dépistage, il s'est écoulé deux semaines, et encore environ deux semaines entre l'annonce du dépistage et sa mise en oeuvre. Du coup le 19 juin, quand Fabius annonce lui-même cette décision, anticipant concrètement sur le savoir de tous, il se retrouva isolé ! Et cet isolement - c'est cela qui est formidable dans les phénomènes d'amnésie collective - d'évoquer celui que dix ans plus tard, mais pour des raisons strictement inverses, il connaît comme accusé !

L'auto-amnistie est une spécialité des êtres parlants. On connaît le classique unisson du choeur des innocents : "Ah, si seulement nous avions vu plus tôt ce que maintenant on nous montre !" Mais on apprécie moins cette autre variante de l'hypocrisie humaine qui consiste, dans l'après-coup d'un drame, à faire l'entendu : "Ah, je vous l'avais bien dit !" Et c'est ainsi qu'on nous explique maintenant que des médecins, des chercheurs ont compris avant les autres la nature du Sida et qu'ils ont laissé entendre, ici ou là, l'écho d'hypothèses qui, avec le temps, se révélèrent justes. Bien, très bien, hommage aux précurseurs auxquels on resta sourd parce qu'ils étaient marginaux. Et alors ? C'est cela qu'on appelle, dans cette sinistre affaire, "l'avoir-dit" ? Des affirmations noyées parmi d'autres, des affirmations sans conséquence, sans effet sur la réalité... Mais le savoir commun, lui, le savoir qui à l'époque soignait, n'était nullement fait de cette clairvoyance, et pas seulement, comme cela fut confirmé lors du procès du Docteur Garretta, parce que des informations avaient été honteusement retenues !

Le *Nouvel Observateur*, republiant il y a peu quelques coupures de presse de l'année 1983 sur "les dangers de la propagation du Sida par des produits contenant du sang à risque", expliqua que "nous savions", mais que de ce savoir - hélas - nous n'avions pas tiré les "conclusions" qu'il fallait. Je crains qu'il y ait là, au-delà des intentions louables, de l'aveuglement redoublé.

J'ai devant moi un vaste corpus : des centaines de coupures de journaux des années 83, 84 et 85. Mais sur le Sida, son origine, sa propagation, tout et le contraire de tout a été écrit ! Des quarts de vérité, des tiers de preuves, et aussi des erreurs, des sottises, des mensonges, des abominations... Ne prenez même que le premier article cité par l'Observateur et supposé montrer que, dès juin 1983, "le problème des hémophiles était publiquement et clairement posé". Lecteur de 1983, ce n'est pas du tout cela que j'aurais remarqué dans ledit texte : on y parle bien des hémophiles, mais surtout... des Etats-Unis. Et ce à quoi cet article voulait d'abord rendre sensible, c'est à cette toute autre information : "Le plasma français est moins suspect de contenir les germes du Sida que le plasma américain, recueilli à partir d'achats - et non de dons - de sang, provenant de populations à hauts risques, notamment de Haïti". Lecteur hésitant de 1983, j'en aurais donc conclu qu'il fallait se méfier... "du sang étranger". C'est-à-dire que l'un des extraits donnés comme significatifs de la merveilleuse clairvoyance de 1983, a peut-être contribué tout au contraire à renforcer le Centre National de la Transfusion Sanguine dans son refus d'importer, le moment venu, des produits chauffés "non français" !

On doit être plus près de la vérité, me semble-t-il, en disant que ceux-là mêmes qui, dès 1983, répercutaient sur le Sida des thèses qui allaient se révéler fondées s'interrogeaient sur leur propre mission, sur les thèses contraires, hésitaient à bouleverser les traitements en cours, à mettre en péril les acquis que la science avait apportés aux hémophiles. La presse n'a mené aucune campagne pour accélérer le dépistage. Le corps médical n'a pas fait le siège du Ministère, il n'a tiré aucun signal d'alarme qui avait une chance d'être entendu. Un *J'accuse* ? Où ça ? Dix mille personnes travaillaient dans le secteur de la transfusion. Ont-elles...? Non. Il suffit de constater l'aveuglement même du Comité national de l'Hémophilie ou de la Commission consultative de la Transfusion sanguine pour mesurer de quoi le savoir "actif" était à l'époque fait.

Eh bien, c'est de tout cela que la France ne veut rien savoir. Un sondage, réalisé il y a peu, indiquait même que l'affaire du sang contaminé n'avait pas entamé la confiance des Français en leurs médecins, au point que la confiance dont ceux-ci continuent de bénéficier se retrouve proportionnelle à ce que fut leur aveuglement: dans les 80% ! Je ne le regrette pas, mais je le constate en connaissance de cause : l'opinion ne veut pas penser la médecine. Elle ne veut pas penser que la médecine, à qui elle doit tant, génère aussi l'horreur. Le génie humain réussit-il à combler des femmes qui, jusqu'alors, ne pouvaient avoir d'enfants ? On applaudit. Mais du même élan, cette même science fait progresser le pire et se sent capable, grâce à ces mêmes recherches sur les procréations artificielles, d'améliorer la race en sélectionnant les naissances. Ce n'est pas un hasard si se trouve accusé en Fabius, l'un des rares hommes publics à avoir, confronté en 1985 comme les autres à l'ignorance du moment, anticipé sur le savoir de tous. Par une décision applaudie aujourd'hui, mais qui rappelle à chacun ce qu'était alors l'aveuglement incontournable de la médecine.

L'horreur du sang contaminé est trop sidérante pour qu'aucune parole, aucun argument, prononcés par les principaux responsables des années 80 ne puissent être écoutés. Cela n'a rien de rassurant. Rien de rassurant de voir notre société chercher à oublier ce qu'elle a longtemps pensé, et croit peut-être encore aujourd'hui, du Sida : qu'il frappait les "pédés", les "camés", ceux que des "sidatoriums" allaient rapidement faire disparaître des trottoirs réservés aux braves gens. Rien de rassurant de voir la science, créditée par la *doxa* d'un pouvoir éclairé, oublier ses hésitations, ses erreurs, son impuissance, et cet inévitable déchaînement qui l'accompagne dans ses progrès.

Depuis 1992, des milliers d'authentiques démocrates ont cru que le phénomène des meutes était l'apanage des barbares, alors qu'il est aussi bien celui des gens civilisés quand ils crucifient leurs propres remords. Et nous avons vu comment des journalistes pouvaient exiger le châtiment d'hommes, qu'aucun débat, qu'aucune enquête, qu'aucune investigation légale n'avaient déclaré fautifs. Nous avons vu comment des médecins pouvaient effacer leurs erreurs et dissimuler ce qu'il y a en eux d'impuissance derrière l'affolement des médias. Nous avons vu comment des juges pouvaient contourner la loi, accepter sans frémir que l'intuition fasse preuve, que la haine seconde la douleur, que disparaisse le secret de l'instruction, que soit bafouée la présomption d'innocence, et avec elle cette distinction des responsabilités - administrative, politique, civile ou pénale - qui fonde notre droit. Nous avons vu aussi comment se fabriquait en France, aujourd'hui, sous nos yeux, en toute tranquillité, un procès stalinien.

Car il faut donner ses références à l'image désormais historique d'un ancien premier ministre montant à la tribune de l'Assemblée nationale (automne 92), l'air grave, l'air las, et demandant à ceux-là mêmes qui le savent innocent : "Nous allons faire ensemble comme si j'étais coupable !" De ses ancêtres en infortune des années trente ou cinquante, on s'était souvent demandé : qu'espéraient-ils à devancer ainsi leurs procureurs ? Les avait-on torturés ? Drogués ? De quoi étaient-ils menacés pour se précipiter dans ces pièges qui arrachaient leur vie ? Il fallait les regarder : fatigués, mais aussi impatients. Et derrière leur "Jugez-moi !", s'entendait alors un terrifiant : "Qu'on en finisse !"

Ah, on a ironisé sur Fabius, prenant au mot ses amis, et puis ses adversaires, et puis tous les commentateurs, tous les experts qui le déclaraient irréprochable... Comment ! Le voilà qui se soumettait à la procédure infâme, qui s'annonçait prêt à défendre son honneur devant la Haute Cour et qui, son cas une fois examiné par le Sénat, son innocence une fois de plus reconnue, n'insistait pas immédiatement pour... annuler la décision prise dans le cadre même de cette procédure. Comment, le voilà qui hésitait, oui, qui hésitait - et puis quoi encore !

Avec l'affaire du sang contaminé, tout est devenu soupçon. L'impunité d'un maire ou d'un député malhonnête peut irriter, scandaliser : elle ne remet pas en cause le lien social et l'ensemble des signifiants qui s'y échangent. Mais quand on se dit que des centaines de thérapeutes ont transfusé la mort et qu'il faut désormais craindre la prescription de qui vous soigne, même si la peur de la maladie est trop forte pour en accuser la médecine, ce sont tous les discours supposés raisonnables, informés, qui volent en éclat. L'Autre veut ma peau, point final - rien de ce qu'il affirme ne m'intéresse plus. Tout argument sent la ruse. Un raisonnement, une preuve ? Je me bouche déjà les oreilles. Tout ce que tu me démontres se retourne contre toi. Seul compte ce que je pense, moi tout bas et que je dis tout haut. Notre opinion publique ? Mais elle est en train de s'enraciner dans cette croyance monstrueuse : plus le crime est grand, moins la justice est possible ; plus notre trouble s'étend, moins l'innocence peut être reconnue. C'est ce dont était venue témoigner un jour la famille meurtrie d'une petite fille assassinée. Avec le nommé Gentil, on était sûr de tenir un coupable du meurtre de Céline - qui intéressa-t-il ? Personne. Seul Roman, et parce qu'il pouvait être innocent, attira sur lui toute la haine.

Si Laurent Fabius a commis une erreur, c'est celle-ci : il a cru que son innocence valait acquittement. C'était tout le contraire. Quand ils sont déboussolés, les êtres parlants se moquent bien des coupables. Au contraire, ce qu'ils veulent alors, c'est sacrifier des innocents. Quand la terre tremblait, quand la peste décimait les villages, pour qui allumait-on les bûchers sinon pour ceux à qui rien ne pouvait être reproché et dont l'exécution prenait du coup son prix ?

La psychologie collective ne change pas avec les progrès de la science ! En cette fin de millénaire, notre vieux pays démocratique ne sait plus à quels saints se vouer : ses maîtres le dégoûtent, ses frontières lui échappent - l'Est s'effondre, l'Ouest s'effiloche. Que croire ? Qu'espérer ? Tous les repères symboliques se troublent. Depuis des années, la pulsion de mort avait trouvé dans l'idéologie lepéniste son expression publique : nous en récoltons aujourd'hui les fruits amers. Qu'on se demande d'ailleurs pourquoi le Front national, depuis une décennie, n'a jamais été aussi silencieux ! Le Pen se tait, et à l'occasion d'affaires comme celle du sang contaminé, il nous regarde achever son travail de sape du lien social.

- Mme M. Perrot : Merci Gérard Miller. Je crois qu'il n'est pas besoin d'ajouter un commentaire à vos paroles. Je pense qu'après ces quatre interventions, toutes remarquables chacunes dans leurs sens, nous pouvons ouvrir le débat. Je suis persuadée que beaucoup d'entre vous ont des remarques à faire, des questions à poser. N'oubliez pas de vous nommer et de donner votre qualité.

- M. B. Savin : J'ai déjà été nommé et c'est pour ça que je prends la parole. Bernard Savin, psychologue au SMPR de Varces. Je viens d'apprendre que, lors des débats à l'Assemblée, j'ai été élevé au titre de docteur. Je me demande simplement si je dois m'en réjouir... Ils ont fait aussi appel aux psychologues cette fois-ci. Je crois que vous avez bien relevé qu'il s'agissait de propos détachés de leur contexte et du contexte de l'interview que j'avais donnée cette fois-là, il me semble que c'était à *La Croix*. Je me souviens aussi très bien que j'avais terminé cette interview sur une question de la journaliste au sujet de ce qui était en train de se discuter à l'Assemblée, et j'avais insisté sur le fait que ça me semblait tout à fait être un débat et une loi de circonstance. Bien sûr ça, ça n'a pas été retenu. Voilà, je voulais simplement rectifier.

- Dr E. Archer : Evry Archer, SMPR de Lille. J'aurais une question à poser au Docteur Lamothe et deux questions-remarques à faire en ce qui concerne Monsieur Michel.

Dire que la délinquance, un peu comme Lamothe l'a fait tout à l'heure, est en rapport notamment avec l'imitation, on pourrait penser que c'est "retardé", c'est-à-dire reprendre la thèse de Tarde, un très ancien criminologue. Et ce n'est pas parce que c'est ancien que c'est faux. Je me suis souvent interrogé, en écoutant notamment certains auteurs d'agressions sexuelles parler des petites filles, sur la façon dont les médias, encore eux me direz-vous, présentent les petites filles parfois comme des femmes qui peuvent, dans l'esprit de certains malades ou de certains anormaux comme on disait dans le temps, devenir objet de désir. M. Michel a dit que rien n'a été changé dans la loi sur la responsabilité. En fait je pense que oui en ce qui concerne la responsabilité sans faute. J'ai l'impression qu'en droit civil, on est revenu à une conception mécaniste de la sanction, comme à l'époque où on pouvait punir les minéraux, les pierres et les animaux, une conception mécaniste qui ne tient pas compte de l'élément moral ou de la subjectivité. Il y a donc un dérangement social, et même si vous n'avez rien à vous reprocher, si vous n'êtes pas coupable, si vous n'avez pas commis de faute, il y a quand même une victime et il faut payer. Alors je me demande donc si la responsabilité, la responsabilisation pénale systématique des personnes dont le discernement est aboli et qui ont perdu le contrôle de leurs actes, n'est pas aussi une désubjectivation. Tant pis si ces personnes ne savaient pas ce qu'elles faisaient, mais il y a une victime, il y a un dérangement social et il faut donc payer. Et en plus, est-ce que ce n'est pas aussi une concession faite au consensus par l'émotion ? Souvent on entend dire : "de toute façon le public ne comprendrait pas qu'un malade sorte de l'hôpital même si le malade est irresponsable" et il faut faire, de toute façon, quelque chose appelant un consensus parce qu'il y a eu un dérangement social. C'était ma première remarque Monsieur Michel. La deuxième c'est que faire participer la victime à l'application des peines, c'est, mais vous le savez, un changement radical de la peinologie. Généralement la victime est exclue du prononcé de la peine et elle est exclue même en ce qui concerne le témoignage, parce que justement on pense qu'elle ne remplit pas les conditions d'impartialité pour participer au jugement. Quand vous dites cela, ne rapprochez-vous pas la justice rendue au nom du peuple français, sinon de la vengeance, du moins d'une justice privée. Et, quand vous voulez en plus associer à cette application des peines des psychiatres, je me dis que décidément il faudrait peut-être que les juges acceptent de juger pour que les psychiatres puissent soigner.

- Mme C. Ehrel : C'est juste un tout petit point sur le problème de la responsabilité sans faute. Le Code Pénal a créé la responsabilité non seulement sans faute, mais sans victime. Donc maintenant, sous l'intitulé de mise en danger d'autrui, on a cette idée qu'on est responsable de faits alors qu'il n'y a pas de faute ou de conséquence. Il y a une infraction qui ne comporte ni erreur, ni victime. Et les premières décisions sont tombées.

- M. J.-P. Michel : Je partage votre point de vue sur la responsabilité. J'ai simplement dit que les règles générales de la responsabilité civile n'avaient pas été modifiées. C'est vrai qu'on a introduit dans le Code Civil la responsabilité sans faute, qui avait déjà été introduite dans le droit administratif, et qui est une manière de dire il faut payer. C'est une loi qui est de mon point de vue très contestable et qui répondait à la demande des compagnies d'assurances. C'est vrai qu'on indemnise tout le monde mais ça profite aussi aux compagnies d'assurances qui peuvent faire payer plus cher les contrats. Le deuxième point concerne un plus vaste débat. Je suis hostile à ce que les victimes réclament des sanctions ou des peines. Et lorsque j'entends des hommes politiques leur dirent : "vous avez raison", je pense qu'on est dans une déviation insupportable. Par contre, je comprends bien également, en tant que politique mais aussi en tant que magistrat, que la victime n'a pas toute sa place finalement et qu'elle n'est pas satisfaite. Alors j'aurais tendance à dire qu'il faut faire quelque chose. Mais quoi ? Sûrement pas faire intervenir la victime au moment où le juge prononce la sanction. Ce n'est pas à la victime de demander la sanction car il y a un Procureur qui intervient au nom de la société et au nom de la loi. Mais par la suite, qu'on lui permette de mieux faire - pour utiliser un terme qui vous appartient et que je n'aime pas beaucoup - son travail de deuil en l'intégrant à l'application de la peine de celui qui lui cause un préjudice, je pense que cela répond à une demande. Quant aux psychiatres introduits dans ce processus, c'est une provocation bien entendue. Que les juges jugent, mais alors qu'on ne leur demande pas de soigner. Or on leur demande de plus en plus de soigner (c'est le problème des juges des enfants). Ils doivent juger mais pourquoi ne seraient-ils pas aidés par les psychiatres. Le psychiatre qui a fait l'expertise c'est une chose, et ensuite il y a le psychiatre qui est en prison et qui est médecin, qui suit un malade. Est-ce qu'ils doivent être différents l'un de l'autre, est-ce que ce n'est pas le même qui devrait le suivre jusqu'au bout ? C'est une question. Vous me dites non mais je vous provoque car en bout de chaîne il faut que l'expert puisse donner un avis sur le processus d'évolution. Mon objectif est qu'il y ait de moins en moins de gens en prison, et c'est une question qui me préoccupe depuis plus de 30 ans, et je dirai à tout prix. Mettons-y tout le prix qu'il faut et que tout le monde prenne ses responsabilités y compris les psychiatres.

- Dr C. Guionnet : Essayez d'être le plus bref possible parce que je pense qu'il y a énormément de questions et de réactions.

- Dr P. Lamothe : Je vais essayer d'être bref mais comme on dit à la télévision, j'ai un retard de parole puisque j'avais fait exprès de me censurer au bout de 10 minutes... Ma perversité est également bien connue. Mais je remercie Evry d'avoir relancé le débat, même sous cette forme du psychiatre attardé ou retardé, et de me permettre de faire la différence entre ce qui est d'imiter et ce qui est d'être incité à faire. Je n'ai jamais dit que lorsque la jeune tueuse tuait des flics, elle imitait "Tueurs nés" (les acteurs du film Natural Born Killers). Ce que j'ai dit c'est qu'elle avait été bombardée par une excitation non maîtrisable, et ce que je dis c'est que notre devoir de maturité, notre devoir de paroles à nous tous, professionnels, intervenants, et spécialement psychiatres dont a priori c'est non seulement le devoir mais en plus le métier, c'est d'être des pare-excitations au sens freudien. Où sont actuellement les pare-excitations quand nous voyons que dans la pédagogie même, dans nos écoles, il n'y a plus de censeur, que les surveillants généraux demandent à être des conseillers d'éducation, qui vont faire une incitation molle qui ne peut que favoriser une identification idéale et non pas favoriser une identification directe aboutissant à une intégration surmoïque. Freud nous le disait déjà : "aucune contrainte sociale aussi forte soit-elle ne peut permettre l'intégration de la loi à l'intérieur de la personne (si elle n'est pas relayée par la parole du père)". Si l'on veut proposer aux enfants une relation de maturité, si on ne veut pas les maintenir dans une dynamique archaïque d'écoulement pulsionnel qui ne saurait être qu'immédiat, sans censure, ou au contraire retenu de l'extérieur par des obstacles de réalité, il faut les protéger de leur propre excitation aussi bien que des excitations extérieures, et il faut que cette protection soit le fait de personnes auxquelles on puisse s'identifier : des personnes qui signifient l'interdit.

- M. S. Boulay : Président de l'Association d'Aide aux Parents d'Enfants Victimes. Je voudrais juste dire quelques mots suite à l'intervention de Monsieur Michel, qui connaît notre position. A l'A.P.E.V., nous n'avons jamais, en tant que victimes, réclamé de sanctions, nous demandons justice et la justice n'est pas forcément la peine maximale.

Je voudrais simplement faire quelques réflexions sur un des thèmes de cette table ronde car on y aborde beaucoup de sujets, et il y aurait énormément de chose à dire sur tous. J'aimerais donc ramener la discussion sur le rôle des médias, surtout dans le cas des affaires difficiles que vous avez évoquées. Les exemples pris sont très graves, et je pense qu'il faudrait un code déontologique des journalistes et des médias pour éviter les excès que nous constatons sur la façon dont les faits sont relatés.

Les médias sont des miroirs grossissants de la douleur des victimes. Très souvent, on l'a vu dans l'affaire du sang contaminé, les victimes s'alimentent de leurs propres déclarations relayées chaque jour par les médias. D'ailleurs, ce n'est pas rendre service aux victimes que de se faire l'écho de leur douleur, car cela aura pour conséquence de les tenir enfermées dans leurs rôles de victimes, et ce n'est certainement pas de cette façon qu'elles pourront revivre normalement.

Je voudrais prendre un exemple, vous avez terminé sur celui-ci. Je veux parler du cas des assassins ou plutôt de l'assassin de Céline Jourdan. Pendant des années, on a assisté au lynchage médiatique de Richard Roman, les parents se sont forgés une opinion à la lecture des journaux. Maintenant, s'ils ne peuvent accepter les décisions de justice, c'est peut-être parce que les médias, et certains magistrats d'ailleurs, ne leur ont présenté les faits que d'une manière orientée. Il est également choquant que quelques jours avant la fin du procès, tous les médias aient innocenté Richard Roman. Cette fois encore on peut se demander à quoi sert un procès, puisque ce sont les médias qui un jour vont envoyer un individu à l'échafaud, et le lendemain vont l'acquitter. A ce niveau là aussi, il faudrait peut-être un code déontologique des journalistes.

Et, je ne parle pas uniquement de la presse à scandale, mais de la presse nationale, des grandes chaînes de radios et de télévision. On constate que beaucoup de journalistes relatent des choses qui font mal aux victimes. Certains font tout ce qu'ils peuvent pour trouver des photos et des informations, ils pénètrent dans les appartements, traquent les familles, les voisins et les amis au mépris de la vie privée. Une fois, après l'autopsie d'une petite fille, on a découvert à l'institut Médico-légal de Paris, un photographe qui avait la clef de la morgue dans sa poche. Quel genre de photos voulait-il faire ?

J'aimerais demander aux politiques, s'il n'est pas possible de légiférer pour éviter ces débordements tout en, bien sûr, assurant la liberté d'information de la presse.

- Mme J. Colombel, philosophe : Ma question ne sera pas très longue. Dans l'ensemble de la séance de cet après-midi, je trouve qu'on est passé de la loi dans ce qu'elle a de transcendant, d'universel, et fondée sur les principes que vous avez évoqués, l'opinion, l'émotion, etc... Et je voudrais savoir où et comment vous articulez le problème des normes qui était au programme de la discussion, par rapport à la loi d'une part, et par rapport à l'émotionnalité, l'opinion publique, la surenchère des médias, etc... d'autre part.

- Mme C. Ehrel : Je vais répondre parce que je suis très très pragmatique et prosaïque comme journaliste, mais moi je dois reconnaître que l'expérience de quatre ans de débats parlementaires a été pour moi le délitement de la loi comme on l'imagine, de la loi dans ses principes généraux, de la loi de l'intérêt général, etc... Et quand je disais que la perpétuité réelle a été un paroxysme, oui c'est un paroxysme, celui d'une loi qui n'a plus aucune référence à un principe, il n'a jamais été question de principe, ni à un intérêt général bien conçu...

- Mme J. Colombel : J'ai bien compris mais je trouve que ce qui manque c'est l'analyse de ce que seraient des normes, parce qu'on parle de ce pragmatisme complètement démodé et conjoncturel, et puis on n'y oppose que la loi. Et il me semble qu'il doit y avoir tout de même une norme, amusante ou normative ça dépend, et est-ce qu'on doit en parler dans les différentes interventions.

- Mme M. Perrot : Juste une remarque de Présidente, il y avait deux parties dans la séance : la première loi/normes, la seconde était vraiment centrée sur la question des médias. Il y aura peut-être beaucoup de choses à dire après sur le lien entre les deux séances.

- Dr P. Lamothe : Une toute petite remarque. Je parle sous votre contrôle, je ne sais pas si j'échappe à ma discipline pour maltraiter la vôtre, mais la notion de norme justement, est-ce qu'elle ne renvoie pas bien davantage à la question de la marginalité qu'à la question de la délinquance. Lorsque nous édictons des normes et que nous les reconnaissons comme normes positives, elles font plus référence à une question d'équilibre (tenir debout puisque "normal" signifie en mathématique perpendiculaire) ou à une question statistique si on veut (ceux qui sont dans la normale), qu'à une question de transgression et de capacité de respect de l'autre. Je ne crois pas qu'on fasse référence à la loi symbolique en parlant seulement de normes.

Que des normes soient nécessaires à la perception de la loi, c'est évident. Mais leur énoncé ne suffit pas, il faut que quelqu'un, une personne réelle les relaie par la parole. Des normes de comportement constituent des obstacles face aux pulsions et ne permettent qu'une perception extérieure, immature et totalitaire de la loi. La loi "mature", adulte, incarnation dans la personne de la loi symbolique, constitue un appareil intra-psychique complexe qui est relié au sens, encore plus qu'au comportement. La loi intra-psychique n'est pas un règlement qui impose une conduite mais une structure qui donne "une morale de situation" d'où découle une conduite. Tout ce que nous dit Catherine, c'est qu'elle a été absolument sidérée de voir se déliter la loi fondamentale symbolique, constitutive, structurante, et qui plus est de la voir se déliter dans un énoncé qu'on pourrait qualifier de "merdique", ce terme évoquant bien la régression sur des positions "anales" dans l'immaturité.

- Dr J. Ayme, psychiatre honoraire des hôpitaux : Je voudrais intervenir sur le problème qui m'a toujours inquiété, j'ai cité Henri Ey notre grand ancien maître, qui est celui du surusage de la psychiatrie lorsque sont dans l'embarras la société et le législateur. Un premier exemple que je me permets de rappeler, c'est l'histoire de la loi sur l'IVG. Vous vous souvenez qu'il y a eu une première mouture présentée par Michel Poniatowski, qui limitait l'IVG à l'avis du psychiatre dans le cas de troubles psychiques ou mentaux, et d'ailleurs je n'ai jamais bien compris la différence entre ces deux termes. Alors lorsque Monsieur Michel nous convoque, enfin convoque le psychiatre à traiter de la délinquance, je pense qu'il faut répondre négativement. Là j'interpelle mes collègues responsables des SMPR, pour savoir quelles sont les limites de leur intervention dans ces lieux que j'ai fréquentés comme tout expert et dans lesquels je ne me sens pas très à l'aise. Je suis ici dans une assemblée qui marque une certaine sympathie pour les délinquants, du fait du choix même de votre travail en SMPR. En ce qui me concerne je n'ai pas de réelle sympathie pour les délinquants, mais j'ai du respect. J'ai autant de respect pour le délinquant que pour quelqu'un qui a fait choix d'une pratique sexuelle, d'une religion, d'un point de vue politique qui n'est pas le mien, et je dirai donc à Monsieur Michel, que pas plus que le psychiatre ne doit faire du délinquant un citoyen, pas plus le psychiatre, comme il le lui était demandé il y a un demi-siècle, ne doit faire de l'homosexuel, un citoyen en état de procréer. Merci.

- Madame C. Ehrel : Moi je poursuivrais mon intervention parce qu'elle allait exactement dans le même sens. M. Michel a annoncé qu'il était provocateur, je veux bien le croire donc je marche, et je me dis quel est ce discours pour rendre l'autre fou que vous nous avez donné aujourd'hui, où vous nous dites à la fois "faites du fou un citoyen", le citoyen est sensé voter pour des législateurs et les législateurs ne croient plus à rien...

- M. A. Dubreuil, Président de la Cour d'Assises des Hauts-de-Seine : Je m'adresserai surtout à Monsieur Michel, mais également à la journaliste. Consensus sur l'émotion, oui ce n'est pas nouveau, on l'a déjà vu au cours des décennies passées. Mais lorsque j'entends l'intervention du législateur ressemble à une régression ou est une régression, et sans faire de raccourci malheureux Monsieur Michel, "le Parlement n'a pas de politique criminelle, c'était légiférer pour ne rien faire", je suis étonné et je n'emploierai pas d'autres qualificatifs. Ce que je voudrais signaler, c'est que l'immédiateté de la réponse législative, dans un domaine très sensible qui est celui du domaine pénal, n'a rien à voir avec d'autres précédents. Le consensus de l'émotion on l'a connu il y a 30 ans, plus de 30 ans avec une affaire, dont certains se souviendront peut-être du nom, l'affaire Novak. Plusieurs années plus tard, après un travail législatif intense, nous avons eu une loi qui a réformé l'adoption. Cette loi est toujours intangible depuis 30 ans. Pourquoi, dans le domaine qui nous occupe depuis ce matin, cette émotion fait-elle que l'on va dans tous les sens, n'importe où, n'importe comment et puis finalement, comme vous l'avez dit, pour peu de temps ? Je voudrais ajouter Monsieur Michel, et là c'est le côté affectif si vous permettez, quand j'entends "le juge doit juger il ne doit pas soigner", j'ai une réaction épidermique d'autant que vous prenez comme exemple le juge des enfants, créé en 1945 pour traiter l'enfance délinquante en privilégiant la réduction sur la peine. Plusieurs années plus tard, on en a fait, comme certains disent, une super assistante sociale pour s'occuper de l'enfance en danger. Sa raison d'être c'est l'enfance délinquante. Et alors là je m'adresse aux psychiatres présents, quand on nous demande maintenant de personnaliser la peine, de comprendre la personne que l'on juge, est-ce que ce n'est pas déjà quelque part soigner ?

- Mme S. IF, permanence téléphonique : "Viols femmes, informations" : Monsieur Michel, j'ai été choquée par ce que vous avez dit et ça va tout à fait dans le sens de ce que le Président Dubreuil a dit. Une victime ne devrait pas demander des dommages et intérêts, un juge est là pour juger et non pour soigner, je vais dans le même sens. Je trouve aussi que c'est très bien qu'ici on défende les délinquants en prison. Pendant longtemps je me suis occupée des prisonniers libérés, mais étant maintenant plus à l'écoute des victimes, je voudrais dire que s'il n'y a pas une certaine clarté pour que le coupable soit nommé, on parlait de normes, oui il n'y a plus de norme si on mélange les victimes et les coupables comme quelquefois des thérapeutes le font. Alors je voudrais insister ici sur le rôle des médias qui ont donné la parole à ce que notre société ne voulait pas entendre, c'est-à-dire le viol. Nous avons tous les jours au téléphone, des femmes qui ont relevé la tête, ont retrouvé une dignité, quelquefois avec l'aide de la justice, quelquefois enfoncées par la justice, quelquefois avec l'aide de psychiatres, souvent enfoncées par des psychiatres parce qu'on ne les a pas aidé à parler, et bien c'est quelquefois les médias qui leur ont donné la parole et la dignité car, après un viol, le viol tue la parole, il n'y a plus de dignité sans la parole.

- M. J.-P. Michel : Ce n'est pas une question, mais je peux dire un mot de réponse parce que vraisemblablement sur un certain nombre de points, je me suis mal fait comprendre. On s'est très bien compris avec Monsieur Boulay. Je sais bien ce qu'il fait dans son association et j'ai beaucoup de respect pour ce qu'il fait, - je crois qu'il faut le dire ici -, c'est une des raisons d'ailleurs pour lesquelles j'ai intégré la victime dans l'application de la sanction. En ce qui concerne le rôle du politique pour régler le problème des médias et de la presse, vous savez c'est quelque chose de très compliqué. J'ai tendance à dire qu'il ne faut pas de texte de loi parce que tous ceux qui s'y sont frottés, ont finalement échoué, quelquefois lamentablement, et en cours de discussion parlementaire ils ont retiré leur texte de loi. Je me souviens de Peyrefitte et d'un texte qui tendait à légiférer sur le secret de l'instruction, et qui, parallèlement, créait un délit d'atteinte à la présomption d'innocence par les journalistes. En cours de débat parlementaire, il a retiré le texte devant le tollé des patrons de presse, etc... Je pense simplement qu'il faut en revenir à une société qui a un certain nombre de bases idéologiques et de concepts. Quand on parlait de la vertu républicaine ça voulait dire quelque chose, ça veut dire le sens de l'intérêt général qui n'est pas l'addition des intérêts particuliers, ça veut dire pour la presse certainement un certain nombre de règles à respecter. Est-ce que le politique et le gouvernement, l'exécutif, a assez d'autorité pour imposer une certaine déontologie ? Actuellement ce n'est pas le cas, il faut en convenir. Pour les victimes, je n'ai jamais dit que les victimes ne devaient pas demander de dommages et intérêts, au contraire. J'ai dit que les victimes étaient là pour demander des dommages et intérêts, mais qu'elles ne pouvaient pas réclamer une peine, un quantum de peine. Je n'ai jamais dit non plus que le juge devait soigner et pas juger. J'ai simplement répondu à une interpellation qui avait été faite à la suite de ce que j'ai dit sur la place du psychiatre, et qui avait pour objet de susciter un débat. Dans le processus d'application de la sanction ou de l'exécution de la sanction, j'ai dit que le psychiatre après tout pourrait peut-être juger, comme il y a bien des juges qui soignent. Et j'ai pris comme exemple le juge des enfants, à qui cela avait été reproché vraisemblablement à tort, ayant moi-même été longtemps très proche des mouvements des juges des enfants. Et c'est vrai que, on a beaucoup cité ce matin André Malraux, - ce n'est pas ma tasse de thé mais enfin il a été un délinquant donc on peut en parler ici puisqu'il a même fait de la prison, non pas pour raison politique mais pour vol d'objets d'art au Cambodge, mais il y a prescription -. C'est vrai que dès qu'on commence à juger, on vous demande de comprendre, et dès que vous commencez à comprendre..., vous ne pouvez plus juger. L'interrogation que l'on peut se poser aujourd'hui, je crois, c'est ce qui a été dit ce matin sur une fonction de la prison qui était la fonction de réinsertion ou d'insertion, ou d'amendement. C'est quand même une question que les juges doivent se poser aujourd'hui car insérer dans quoi, dans quelle société, amender par rapport à quel modèle s'il s'agit des délinquants qui ont entre 16 et 25 ans, dont certains sont étrangers, et qui avant d'arriver devant le juge, étaient déjà au chômage dans des banlieues, se droguaient, vivaient dans des familles monoparentales, dans des familles où le père boit, où la mère se prostitue, et où on leur donne quel modèle ? Et c'est là que je dis que le travail du psychiatre en prison, et je regrette d'être démenti, c'est bien d'essayer de faire de ces gens là des citoyens, de les aider à résoudre leur problème d'identité dans la société qui est ce qu'elle est.

- Mme C. Ehrel : C'était juste une toute petite chose mais en fait ça en sera deux. C'était d'une part pour répondre à Simone If, que si effectivement on s'est retrouvé souvent ensemble sur le terrain du viol, j'avais été personnellement très choquée de la demande très insistante d'une prescription particulière pour les incestes, qui avait été présentée et obtenue par Yvette Roudy. Le législateur a donc déjà fait une première brèche en accordant une prescription spécifique aux victimes, aux enfants victimes d'incestes. J'ai toujours trouvé ça très dangereux et je constate aujourd'hui que c'est effectivement aussi dangereux que prévu et on récolte, d'une certaine façon, ce qu'on a semé.

- Mme J. Colombel : Pourquoi ?

- Mme C. Ehrel : Parce qu'on ne peut pas faire des prescriptions variables avec 18 ans pour les assassinats, 20 ans pour le terrorisme, 18 ans pour les assassinats de vieilles dames, 15 ans pour les forces de l'ordre. Enfin c'est hallucinant, on est loin des grands principes.

- Mme S. If : Pour les enfants victimes de maltraitance, d'inceste ou de viol, qui sont malheureusement victimes lorsqu'ils ont 7-8-10 ans, la prescription normale de 10 ans serait complètement inadaptée. Est-ce excessif que dans les dix années qui suivent la majorité, on permette aux victimes, qui enfants étaient démunis, de pouvoir alors restaurer leur personnalité ?

- Melle S. Bonnel, interne en psychiatrie, ancien interne du SMPR de la Santé : Il y a une chose qui me surprend un peu dans le discours de Monsieur Michel, et peut-être qu'il y a une extension que j'ai mal comprise. La psychiatrie est une discipline médicale, il y a une spécificité de l'intervention du psychiatre et il y a un champ spécifique de la psychiatrie. Donc à mon sens, tous les patients qui sont en prison ne relèvent pas nécessairement et spécifiquement du psychiatre. Et même s'il y a une intervention qui est liée à leur histoire personnelle, au sens de leur passage à l'acte, et qui suppose d'autres intervenants comme par exemple des psychologues, il n'y a pas non plus lieu de faire du psychiatre une espèce de psychologue-médecin-assistante sociale et bonne-soeur, qui aurait à intervenir dans tout pour tous les détenus. C'était dans ce sens que je voulais intervenir.

- M. J.-P. Michel : Je suis d'accord avec vous.

- Dr E. Archer, SMPR de Loos : Je voudrais dire deux mots à M. le Président de la Cour d'Assises. Ecouter et comprendre le délinquant, c'est pour un juge, bien sûr, tenir compte de l'aspect multi-factoriel de l'acte délictueux pour appliquer l'individualisation des peines, mais ce n'est pas soigner au sens strict ou alors c'est soigner comme moi je peux juger un homme, qu'il soit coupable ou innocent, et ça n'a pas beaucoup d'impact sur sa vie future. Ce que je crois c'est qu'il faut revenir à la spécificité de notre fonction, et le dire haut et fort, parce que peut-être que beaucoup de problèmes de la psychiatrie actuelle viennent de là. Dans une société où on n'est plus triste mais mélancolique, où on n'est plus méfiant mais parano, où d'une manière générale, les concepts psychiatriques connaissent une extension considérable, il n'est pas étonnant que notre spécificité en tant que professionnels soit aussi méconnue et dévoyée. Chacun se demande à quoi on sert et on veut nous utiliser, comme cela a été dit tout à l'heure à propos des médias, à toutes les sauces. Il faut réaffirmer la spécificité de la psychiatrie et en même temps, faire preuve d'humilité. Nous avons commis l'erreur de vouloir tout expliquer, nous avons pendant très longtemps eu réponse à tout, et je crois qu'il faut, pour éviter donc le contre coup de cette mégalomanie, revenir à une appréciation exacte de notre statut, de notre rôle, de notre fonction dans cette société.

- Mme M. Perrot : Je crois qu'il y a encore quelques questions... On va en prendre encore deux ou trois et puis peut-être clore notre séance.

- M. S. Portelli, magistrat : J'interviens simplement parce que je m'occupe de victimes, et plus particulièrement d'une instance, dont il n'a pas encore été question, la commission d'indemnisation des victimes d'infraction. Cette juridiction est fondamentale, peut-être même "révolutionnaire". Ce que je voulais souligner, c'est le sens du travail de cette commission.

Il s'agit notamment de découpler l'action de la victime et celle de l'Etat : tout le progrès consiste précisément à écarter la victime du problème de la sanction. Une fois qu'elle a parlé, que sa parole a été dite par son avocat et entendue lors du procès, la victime a joué son rôle et doit s'effacer. La punition n'est plus son fait. Par contre il faut que la société, plus que l'Etat, se préoccupe de son indemnisation. Or, cela, elle le fait, et elle le fait parfaitement bien à l'heure actuelle. Cette action portée devant la commission d'indemnisation des victimes d'infraction a un pouvoir réparateur tout à fait appréciable.

A chaque fois que nous souscrivons un contrat d'assurance, nous portons notre obole à un Fonds de garantie qui verse des centaines de milliers de francs, chaque année en France, aux victimes qui en font la demande : victimes de viols, de tentatives de meurtre, d'agressions sexuelles, de violences graves...

Je dis cela pour rejoindre un peu le propos de M. Michel. Je comprends parfaitement que l'on veuille donner une plus grande place à la victime aujourd'hui dans le procès pénal. Mais serait-ce vraiment une bonne chose que de la placer là où vous voulez la mettre, alors que toutes les victimes que je vois, ne demandent souvent qu'une seule chose : que l'Etat joue son rôle, que leur préjudice soit réparé, mais surtout qu'elles n'aient plus de contact avec l'auteur des faits.

- M. Boulay : Juste un mot puisque vous abordez l'action de la CIVI (Commission d'Indemnisation des Victimes d'Infraction) et la place de la victime dans la procédure judiciaire et lors du procès d'assises. Si l'indemnisation des victimes, grâce au travail de la CIVI, est une avancée sociale fondamentale et à laquelle nous sommes attachés, je n'ai rencontré aucune famille désirant de l'argent comme réparation. Il est extrêmement important que des réparations financières existent, mais ce n'est pas du tout la première préoccupation des victimes, leur première préoccupation c'est la reconnaissance du crime et la justice pour leur enfant. Souvent lors des procès, les victimes restent jusqu'au jugement, et quittent la salle lors du procès civil, ce n'est plus leur problème. Mais il faut que la victime soit reconnue et ait une place plus importante au cours du procès, comme tout au long de la procédure pénale. Concernant la CIVI, vos propos me font réagir car trop théoriques. Vous avez dit qu'elle était largement égalitaire, ou quelque chose d'approchant. Pour ma part, j'ai constaté que suivant le cas, s'il est ou non médiatisé, les sommes accordées peuvent être très importantes ou très faibles. Cela peut aller, pour l'assassinat d'un enfant, de cinquante mille à un million de francs de dommages et intérêts. Cela est-il juste ?

- Mme M. Perrot : Il y avait deux personnes je crois qui avaient demandé la parole, il serait assez raisonnable de clôturer après. Monsieur Lazarus.

- Pr A. Lazarus, PIP comme on dit, Professeur de l'université, Praticien hospitalier: "Je veux réagir sur deux points qui s'enchaînent : l'un à propos de l'utilisation du psychiatre pour aider l'exercice de la justice, et l'autre en écho à ce que disait Catherine Ehrel. Vous vous souvenez peut-être qu'il y a un certain nombre d'années, à l'Ecole de la Magistrature, Jean-Pierre Michel en était proche, Robert Badinter y intervenait et certains d'entre nous aussi, comme invités. Nous y réfléchissions et débattions souvent sur la justice et la mission des juges. Un terme y circulait celui de "sociothérapeute". On voulait espérer que les futurs magistrats, que les auditeurs de justice, allaient devenir des sociothérapeutes. Ce qui était de l'ordre et de l'idéologie du thérapeutique, comme une sorte de greffe, serait venu non seulement réhabiliter mais en tout cas, comme anoblir ou relégitimer politiquement une fonction en incertitude sur elle-même. Puis l'on quitte les années 70 et s'impose la conviction que finalement on risque moins de nuire, qu'il y a moins d'effets pervers quand on ose affirmer qui l'on est, montrer et assumer le statut du discours que l'on profère. Cela, cependant, ne doit pas empêcher de prendre conscience que l'on peut avoir besoin de nouveaux savoirs, ce qui est le point sur lequel je veux insister.

Lorsque Jean-Pierre Michel parle de psychiatres, je ne sais pas s'il signifie qu'il a besoin des savoirs de la psychologie et de la psychopathologie psychiatrique, ou bien s'il a besoin de la fonction et de l'autorité professionnelle et symbolique que représente le médecin spécialiste en psychiatrie. Cette interrogation me semble rejoindre, d'une part la question de la communication et des médias que Catherine Ehrel incarne par sa présence de journaliste, et en même temps, l'étonnement qu'elle ressent quand elle voit fonctionner le monde interne de ceux qui font la loi et prononcent les décisions pénales. Il se trouve qu'à l'intérieur des corporations, à l'intérieur de toutes les institutions, depuis toujours, il y a des savoirs et beaucoup d'ignorances qui se mêlent et se soutiennent.

Ceux qui, pour les observer, sont admis à fréquenter l'intimité des institutions sont ahuris de voir, hormis quelques exceptions, les limites et les pauvretés du prêtre. Pauvreté conceptuelle ou intellectuelle faite de renonciation à l'exercice systématique de la critique, pauvreté humaine parfois, en décalage avec l'idée très forte que le citoyen ou le paroissien de base peut se faire de son église. Que cette église s'appelle la justice ou le tribunal, qu'elle s'appelle la médecine ou éventuellement du nom d'une des religions. Installés dans l'illusion de nos systèmes de communication contemporains, nous semblons de plus en plus convaincus que chaque responsable, chaque titulaire d'une mission spécifique, chaque "prêtre" a le droit, quand ce n'est pas érigé en obligation, d'accéder à l'ensemble des savoirs des différents métiers et de les utiliser lui-même dans l'exercice de sa profession spécifique.

A mieux utiliser l'ensemble des savoirs et à amalgamer l'ensemble des capacités de toutes les professions, on pourrait imaginer qu'elles se dédifférencient, que tout est dans tout. En saine réaction aux cloisonnements et à l'incommunicabilité actuelle des savoirs, délégués et abandonnés aux spécialistes, comme au temps des lumières, nous deviendrons tous des intervenants universaux autant au plan technique que symbolique. Il n'existerait plus de missions spécifiques sauf des délégations de tâches polyvalentes et à l'extrême, nous assisterions à la disparition des institutions devenues inutiles. Ce n'est pas le cas.

Une analyse sommaire pourrait laisser croire que cette survivance d'institutions fragmentées et parfois rivales est mécaniquement due à une mauvaise répartition des savoirs et des compétences techniques. C'est parfois le cas, la multidisciplinarité fait souvent défaut, et ce sont fréquemment des routines de logiques internes qui s'imposent, avant l'intérêt bien conçu des populations. Mais, il me semble que les effets produits et attendus de l'application à la société des savoirs et des connaissances les plus modernes, ne se limitent pas seulement aux impacts évaluables, visibles et mesurables, des applications qui en sont faites par toutes les sortes de dispositifs publics ou privés, institués.

Le savoir médical, par exemple, est largement possédé par l'ensemble de la collectivité avant d'être possédé spécifiquement par le médecin. De même, le savoir sur les lois, leurs raisons, leurs injonctions sont largement possédés, en tous cas intériorisés par tous, même si le juriste en a une approche qui lui est spécifique.

Or, malgré cette banalisation apparente de la diffusion des connaissances et des principes, quand, appuyées sur ces mêmes savoirs, les institutions l'organisent en décisions auxquelles la société a donné le pouvoir de s'imposer, il s'est produit quelque chose qui n'est pas seulement réductible aux effets objectifs qui vont en découler, quel que soit leur niveau d'efficacité ou de qualité.

Ayez dans les mains un texte de loi, même une simple circulaire ou un arrêté. Ce papier a le pouvoir d'entraîner des effets, des décisions, mais surtout, celui qui n'y est pas très habitué, est comme intimidé par une valeur symbolique qui est d'une autre nature que la pertinence du contenu technique. C'est tout à la fois subjectif, abstrait et indémontrable, de l'ordre de ce qui fait que la loi, même hors de la présence du gendarme, a réellement le pouvoir de s'imposer à tous. A un niveau moins fort, une décision de justice, une ordonnance médicale, un article scientifique peuvent produire des effets analogues.

Mais de l'autre côté, quand, adhérent et respectueux du pouvoir et de la valeur symbolique de l'expression de leur décision, nous branchons la caméra sur ceux qui font la loi ou qui discutent des modalités de la médecine, nous ne voyons que de petites gens et leurs petites manières de fonctionner. Cela génère de l'incertitude troublante. Peut-être ne faudrait-il ni montrer, ni regarder, mais nous n'allons pas dans ce sens lorsque aujourd'hui, le droit et le devoir d'informer et de s'informer viennent renforcer le cortège des exigences consuméristes et des protocoles d'éthique. La démocratisation et la vulgarisation souhaitable des connaissances contribuent à laisser croire qu'il n'y a plus de secret ou de moins en moins, ce qui rend le symbolique moins perceptible. Nous jouerions à prendre pour seule expression du "vrai" un magma d'éléments qui doivent être rationnels, quantifiables, dicibles et républicains, et idéalement scientifiques pour être autorisés. C'est à l'intérieur de ce magma que nous devrions découvrir l'élément technique introuvable qui nous donnerait miraculeusement, à lui seul, le pouvoir et le contrôle sur tout ce qui n'est évidemment pas réductible au rationnel et au quantifiable, et, pourquoi pas, le fondement scientifiquement incontournable qui dispenserait la décision judiciaire de toute subjectivité de même que la décision politique en général.

Voilà tout ce à quoi me faisait penser cette discussion depuis un moment. Appel au psychiatre qui est bien un appel au savoir. Tentative d'explication, même si ce n'est pas une réponse, de la désillusion de l'observateur profane qui se plaint que si on lui montre comment se fait la loi, il croit que la loi n'existe plus, qui lorsqu'il voit faire la réglementation dit qu'il ne respecte plus l'état, et qui lorsqu'il voit fonctionner la médecine de l'intérieur dit qu'il n'y croit plus. Exposer au public ce qui dévoile trop le mystère des institutions sur lequel reposent pour partie les symboles dont il a besoin, le laisse désemparé. S'il faut demander à l'officiant d'être un démocrate transparent par l'affichage et le partage de tous ses secrets, c'est-à-dire ses limites, son ignorance et son angoisse, comment le faire sans que l'on ne brise son office et qu'il n'y ait donc plus d'officiants ?

- Mme M. Perrot : Je pense que raisonnablement cette intervention doit clôturer notre séance. D'autant plus que je vous rappelle que vous avez rendez-vous demain matin à 9 h 00, et qu'à votre séance vous avez : "le thérapeute et le détenu entre le soin et la sanction". Alors beaucoup de choses reviendront demain, merci et bonsoir.

# Réflexions et synthèse

Mme Michelle Perrot

Entre crime et folie, les rapports sont anciens, centraux même dans le développement de la criminologie tout au cours du XIXè siècle[1]. Entre pénalité et psychiatrie, ils se sont exercés d'abord en amont du jugement, autour de la notion de la responsabilité, dont l'examen est en germe tant dans l'article 64 du Code Pénal que dans les "circonstances atténuantes" admises par la réforme de 1832. La question des "criminels-aliénés" avait conduit à imaginer une séparation, un traitement spécial, l'aménagement des quartiers, voire d'établissements distincts, tel l'éphémère ouverture du Gaillon avant 1914, et les créations beaucoup plus importantes de la Libération, dont Château-Thierry en 1950 (centre d'observation), les "annexes psychiatriques" liées à la réforme Amor, et le C.N.O. de Fresnes.

La nouveauté de la période récente réside évidemment dans la présence permanente et institutionnalisée de la psychiatrie au coeur des établissements pénitentiaires, du moins de certains d'entre eux, par la création des SMPR. Quelle est la nature de cette présence ? Quels effets a-t-elle induits ? Quelles questions pose-t-elle ? Dans les deux tables rondes que voici, plusieurs problèmes ont été soulignés.

---

[1] On ne peut que recommander ici la consultation de l'excellent ouvrage paru sous la direction de Laurent Mucchielli, *Histoire de la criminologie française*, Paris, L'Harmattan, 1995.

Premier effet de l'implantation de structures psychiatriques : la hausse du nombre des psychotiques, passés de 30% en 1988 au SMPR des Baumettes, par exemple, à 47% en 1992. Effet inévitable d'une structure de prise en charge qui dénombre, rend visible, cristallise des éléments latents. La psychiatrisation de la peine a ainsi pour corollaire une criminalisation de la psychiatrie, le comportement délinquant faisant désormais partie de l'éventualité des conduites possibles pour tout individu dont la socialisation pose problème. Sous cet angle, il y a une normalisation du processus psychiatrique qui devrait en faciliter l'accès et en atténuer les stigmates.

Mais quelle fonction joue ce recours plus courant à la psychiatrie ? Est-elle un sédatif ? "La prison idéale, pour tous, s'organiserait, à l'extrême, sur la base d'une contention chimique générale, assurant à chacun, dans la somnolence, le paradis carcéral", dit Daniel Glezer qui refuse cet usage. Tous récusent ce rôle de régulation sociale et voient dans la pratique psychiatrique, un mode de resocialisation de l'individu, préalable nécessaire à sa réintégration future dans la société. "L'enjeu est que l'auteur d'un crime devienne lui-même producteur du sens et de l'opérativité de sa sanction", selon Sylvie Nerson-Rousseau, qui plaide avec vigueur pour une autonomie affirmée de la psychiatrie en milieu carcéral.

Quels liens doivent avoir juges d'application des peines et psychiatres ? Qu'ils soient amenés à travailler ensemble ne fait guère de doute. Mais comment et de quelle manière ? Faut-il souhaiter une collaboration plus intégrée, une "médecine pénale spécifique", comme le préconise Jean-Pierre Michel ? Ou, au contraire, une distance qui préserve l'indépendance de chacun et par là, l'intimité du détenu ? Sur ce point, les avis diffèrent, les juges désirant visiblement une coopération plus organique. De manière sans doute un peu provocante, Jean-Pierre Michel propose de constituer "un tribunal d'application des sanctions ou des peines" auquel participeraient, à côté des juges (d'instruction et d'application des peines) des représentants des victimes et des psychiatres. Ce qu'on également récusé les uns et les autres qui n'envisagent pas de participer au processus pénal lui-même. Le rôle des victimes, ont rappelé les responsables des associations présentes, n'est pas de dire la sanction, ni de veiller à son application. Le rôle du psychiatre n'est pas davantage de se substituer au juge, ni d'être annexé par lui, sous peine de pervertir la peine et l'exercice de la justice. Cette séparation maintenue est nécessaire à cet espace libre, non approprié, non recouvert, ce secret nécessaire à l'intimité qui permet au détenu de "se penser dans une appartenance" et de devenir sujet de son acte (S. Nerson-Rousseau) et, éventuellement acteur de sa peine

(G. du Mesnil du Buisson). Tous ont insisté sur l'exigence du temps, du temps nécessaire au "parcours à rebours du passage à l'acte". Il ne s'agit pas, en effet, de traiter le détenu en malade, mais en citoyen d'une citoyenneté à reconstruire.

La seconde table ronde posait plus largement la question des relations "médias, opinion publique, législation". L'accord entre les intervenants fut général pour déplorer l'impact de certains "faits divers", principalement liés à des viols et des meurtres d'enfants, sur les dispositions législatives. Quelle que soit la légitimité de l'émotion provoquée par le meurtre d'un enfant, elle ne devrait pas altérer une réflexion juridique qu'on souhaiterait soustraite à l'aléatoire. Ce fut, on le sait, le cas pour des peines perpétuelles réintroduites hâtivement par le président de la commission de réforme du code pénal, par ailleurs hostile à la peine de mort, selon une démarche dont Catherine Ehrel a suivi l'incohérence et dont le Docteur P. Lamothe dénonce l'effarante précipitation. Or, cette adoption, par la loi Méhaignerie (décembre 1993) d'un projet d'enfermement à vie des infanticides et récidivistes sexuels, dissimulé dans la peine incompressible de trente ans, est d'une extrême gravité et touche au coeur de l'usage de la psychiatrie. Le programme chimiothérapeutique envisagé remet en cause la définition de la prison, assimilée à un lieu de soin dont le but n'est pas de guérir, mais de traiter le criminel dont la sexualité nocive est considérée comme une décharge quantitative d'hormones[1]. La dangerosité est ici associée à la représentation d'une incurable nature biologique. Et le traitement psychiatrique est assigné à son versant le plus somatique.

En l'occurrence, ce sont moins les médias qui sont incriminés - Simone If rappelle leur rôle positif dans la prise de conscience du viol comme un attentat majeur contre les femmes -, que l'usage qu'en font les politiques souvent happés par la tentation démagogique du phénomène sécuritaire. "Le politique cherche à réaliser le consensus de l'opinion publique sur l'émotion", dit Jean-Pierre Michel, qui, dans le cas cité, dénonce "le dévoiement de ce qu'est la loi pénale", tandis que le Docteur Lamothe en appelle au "devoir de parole" contre de tels usages.

Mais c'est de manière encore plus subtile qu'il faut s'interroger sur l'interaction entre médias, justice et opinion publique, comme le montre Gérard Miller à propos du sang contaminé. Dans cette affaire, "la France est travaillée au corps par le désir de ne pas entendre (la

---

[1] Bernard Andrieu, "L'anomalie fonctionnelle : gènes et neurones. Un modèle scientifique ambigu dans la psychiatrie et la biologie contemporaine", in **Histoire de la criminologie française, op. cit.**, chap 17, 411-427.

vérité)", dit-il, rappelant le double isolement de Laurent Fabius : d'abord lorsque dès juin 1985, il décidait de rendre obligatoire le test de dépistage pour les donneurs de sang, alors même que 87% des médecins estimaient alors "très exagérée la peur du sida" et que la presse en principe la plus avertie vantait les mérites du système français de collecte du sang comparé au "médiocre" système américain ; isolé maintenant comme quasi-victime expiatoire dans un processus où la rumeur, la "passion des meutes" pervertissent le raisonnement livré à tous les fantasmes. "Avec l'affaire du sang contaminé, tout est devenu soupçon (..) Ce sont tous les discours supposés raisonnables, informés, qui volent en éclat (...) Tout argument sent la ruse". Et de conclure : "la psychologie collective ne change pas avec les progrès de la science", ce qui fait le jeu des idéologies les plus simplistes et les plus extrêmes.

La confrontation, la réflexion sans concession sur les pratiques, l'interrogation sur le sens et les effets de nos entreprises sont plus que jamais nécessaires. C'est l'intérêt de ce colloque - et de ces tables rondes - que d'y avoir contribué.

**Séance présidée par Pierre Moron
(Modérateur Alain Maurion)**

- **M. Guy Piau** : Je dois d'abord, en ma qualité de Directeur du Centre Hospitalier Sainte-Anne, m'excuser auprès de vous puisque Madame Dormoy m'avait demandé de venir avec ceux qui devaient vous accueillir hier matin, mais un problème de calendrier a fait que ce même jour, notre Conseil d'Administration devait tenir sa réunion d'automne, réunion au cours de laquelle nous débattons du budget pour l'année 1995. Je suppose que les uns et les autres vous comprenez que, dans la conjoncture que nous connaissons depuis quelque temps maintenant, l'intérêt pour les débats budgétaires est fondamental dans nos établissements. Mais je tenais à venir ce matin, d'abord parce que Madame Dormoy m'a fait l'honneur de m'associer à vos journées, et ensuite je crois que Sainte-Anne était vraiment le lieu indiqué pour vous accueillir compte-tenu du thème que vous avez choisi et de la rencontre des secteurs de psychiatrie en milieu pénitentiaire et unités pour malades difficiles. Sainte-Anne est l'un des rares établissements psychiatriques qui se trouve dans la même rue qu'un établissement pénitentiaire, rue de la Santé, et assez souvent des personnes parmi les familles se présentent à Sainte-Anne pour aller rendre visite à un détenu, et il existe souvent une certaine confusion dans le public entre les deux établissements.

Cela dit, Sainte-Anne est associé depuis maintenant un grand nombre d'années à cet établissement pénitentiaire dans la mesure où fonctionne, au sein de cet établissement, un SMPR et que ce SMPR est actuellement sous l'autorité magistrale de Madame le Docteur Dormoy qui a organisé ici même vos journées. J'ai eu l'occasion de visiter ce service qui dépend de Sainte-Anne, qui est installé dans la prison de la Santé et je me suis rendu compte de l'importance qu'une unité de cette nature soit au coeur même de l'établissement pénitentiaire.

Il m'apparaît que la loi votée tout récemment par le Parlement et qui va permettre d'étendre aux détenus, la protection sociale qui leur faisait défaut jusqu'alors, est une loi excellente. Elle va permettre dans le domaine, à la fois sanitaire et social, de faire en sorte que les personnes privées de liberté ne se retrouvent pas encore davantage dans la masse des exclus. En outre, elle va susciter une meilleure coopération entre les établissements d'hospitalisation, établissements de collectivités locales, et les établissements pénitentiaires qui eux se trouvent dans une organisation de type étatique. Ainsi des équipes qui ont des tâches apparemment différentes pourront travailler ensemble, notamment dans le domaine psychiatrique où la notion d'équipe est fondamentale, avec pour objectif de travailler autour d'une personne dont la prise en charge relève d'un ensemble de problèmes.

La grande question pour nous, gestionnaires d'établissement, qui devons de plus en plus faire une gymnastique difficile pour boucler le budget, par rapport à l'application de la loi relative à la couverture sociale des personnes détenues dans les prisons, est d'ordre, je dirai, tout à fait budgétaire. En effet, il nous est apparu d'emblée que le budget, le financement que les ministères, que l'Etat avait prévu était insuffisant et que, si ce budget permet, dans le cadre des négociations qui sont actuellement engagées dans différentes régions, entre des centres hospitaliers qu'ils soient régionaux, universitaires, généraux ou spécialisés, et les responsables des établissements pénitentiaires, un démarrage des actions soignantes, il n'est pas évident qu'il se fasse partout rapidement et qu'ensuite, contenu dans une enveloppe budgétaire à taux directeur limité, il puisse se poursuivre.

Nous devons être conscients qu'à partir du moment où les équipes médicales, quelle que soit leur spécialité, vont être amenées à voir davantage les problèmes de santé que peuvent avoir les détenus, une demande va croître et il semble que malheureusement les autorités ministérielles n'aient pas pris cela en considération. Il y aura donc à faire entendre notre voix les uns et les autres, et vous d'abord qui êtes le plus près des personnes considérées.

La question des unités pour malades difficiles nous intéresse vivement en tant que gestionnaires des établissements hospitaliers psychiatriques. Il est évident que l'évolution actuelle de nos services, de nos secteurs, nous amène à des réductions importantes des capacités d'hospitalisation. Nous avons, en outre, l'obligation de faire en sorte d'adapter progressivement nos structures au dispositif de la loi du 27 juin 1990, loi qui dispose que l'état normal d'hospitalisation d'un malade mental est un état de liberté devant lui permettre d'aller et venir, d'avoir un statut individuel et social comparable à celui de toute autre personne hospitalisée dans un service de médecine, de chirurgie, ou tout autre service. Il y a donc une réduction des capacités. Si je prends l'exemple de Sainte-Anne où des services de secteur disposaient de plus de 100 lits il y a encore trois ans, ils n'ont besoin aujourd'hui que de 30 à 40 lits d'hospitalisation à temps complet. D'où la nécessité d'avoir des unités pour malades difficiles, car il est bien évident que cette réduction de capacité d'hospitalisation s'accompagne d'une réduction des effectifs de personnels au sein de ces services et donc d'une libération du temps de ces personnels pour des actions hors des murs. Quand on regarde l'activité générale d'un établissement comme Sainte-Anne, on se rend compte actuellement que l'activité des équipes tend à être plus importante en dehors des murs qu'à l'intérieur. Il en résulte que nous avons donc une baisse importante des présences d'encadrement soignant auprès des malades hospitalisés. On se rend compte en plus, que la nouvelle formation des infirmiers les préparent beaucoup moins à la prise en charge de tout ce qu'on peut appeler les conduites d'agressivité ou de violence. En conséquence, il y a un certain nombre de lacunes qui nécessiteraient que soit mis en place un système complémentaire de formation et de prise en charge par rapport à ce que vous appelez les malades difficiles. La question qui se pose alors est de savoir : faut-il développer des unités pour malades difficiles, tout en craignant une certaine ségrégation qui n'a pas toujours été très bonne dans nos sociétés, car on arrive vite dans ce domaine à des escalades ? Ou quelle autre réponse peut-on donner ? Je pense que vous allez réfléchir à cela et faire des propositions. C'est un problème urgent, un problème qui se pose au quotidien, un problème qui se pose par rapport à l'activité même de nos personnels et plus particulièrement ceux qui sont le plus longtemps auprès des malades c'est-à-dire les soignants.

Voilà ce que je voulais vous dire en vous souhaitant d'avoir pu trouver, dans l'ensemble du dispositif de Sainte-Anne, les meilleures conditions pour la tenue de ce colloque. Bon courage pour la suite.

**- M. le Pr Pierre Moron** : Je me présente tout d'abord. Je suis Professeur de psychiatrie à Toulouse et naturellement très concerné par le milieu pénitentiaire puisque Madame Faruch a organisé ses assises nationales, il y a peu de temps, dans notre bonne ville, et nous avons créé avec mon collègue Professeur de médecine légale une capacité de médecine pénitentiaire. Autrement dit je crois pouvoir dire que ces questions m'intéressent beaucoup et ce matin tout particulièrement puisqu'il s'agit de savoir si on peut soigner en prison. C'est ce que nous allons essayer de voir avec les collègues qui sont à cette table.

# Nécessité de clarification entre le temps de la peine et le temps du traitement
# Comment permettre l'expérience de séparation

Dr Danielle Durand-Poudret et M. Bernard Savin

> Comment aider les détenus suivis en soins psychologiques à clarifier :
> - ce qui est du registre du traitement pénal,
> - ce qui est du soin psychiatrique ?
> 
> La confusion est souvent présente et nombre de détenus font une demande de soins sous la forme "la prison me rend malade, donnez-moi un traitement pour que j'oublie cette réalité".
> 
> L'étape suivante consiste à clarifier ce qui est du délit ayant conduit à l'incarcération et de la souffrance psychologique préexistante afin que le soin psychologique soit réintégré dans une réflexion partagée avec le sujet sur son histoire individuelle.
> 
> Cette démarche à laquelle le détenu prend une part active, peut (ou non), se traduire par une prise en charge institutionnelle au SMPR dans un fonctionnement psychothérapeutique où s'imbriquent transfert et contre-transfert.
> 
> Pendant des années nous avons laissé le traitement pénal primer, ce qui dans la réalité conduisait à des ruptures brusques des relations, mal vécues tant par les soignants que par les détenus et venant réactiver chez eux les multiples ruptures de leur propre histoire (ruptures familiales, changement répétitif de foyers) sans un apport de sens.
> 
> Une articulation satisfaisante avec la Direction Régionale nous permet actuellement de déterminer un terme au traitement psychologique : une date de départ est connue, le travail de séparation peut se faire de part et d'autre.

Je vais ouvrir cette séance de ce matin, en disant que la journée d'hier a été extrêmement riche et m'a beaucoup fait réfléchir. J'ai passé la nuit à refaire mon intervention, et puis finalement je vais vous la donner comme je l'avais préparée. Je voudrais quand même dire que j'ai retenu hier quelque chose d'important : quelqu'un a dit en résumé que le traitement pénal, c'était en quelque sorte remettre un corps à l'Administration pénitentiaire pour un temps donné. Je dirais, qu'en tant que médecin, je veux bien prendre un corps mais dedans il y a un individu, et que nous avons souvent à l'intérieur de la prison, des corps d'adultes avec à l'intérieur des affects ou des pulsions qui sont du registre du petit enfant, et que cela pose de sérieux problèmes. J'en viens à mon intervention.

Les premières rencontres avec les détenus demandeurs de soins psychiatriques sont souvent marquées du sceau de la confusion entre la souffrance liée à l'incarcération et la souffrance préexistante et en lien avec les difficultés internes du sujet.

Nous entendons souvent : "La prison me rend malade, donnez-moi un traitement pour que j'oublie cette réalité."

Mais au-delà de l'incarcération elle-même, ce qui est en cause dans cette souffrance est en lien avec la place du sujet dans le champ social, dans sa sphère familiale, et son histoire. Réintégrer la souffrance préexistante au délit dans un discours partagé avec le soignant sera l'élément lui permettant d'exprimer clairement un soin psychologique, tout en occupant sa place de détenu dans son parcours pénitentiaire.

Parcours rythmé par les étapes judiciaires : la détention préventive, le jugement, la peine confirmée en mois ou en année, le transfert en Centre de Détention ou en Centrale. Dans ce rythme le détenu n'a pas réellement une place de sujet et restera soumis à l'arbitraire d'une décision annoncée au dernier moment. "Faîtes votre paquetage vous êtes libéré ou transféré."

Il nous est apparu indispensable dans le cadre des prises en charge psychothérapiques à l'intérieur du SMPR d'éviter au maximum cet arbitraire "non pensable" faisant écho souvent à d'autres arbitraires dans l'histoire familiale du détenu patient : punitions, placements en foyers, ruptures familiales, deuils, événements dont le caractère traumatique s'inscrit, car la parole et le sens ne sont pas avenus.

Notre fonctionnement thérapeutique s'appuie en grande partie sur la capacité des détenus patients à investir les soignants référents dans des processus identificatoires pluriels. Rompre de manière subite de tels investissements nous a renvoyés à l'image de "parents terribles" incapables de faire accéder l'individu à une pensée structurante sur les éléments de réalité, à négocier la frustration, et à accepter la séparation.

Il nous fallait donc trouver un rythme propre à la prise en charge, rythme partageable avec le détenu-patient.

L'accueil au SMPR suite à une demande clairement énoncée est le premier temps de ce cheminement, il est ritualisé par la présentation du service et de ses règles, faite au détenu-patient, et ceci en présence des différents professionnels (infirmiers, médecins) qui vont en avoir la charge.

Le rythme des synthèses de suivi est également annoncé d'emblée, ainsi que la participation active du détenu-patient au choix de poursuivre ou d'arrêter son traitement, avec une règle importante c'est que nous signifions que le passage à l'acte n'est pas acceptable, que nous sommes un lieu thérapeutique et que tout passage à l'acte va entraîner un retour temporaire dans un lieu de détention et rupture qui sera décidée par les médecins.

Une fois le jugement prononcé, la peine énoncée, nous convenons en accord avec le détenu-patient la nécessité ou non de poursuivre le traitement, tout en sachant que le temps de traitement ne sera pas superposable au temps d'incarcération.

Maintenir pour un temps donné un détenu patient au SMPR se traduit alors par des demandes de prolongations de séjour, de 6 mois en 6 mois, adressées à la Direction Régionale, suspendant temporairement son transfert.

C'est avec le plein accord du détenu-patient que nous choisissons le dernier renouvellement de 6 mois. Peut alors commencer le difficile travail de séparation. Je dirai que ce travail de réflexion s'est construit au fil des années et avec ce que les patients peuvent nous apprendre, et je pense que ça nous a aidé fin 93-début 94, car nous avions à ce moment là dans le service deux détenus condamnés à perpétuité avec 30 ans de peine de sûreté. Il fallait que nous autres soignants, face à cette peine incompressible, nous puissions continuer à penser.

Il est temps pour moi de me séparer de vous, et je passe la parole à Bernard Savin, Psychologue clinicien.

C'est donc pour permettre la mise en histoire du séjour du détenu-patient au SMPR que furent créés ce que nous nommons, nous dans le service, les "entretiens de fin de prise en charge".

Mais avant de vous exposer la méthodologie de ces entretiens et de l'illustrer d'une séquence clinique, qu'il me soit permis de rappeler, dans ses grandes lignes, le fonctionnement thérapeutique du SMPR de Varces.

Le projet thérapeutique mis en place par le Docteur Balier durant les années où il fut médecin-chef du service, vise à constituer une zone transitionnelle institutionnelle située, par définition, entre la réalité interne et la réalité externe.

Chaque patient est pris en charge par deux infirmiers de référence (infirmière ou infirmier, dans la mesure du possible, un couple) qu'il rencontre au cours d'entretiens réguliers. Il peut les rencontrer aussi au cours d'ateliers thérapeutiques ainsi que dans les temps réservés aux soins somatiques. Les espaces de rencontres sont nombreux et permettent que se déploient les processus identificatoires. Chaque patient a également un médecin référent.

Les entretiens peuvent avoir lieu en tête-à-tête, à deux ou trois. Le contenu des entretiens est obligatoirement consigné dans le dossier du patient. Des réunions de synthèse régulières avec le chef de service et le psychologue sont organisées pour faire le point sur le déroulement de la prise en charge. Elles permettent aussi que se parle le vécu émotionnel et affectif des soignants engagés dans la thérapie. Les détenus-patients sont invités à la fin de la synthèse, il leur est alors communiqué les réflexions des soignants et il leur est demandé leurs propres réflexions sur le déroulement de leur thérapie. L'objectif de ce mode de fonctionnement vise la réduction du clivage, mais pas seulement... Les soignants devront, dans un premier temps, restaurer la fonction de pare-excitation afin que la psyché du patient puisse faire face aux grandes quantités d'énergie de son fonctionnement économique habituel. Ces quantités importantes d'énergie devront se transformer en petites quantités afin que puisse s'instaurer la pensée.

Parallèlement, ils devront restaurer la continuité narcissique du patient.

Le mécanisme d'identification projective, massivement employé par ces patients fait jouer aux soignants, dans leur appareil psychique et entre eux, les motions pulsionnelles en souffrance de représentation dans la psyché du patient. Et, c'est bien là que le travail d'équipe prend toute sa valeur et est indispensable, il s'agit de vivre à la place du patient les représentations de vide, de chaos interne et les affects qui y sont liés, qu'il ne peut vivre ni se représenter. Ceci demande une grande solidité de la part du personnel soignant, l'empathie indispensable doit être soutenue par le fonctionnement d'équipe. Pour ne pas sombrer dans l'irreprésentable du patient placé en lui, il doit pouvoir compter sur un espace pluriel de pensée et d'élaboration. Les conflits entre les membres de l'équipe doivent être replacés dans le jeu des objets internes que le patient projette en eux. Là où était le vide et le chaos, les représentations et la pensée doivent advenir. Le groupe soignant doit pouvoir étayer et participer à la fonction alpha (Bion

W.R., 1962) du soignant. Sa "capacité de rêverie" ne doit pas être sidérée par la fantasmatique archaïque et violente du patient.

Peut-être faut-il, à certains moments, "rêver" en groupe ? C'est me semble-t-il la fonction des diverses réunions qui émaillent la semaine au SMPR : réunion institutionnelle, de synthèse, de fonctionnement avec les détenus, supervision individuelle ou d'équipe ainsi, bien sûr, que toutes les discussions informelles dites "de couloir". Il est urgent de continuer à penser, de pouvoir exprimer le vécu émotionnel et affectif en l'intégrant à une mythologie institutionnelle s'appuyant elle-même sur une théorie qui, comme toute théorie comporte un aspect mythique.

Il s'agit de forger, avec tout ce que cette métaphore comporte de travail, de savoir-faire, d'intelligence mais aussi de sueur, de sensorialité et de souffrance, des représentations de chose et de mot sur du brut pulsionnel, de l'irreprésentable, de l'impensable.

Il faut rétablir la temporalité là où règne la répétition, le temps circulaire ou figé. La pulsion de vie doit l'emporter sur la pulsion de mort ; la vie sur la mort.

C'est dans ce cadre que les "entretiens de fin de prise en charge" sont proposés au détenu-patient. Il s'agit de mettre en histoire donc de penser la prise en charge dans un temps historique.

Ces entretiens sont proposés au détenu-patient environ deux mois et demi avant sa date de départ du service afin qu'à raison d'un entretien par semaine cela en fasse à peu près une dizaine. Il va sans dire que cette forme d'entretiens n'est pas proposée à tous les détenus-patients mais uniquement à ceux dont la durée de séjour au SMPR a été longue, de l'ordre de plusieurs années.

Cette forme de travail psychothérapique est inspirée par les travaux d'Edmond Gillieron[1] en ce qui concerne les "psychothérapies brèves".

Donc lors d'une synthèse, il sera proposé au détenu-patient de me rencontrer au rythme régulier d'un entretien par semaine pour parler de tout ce qu'il a vécu au cours de son passage au SMPR et ce, jusqu'à la date de son départ. Parallèlement, les entretiens avec ses référents se poursuivent.

Lors du premier entretien, je restitue le cadre de ses entretiens, il s'agit de réfléchir ensemble sur tout ce qu'il a éprouvé, pensé au cours de son séjour dans le service, tout ce dont il se souvient et qui constitue

---

1 Edmond GILLIERON, Les psychothérapies brèves, Paris, PUF, 1990, deuxième édition mise à jour.

pour lui des temps forts, importants ou non d'ailleurs. Il s'agit donc de travailler sur le souvenir.

Au cours de ces entretiens, je prendrai des notes, notes qui permettront de lier ensemble les différents entretiens, le plus souvent par rapport à la chronologie de sa prise en charge.

Un processus transférentiel spécifique se développera bien sûr au cours de ces entretiens, il sera marqué du sceau de la séparation, le terme des rencontres étant fixé.

Voici maintenant une vignette clinique qui permettra de suivre le déroulement et l'évolution de la pensée d'un détenu-patient au cours de ce type d'entretiens.

Monsieur H. est un jeune homme de vingt-trois ans. Il a été condamné à une peine importante de réclusion criminelle pour avoir provoqué l'incendie du foyer dans lequel il était hébergé, provoquant la mort de plusieurs personnes. Son séjour dans le service fut de trois ans.

Je le rencontrerai au cours de neuf entretiens de "fin de prise en charge".

Lors du premier entretien, je lui reprécise le cadre, cette forme d'entretiens lui ayant été proposée lors de la synthèse précédente. Il en avait accepté et compris le principe. Je lui propose d'emblée d'évoquer son arrivée au SMPR. Il se souviendra alors de l'importance qu'a revêtu l'entretien de présentation du service, tous les intervenants de sa future prise en charge étant présents ; premier contact avec ses référents et avec l'institution. Notons aussi que l'entretien actuel est le premier contact avec moi et qu'il inaugure un temps particulier de sa prise en charge ; le temps de se souvenir. Il évoquera ensuite les premières rencontres avec ses référents ainsi que le travail intérieur qui lui a été nécessaire pour trouver la bonne distance affective auprès d'eux, travail corrélatif de celui de ses référents.

Le second entretien lui permettra d'aborder un temps fort de sa thérapie au SMPR à savoir l'annonce de la mort de son père par le médecin-chef. Son infirmier référent évoquera avec lui la mort de son propre père. Monsieur H. se dira alors : "si lui a pu s'en sortir, j'y arriverai aussi." Il exprime par là sa capacité d'identification et sa possibilité de partage affectif. Il a ressenti alors beaucoup de respect et d'humanisme, ce sont ses propres mots, chez son infirmier référent. C'est la problématique du deuil qui est au centre de cet entretien, ainsi, bien sûr que la manière dont il peut m'investir en référence aux investissements de ses soignants référents. Il précisera qu'il a été indispensable que chaque soignant reste dans sa fonction, c'est ce qui lui a permis de ne pas devenir fou ; importance de la rencontre qui permet l'identification mais qui n'engendre pas la confusion ; confusion qui rend fou.

L'entretien suivant tournera autour du sentiment qu'il a de s'éloigner de ses référents et que c'est certainement dû aux entretiens avec moi. Il exprime là, le jeu des investissements dans la dialectique désinvestissement-investissement. La suite de cet entretien verra arriver l'évocation de souvenirs de départs et de retours et en particulier du départ du SMPR pour son jugement et de son retour dans l'institution après celui-ci.

Le quatrième entretien lui permettra d'exprimer un mouvement dépressif. Il décrira un état de grande passivité dans l'attente de son départ. Un mouvement d'idéalisation se met en place à mon égard alors qu'il ressent une agressivité importante vis-à-vis de ses référents qui, à son avis, le rejettent. Ce que l'on peut entendre comme la projection de son propre désir de rompre avec eux afin de conserver la maîtrise de la séparation tout en conservant un objet idéalisé dans l'institution. Rassurez-vous, cette idéalisation ne durera pas.

Les deux entretiens suivants seront consacrés à élaborer les affects dépressifs et agressifs en les liant à des représentations de perte. Ce qui l'amènera à évoquer son crime et les circonstances dans lesquels celui-ci est survenu. Il venait de perdre son travail et avait été rejeté par une famille d'accueil dans laquelle il avait été reçu pendant plusieurs années. Il dira qu'à ce moment là, il avait besoin d'évacuer ses "passions" dira-t-il et de les voir à l'extérieur dans l'embrasement de l'incendie pour se sentir complètement apaisé, pour ne plus rien ressentir.

Les deux entretiens suivants seront consacrés à l'évocation de souvenirs d'enfance, souvenirs en famille, de sa place dans la famille ; ceci bien sûr en lien avec la place qu'il a occupé dans l'institution. Le neuvième et dernier entretien sera très violent, l'imminence de son départ de l'institution réactivant beaucoup de souffrance. Il tentera dans une sorte de baroud d'honneur d'annuler tout ce qu'il a pu acquérir lors de son passage dans l'institution. Je terminerai cette série d'entretiens sur cette question alliant séparation et continuité : "Imaginez-vous, qu'un jour, vous reprendrez une psychothérapie ailleurs ?" Il me répond alors : "Non, je ne l'imagine pas. Il faudrait que quelqu'un me le dise. Mais je peux me le dire si je sens qu'il y a de l'excès, j'en aurais pas honte." C'est sur cette note d'espoir que nous nous quittons.

Depuis son transfert en centrale, il y a quelques années, Monsieur H. a écrit puis téléphoné régulièrement mais à des intervalles de plus en plus longs à ses infirmiers référents.

Inutile de vous préciser que durant toute la période qu'a duré ces entretiens, un important travail intertransférentiel entre les différents partenaires de la prise en charge a été nécessaire pour pouvoir penser à tout ce que nous avions à vivre dans ce temps particulier de la psychothérapie.

Dans ce survol beaucoup trop rapide de cette situation clinique nous pouvons relever trois temps principaux :
- une mise en histoire de la prise en charge psychothérapique dans l'institution,
- qui débouche sur une réinterrogation sur les circonstances du crime,
- pour se lier à l'histoire du patient dans sa famille.

Ces trois temps sont organisés par les affects et les représentations liés à la séparation et à la perte. Il est maintenant temps de nous séparer, nous vous remercions de nous avoir prêté attention.

- Pr P. Moron : A ce point là, la discussion aura lieu après cette question difficile et fréquemment évoquée, de la réflexion sur la notion d'état limite du jeune adulte, avec l'intérêt d'une articulation du travail psychiatrique intra-carcéral avec le secteur. Monsieur Senon, si possible dans les temps.

# Etat limite du jeune adulte
## Intérêt de l'articulation du travail psychiatrique intra-carcéral avec le dispositif de secteur

Dr Jean-Louis Senon

> Les jeunes adultes représentent une part importante de la population pénale. Le 1er Janvier 1994, les moins de 30 ans constituaient environ 54 % des détenus incarcérés dans les prisons françaises.
> Il est classiquement admis que 20 % des détenus relèvent, à un moment donné de leur trajectoire pénitentiaire, d'une prise en charge psychiatrique.
> Les jeunes adultes constituent une des priorités pour les équipes médico-psychologiques intervenant en milieu pénitentiaire. Leur psychopathologie est singulière et nécessite une référence à la clinique de l'adolescent, la nosographie de l'adulte étant bien peu opérante.
> Les Etats Limites psychopathiques du jeune adulte trouvent leur source dans des carences psycho-sociales graves qui génèrent des pathologies intéressant tout à la fois les secteurs enfant et adulte. L'intérêt de l'intervention du secteur psychiatrique est discuté, dans un travail qui va du dépistage des troubles mentaux intra-carcéraux à la prise en charge à la libération du détenu quand elle est possible.

Je vais essayer tout à la fois de parler dans le micro et de me servir de quelques illustrations chiffrées et de quelques tableaux pour mes propos.

La loi du 18 janvier 1994 légitime l'intervention des équipes hospitalières dans les établissements pénitentiaires en incitant à la signature de protocoles entre ceux-ci et les hôpitaux. Les équipes de secteur vont donc être confirmées dans leur mission de prévention et de soins, tout particulièrement dans les maisons d'arrêt. Si quelques équipes de secteur ont déjà une pratique bien ancrée, d'autres vont devoir découvrir la population pénale, déterminer ses besoins en santé mentale et négocier une stratégie d'intervention avec les responsables pénitentiaires dans le respect de l'éthique et de la déontologie du service public. Cette intervention ne sera sûrement pas sans poser des problèmes aux équipes de secteur, parmi lesquels la prise en compte de la singularité des pathologies rencontrées et surtout des états limites du jeune adulte qui représentent une part importante de la demande du milieu carcéral. L'exemple de la maison d'arrêt d'Angoulême, établissement de taille moyenne qui a été l'objet d'une recherche-action menée conjointement par l'équipe de secteur, le SMPR de Poitiers et l'Antenne Toxicomanie nous permettra de réfléchir à la stratégie d'intervention du service public et de l'adapter aux pathologies rencontrées qui imposent une relecture de la clinique des états limites à expression psychopathique du jeune adulte. C'est par rapport à cette clinique que l'on peut essayer de dégager les avantages et les limites de l'intervention des secteurs de psychiatrie générale en milieu pénitentiaire.

## I- Recherche-action menée en 1992-93 auprès de la population pénale de la maison d'arrêt d'Angoulême.

### I-1 : *Méthodologie* :

Le secteur de psychiatrie générale (Dr M.J. Amédro), le SMPR et l'Antenne Toxicomanie de Poitiers se sont associés en 1992 pour réaliser une recherche-action auprès de la population de détenus de la maison d'arrêt d'Angoulême.
Cette recherche avait plusieurs objectifs :
- étudier les caractéristiques psychosociales de la population de détenus afin de déterminer ses besoins en santé mentale
- préparer à terme l'intervention de l'équipe de secteur
- coordonner les interventions santé et les articuler avec le secteur socio-éducatif en créant un groupe de travail réunissant les équipes de lutte contre l'alcoolisme, la toxicomanie, le médecin généraliste et l'infirmière D.E., le psychiatre consultant et le secteur.
- faciliter ces interventions par une liaison avec les pénitentiaires : équipe de direction comme surveillants.

Pendant six mois, la majeure partie des entrants, soit 127 détenus, a fait l'objet d'un entretien d'accueil ayant comme objectif le dépistage des troubles mentaux et l'orientation vers l'équipe pouvant apporter une réponse adaptée.

## I-2 : *Données statistiques* :

I-2-1 : Nationalité, résidence, âge, logement et emploi :

La population de la maison d'arrêt d'Angoulême est essentiellement loco-régionale : de nationalité française dans 94% des cas, 66% des détenus habitaient le département de la Charente, 15% la région bordelaise.

L'âge moyen de la population pénale était de 30,6 ans et les moins de trente ans représentaient plus de 53% des détenus qui sont des hommes dans 96% des cas. Ces chiffres sont tout à fait identiques aux moyennes nationales.

Si 66% étaient célibataires, 48% vivaient en couple et 75 % avaient conservé des relations étroites avec la famille ; 23% vivaient encore au domicile des parents. 7% étaient sans domicile fixe.

37% des détenus accueillis avaient un emploi au moment de leur incarcération.

I-2-2 : Situation pénale :

Les prévenus représentaient 39,5% soit 5% de moins que la moyenne nationale, les condamnés 54%.

La nature du crime ou du délit était elle aussi très proche des moyennes nationales :
- crimes et délits contre les personnes : 40,2% (violences : 20%, homicides : 3,2%, crimes et délits sexuels : 17%). On constate une sur-représentation de la criminalité sexuelle, la moyenne nationale étant de 12%.
- crimes et délits contre les biens : 37% (vols : 29%, vols avec violence : 8%, incendie volontaire : 0,8%)
- conduite en état alcoolique : 7%
- infraction à la législation des stupéfiants : 10%

La durée de condamnation était très différente de la moyenne nationale : le temps moyen de condamnation était de 29 mois ; les peines de moins de 6 mois représentaient 44% des condamnés, celles de moins de 12 mois 60% de ceux-ci. La population pénale se confirmait être loco-régionale : uniquement 27,5% des détenus avaient été transférés.

48% des détenus avaient déjà été incarcérés, pour la plus grande part dans le même établissement et pour les mêmes délits ; 70% d'entre eux avaient des antécédents judiciaires et 37% de condamnation par le tribunal pour enfants ; il s'agissait alors en grande partie d'une population de l'agglomération.

I-2-3 : Données médicopsychologiques

On retrouvait chez 41% des détenus la notion d'une séparation précoce du milieu familial, la famille étant connue comme ayant été sur-assistée au niveau psychosocial chez plus des deux tiers d'entre eux. Cependant uniquement 4% avaient fait l'objet d'un placement en classe spécialisée, 41% avaient un niveau primaire et 49% secondaire. Seuls 24% avaient un diplôme ou une qualification. 37% avaient un emploi au moment de l'incarcération.

La recherche-action retrouvait 40% de détenus ayant des antécédents de troubles psychopathologiques. Parmi ceux-ci 10% avaient fait l'objet de consultations auprès d'un psychiatre, 15% avaient été hospitalisés en psychiatrie de l'enfant ou adulte, 14% avaient dans leurs antécédents une ou plusieurs tentatives de suicide, 40% une conduite d'alcoolisation et 23% toxicomaniaque ; 10% étaient déjà connus des intervenants santé.

I-2-4 : Orientation et stratégie de prise en charge

Les détenus pour lesquels une indication de prise en charge médicopsychologique était posée représentaient 66% de ceux qui avaient des antécédents psychopathologiques, 48% des alcooliques et 64% des toxicomanes. Ils étaient en grande partie âgés de moins de 30 ans et pour une grande part pouvaient être considérés comme des états limites à expression psychopathique ; ils acceptaient d'autant plus une prise en charge que l'entretien d'accueil était précoce et qu'ils étaient en situation de multirécidive, ne tolérant plus une cascade de réincarcérations répétitives.

Ceux qui adhéraient à la prise en charge proposée étaient surtout des prévenus, rencontrés dès les premiers jours de leur incarcération, domiciliés dans le département, 52% étaient incarcérés pour des délits et crimes sexuels, 50% pour infraction à la législation des stupéfiants, 37% pour vols, et 33% pour conduite en état alcoolique.

## II- Etats limites à expression psychopathique de l'adulte jeune : une clinique à revisiter

Les Etats Limites à expression psychopathique constituent, chez les adultes jeunes, la clinique psychiatrique la plus commune mais aussi la plus désarçonnante pour l'équipe psychiatrique exerçant en milieu pénitentiaire ; les passages à l'acte répétés, auto ou hétéro-agressifs, constituent la demande de consultation la plus fréquemment présentée au psychiatre par les pénitentiaires. Une bonne connaissance de cette clinique s'avère donc indispensable pour intervenir efficacement en prison.

La clinique psychiatrique de l'adulte est peu opérante sur le plan thérapeutique à l'image du DSM III R qui se contente de décrire la personnalité antisociale (301.70) caractérisée par un trouble des conduites et un comportement antisocial et irresponsable depuis l'âge de 15 ans ou la Personnalité limite (301.83). La CIM10 se contente elle aussi de décrire la personnalité dyssociale (F60.2) ou émotionnellement labile, impulsive ou borderline (F60.30, F60.31)). La clinique de l'adolescent apporte au contraire une compréhension psychodynamique essentielle pour la thérapie de ces patients qui posent le problème de la juste distance soignant-soigné et de la gestion d'une prise en charge évitant la fusion-rupture qui, depuis l'enfance, représente leur singulière relation à l'autre. En ce sens les équipes psychiatriques ayant une expérience de prise en charge d'adolescents en foyers d'accueil seront beaucoup plus préparées à une intervention en milieu pénitentiaire.

En 1977, H. Flavigny décrivait les formes nouvelles de la psychopathie et ses symptômes essentiels : passages à l'acte répétitifs, impulsivité, auto et hétéro-agressivité, besoin de satisfaction immédiate, contrastant avec la passivité, le désœuvrement et la dépendance avec, en toile de fond, angoisse et frustration affective permanentes. Il retraçait les caractéristiques essentielles de la biographie très stéréotypée de ces jeunes psychopathes : discontinuité brisante des relations affectives précoces et fréquence particulière des traumatismes de l'enfance : abandons, séparations, violences, deuils et agressions émaillent deux décennies qui ne semblent qu'une longue confrontation à l'adversité.

La sémiologie des états limites psychopathiques de l'adulte peut être rapprochée au niveau clinique des états limites de l'adolescent tels que les décrit D. Marcelli avec une symptomatologie marquée par l'absence de spécificité et surtout une variabilité temporelle qui incite à une grande prudence diagnostique et thérapeutique, tellement elle tranche avec les pathologies rencontrées dans les services d'hospitalisation des secteurs de psychiatrie adulte.

On retrouve parmi les signes cardinaux :

- la qualité particulière de l'angoisse : l'intolérance du patient aux fluctuations de son niveau d'angoisse est constante et permet souvent de comprendre les automutilations qui surviennent tout autant dans des moments d'angoisse suraigus que quand celui-ci se retrouve, sans anxiété apparente, face à une sensation de vide insoutenable.

- une pathologie de l'agir où les passages à l'acte aussi divers que tentatives de suicide, fugues, délinquance, comportements d'excès, conduites de risque ou addictives peuvent être interprétés comme lutte contre la passivité avec recherche d'une illusion de contrôle de la réalité, à l'image de ce que décrit R. Cahn chez l'adolescent.

- des dépressions à l'emporte-pièce marquées par des mouvements dépressifs brutaux, intenses mais rapidement résolutifs où la symptomatologie est essentiellement narcissique, caractérisée par la sensation d'ennui, de vide et le sentiment de dévalorisation.

- des épisodes de décompensation psychotique transitoires qui peuvent prendre l'allure de psychoses délirantes aiguës, d'états confusionnels ou de syndromes de régression psycho-comportementaux graves avec refus de communication et d'alimentation.

- des comportements de dépendance avec addictions multiples : alcool, drogues ou médicaments psychotropes sont souvent utilisés pour une recherche de défonce et dans une relation transitoire et épisodique au produit.

- des troubles de l'identité et du comportement sexuel : quête identitaire, sexualité chaotique ou absence de vie sexuelle, partenaires multiples avec instabilité et immaturité affectives.

Le fonctionnement mental est caractérisé par la prévalence des mécanismes de défense archaïques, tels que clivage et identification projective ; la faiblesse du Moi au sens de Kernberg et la défaillance du narcissisme primaire telle que la décrit Claude Balier sont souvent préoccupantes.

La prise en charge des jeunes adultes, présentant des états limites psychopathiques soulève les difficultés et paradoxes décrits par P. Jeammet dans les psychothérapies des adolescents : absence de demande ou ambiguïté de celle-ci, dépendance et passivité dont le constat est insoutenable, facilitation de l'agir au détriment du penser, problématique d'abandon s'opposant à une crainte constante de l'intrusion ; ce sont autant d'affects qu'il est essentiel de repérer dans la relation thérapeutique.

La première rencontre est fondamentale : le patient sait plus que tout autre prendre en compte l'intérêt, la disponibilité, et la solidité indispensable du soignant. C'est dans ce temps qu'il peut accepter de se regarder, de reconnaître sa lassitude devant ses comportements de répétition et les échecs qui s'accumulent, en même temps que se multiplient récidives et réincarcérations. La proposition d'aide de l'intervenant trouve alors écho ; c'est de ce premier entretien que pourra naître la demande.

Un travail d'équipe est essentiel pour assurer une prise en charge thérapeutique des adultes jeunes incarcérés présentant des états limites psychopathiques graves comme on les rencontre dans beaucoup de SMPR ou dans des institutions du milieu ouvert. Travailler en équipe permet de garder la bonne distance soignant-soigné avec des patients toujours en quête d'une relation élective, fonctionnant dans la séduction ou la provocation et pourtant incapables d'investir durablement la relation à l'autre, générant alors rapidement une rupture souvent clastique. Travailler en équipe permet évaluation, partage, continuité de la prise en charge et gestion du temps et de la distance.

Le travail d'élaboration alimente la prise en charge thérapeutique ; il est lecture du passage à l'acte, travail de mise en mots avec restauration du penser par rapport au vécu, en permettant au patient de se réapproprier ses passages à l'acte et de faire siennes en les mettant en continuité, les multiples histoires de lui-même rapportées comme appartenant à un autre.

Ce travail n'est possible que si est assurée la fonction contenante de la prise en charge ou de l'institution en restaurant le système de pare-excitation et en travaillant sur la Loi et les limites.

L'élaboration d'un contrat thérapeutique est souvent indispensable : il scelle l'alliance en établissant dans une limite temporelle, les exigences du thérapeute envers son patient et l'engagement en temps et attention des soignants. Ce contrat doit se garder d'être trop ambitieux, il doit tenir compte de l'aménagement défensif et des possibilités de réparation et d'étayage narcissique. Il s'agit là d'un travail en séquences, courtes plages d'investissement souvent alimentées par la souffrance et la douleur, dont il s'agira plus tard de trouver le fil. (Tableau I).

**Tableau I :**

```
┌─────────────────────────────────────────────┐
│ PRISE EN CHARGE DES ETATS LIMITES           │
│ PSYCHOPATHIQUES                             │
│                                             │
│ SPECIFICITE DU TRAVAIL THERAPEUTIQUE        │
└─────────────────────────────────────────────┘
```

> **TRAVAIL D'EQUIPE**

EVALUATION
PARTAGE
CONTINUITE
RELAIS
TEMPS ET DISTANCE

> **TRAVAIL D'ELABORATION**

LIRE LE PASSAGE A L'ACTE
TRAVAIL DE MISE EN MOTS : RESTAURATION DU PENSER PAR RAPPORT AU VECU
RESPONSABILISER LE PATIENT
TRAVAILLER LA RELATION SOIGNANT-SOIGNE
EVITER UN FONCTIONNEMENT DE TYPE FUSION-RUPTURE

> **ASSURER LA FONCTION CONTENANTE DE L'INSTITUTION**

RESTAURATION DU SYSTEME DE PARE-EXCITATION
TRAVAILLER SUR LA LOI ET LES LIMITES

> **TRAVAIL CONTRACTUEL**

LIMITE TEMPORELLE
EXIGENCES VIS A VIS DU PATIENT
ENGAGEMENT DU SOIGNANT

## III- Légitimité et limites de l'intervention du secteur de psychiatrie générale en maison d'arrêt

### *III-1 : Légitimité*

III-1-1 : Populations communes et proximité

En dehors des grandes agglomérations, le secteur de psychiatrie générale qui interviendra dans les maisons d'arrêt de taille moyenne, connaît bien les populations de l'établissement pénitentiaire ; très fréquemment les parents, frères ou soeurs font partie de la file active avec des antécédents de consultations sur le CMP ou des hospitalisations. Les pathologies rencontrées chez les parents sont souvent liées à l'alcoolisme notamment chez le père, parfois même chez le couple parental. Les troubles dépressifs sont souvent retrouvés chez la mère ou les soeurs avec des dysthymies qui ont pu être à l'origine de tentatives de suicide. Des troubles psychotiques se retrouvent avec une particulière fréquence dans la fratrie. Dans un nombre de cas important les familles sont sur-assistées au niveau psychosocial ; très souvent les secteurs de psychiatrie adulte et enfant sont déjà intervenants en partenariat avec les services sociaux avec, de façon significative, la notion de violences intrafamiliales Les toxicomanes, qui constituent toujours plus de 20% de la population pénale, sont aussi connus du secteur.

III-1-2 : Technicité du service public

Le secteur interviendra dans les maisons d'arrêt avec sa technicité : connaissance des milieux défavorisés, qu'ils soient ruraux ou urbains, tradition de travail partenarial tourné vers l'insertion du malade, dimension familiale et communautaire des prises en charge. Le suivi longitudinal de secteur, avec interventions à domicile, peut s'avérer précieux pour une part de la population d'adolescents et de jeunes adultes.

Le travail en équipe pluridisciplinaire qui est indispensable pour assurer la sérénité des prises en charges et la solidité de l'intervention de santé est bien dans la ligne de l'évolution actuelle des équipes de secteur.

III-1-3 : Déontologie et éthique

L'équipe médicopsychologique intervenant dans un établissement pénitentiaire est confrontée à de délicats problèmes éthiques et déontologiques. La difficile gestion de la population pénale peut, au quotidien, amener les pénitentiaires à ne voir dans les soignants que les agents d'une prise en charge n'ayant comme seul objectif la réduction des troubles du comportement.
Le respect de la personne, la volonté de délivrer dans la prison des soins de qualité équivalente à ceux proposés à l'extérieur, le rappel de la prééminence du secret médical dû à chaque patient-détenu, constituent les règles déontologiques préalables à toute intervention soignante. La mise en place de la loi du 18 janvier 1994 devrait constituer une avancée déterminante puisque l'intervention des services hospitaliers et notamment des secteurs de psychiatrie générale, ne pourra s'ancrer que si leur déontologie est acceptée et mise en pratique par les pénitentiaires.

## *III-2 : Difficultés et limites*

III-2-1 : Spécificités cliniques

Le secteur de psychiatrie adulte n'a pas l'expérience de la prise en charge de certaines pathologies. Certains secteurs ,qui ne disposent plus de centres de crise, ne rencontrent plus d'états limites à expression psychopathique ni de toxicomanies. De la même façon les psychopathologies associées à la criminalité sexuelle sont peu explorées par le service public de psychiatrie, qui en France ne s'est guère impliqué dans une recherche clinique et thérapeutique pourtant indispensable.
De la même façon, les équipes de secteur ne sont pas préparées à un travail auprès des populations pénales relevant de longues peines et attendant un transfert sur des maisons centrales. Dans ce domaine le relais devrait être assuré par les SMPR, avec recherches locales de complémentarités.

III-2-2 : Danger de l'isolement possible des intervenants

La loi du 18 janvier 1994 confie la mission de prévention et de soins aux équipes hospitalières. Il est indispensable que l'équipe de secteur entière se sente concernée par l'intervention dans la prison en établissant des liaisons indispensables avec les CMP, les Centres de

Crise ou les services d'entrée qui accueilleront éventuellement les détenus-malades mentaux qui relèveront de l'application de l'article D398 du Code de Procédure Pénale.

III-2-3 : Résistances et obstacles liés au milieu pénitentiaire

L'intervention dans le milieu pénitentiaire des hôpitaux généraux comme des secteurs de psychiatrie générale ne sera pas sans poser des problèmes ; beaucoup de maisons d'arrêt, et surtout les établissements de petite taille, sont loin d'être préparés à l'intervention statutaire d'équipes extérieures, sur lesquelles elles n'auront pas d'autorité directe et qui risquent d'être vécues comme intrusives. Beaucoup sera à faire pour équilibrer et négocier le travail des deux équipes dans le respect de la mission de chacune. Il s'agit là d'une psychiatrie de liaison que certaines équipes de secteur pratiquent de longue date.

III-2-4 : Evolutions actuelles du secteur

La paupérisation actuelle des hôpitaux et du service public de psychiatrie est préoccupante au moment où la loi du 18 janvier se met en place. Travailler dans la prison auprès d'une population éprouvante doit être une action valorisée par les tutelles comme par les Commissions Médicales des Etablissements hospitaliers.

III-2-5 : Moyens

L'intervention des secteurs de psychiatrie ne pourra se faire sans moyens : temps d'infirmiers, de psychologues cliniciens et de psychiatres. La dotation ministérielle permettra-t-elle au secteur d'établir une stratégie d'intervention sérieuse et d'assurer la continuité du service public, sans que cela ne soit au détriment des autres missions de santé publique ?

## LEGITIMITE ET LIMITES DE L'INTERVENTION DU SECTEUR

### LEGITIMITE

**POPULATIONS EN PARTIE COMMUNES**

**TECHNICITE DU SERVICE PUBLIC**
- TRADITION D'INTERVENTION AUPRES DES POPULATIONS DÉFAVORISÉES :
  - MILIEU URBAIN : MARGINALITE, TOXICOMANIE ET ALCOOLISME
  - MILIEU RURAL : ALCOOLISME ET CRIMINALITE SEXUELLES
- EQUIPE PLURIDISCIPLINAIRE
- TRAVAIL EN RESEAU ET PARTENARIAL
- CONTINUITE DU SERVICE PUBLIC

**DEONTOLOGIE ET ETHIQUE DU SECTEUR**
- RESPECT DE LA PERSONNE
- INDEPENDANCE STATUTAIRE
- RESPECT DU SECRET MEDICAL

### LIMITES DE L'INTERVENTION DU SECTEUR

**SPECIFICITES CLINIQUES**
- ETATS LIMITES PSYCHOPATIQUES
- TOXICOMANIES
- PSYCHOPATHOLOGIES ASSOCIÉES AUX CRIMES ET DELITS SEXUELS
- PSYCHOPATHOLOGIE DE LA GRANDE CRIMINALITE

**DANGERS DE L'ISOLEMENT POSSIBLE DES INTERVENANTS**
- RISQUES DANS LES PRISES EN CHARGE INDIVIDUELLES
- DIFFICULTES LIEES A LA DIMENSION INSTITUTIONNELLE

**DIFFICULTÉS ET OBSTACLES LIÉS AU MILIEU PENITENTIAIRE**

**DESENGAGEMENT ACTUEL DU SECTEUR**
- DIMINUTION DU NOMBRE DE LITS
- ABSENCE DE CENTRE DE CRISE

**MOYENS ?**

# Vous avez dit "spécificité" ?

Dr Charles Benque

> Où il s'agira de prendre le contre-pied d'une idée trop vite reçue. La clinique psychiatrique, où qu'elle s'exerce, doit prendre en compte l'environnement, au sens le plus large du terme. Pourquoi affirmer une spécificité de la pratique en prison sinon pour risquer de nous voir intégrés dans un dispositif de "gestion" des détenus ?
> Rappelons cette citation extraite de la chronique d'Amnesty International : *"Tout professionnel de santé a le devoir de soigner. Pourtant, en milieu carcéral, le rôle des soignants peut être ambigu et servir paradoxalement à l'exécution de la peine. L'autorité ne doit en aucun cas les obliger à adapter les prisonniers à un environnement pathogène. Au contraire, les soignants doivent être en mesure de défendre inlassablement les détenus contre les atteintes physiques et psychiques. L'éthique a ses règles, qui ne permettent pas la confusion entre le soin et la punition."*
> A la spécificité qui nous concernerait, je préfère la notion de différenciation, chaque patient devant être accueilli comme quelqu'un d'unique et de différent. Ce qui s'inscrit en faux par rapport à toutes les classifications auxquelles nous sommes peu à peu entraînés : "toxicomanes incarcérés", "délinquants sexuels", etc...
> On peut même se demander si la seule "spécificité" de notre position n'est pas d'avoir sans cesse à défendre, devant une institution dont la logique est opposée à la nôtre, notre absence de spécificité.

Puisqu'il s'agit de se présenter, j'aimerais dire que j'ai été expert pendant près de 10 ans à la Cour d'Appel de Versailles. J'ai démissionné le jour où j'ai pris mes fonctions à Fleury-Mérogis, considérant les deux missions incompatibles.

En préambule je situerai mes propos dans la perspective de la réforme actuelle de la médecine en prison. Réforme dont les enjeux sont fondamentaux et les ambitions formidables puisqu'il s'agit de rien moins que d'établir un véritable service de santé dans un lieu qui n'est pas fait pour ça.

Lorsque j'ai commencé mes études de médecine, le mot "spécificité" était le nom de code de la syphilis. On parlait d'"affection spécifique" pour ne pas dire maladie honteuse.

Aujourd'hui ce mot est lié à l'omniprésence de la référence à l'expert. On l'a déjà observé hier mais ça dépasse très largement notre cadre. Bien sûr nous ne sommes pas à l'abri du discours dominant. Au contraire, la psychiatrie en milieu pénitentiaire est sur la sellette et on célèbre sa "spécificité". Entendez : au sein même de la psychiatrie en général.

J'ai toujours été frappé par la désignation administrative des SMPR. Vous savez, bien sûr, que chaque secteur de psychiatrie publique est désigné par une initiale. On distingue G pour la psychiatrie générale ; I pour les intersecteurs infanto-juvéniles... et P pour les secteurs en milieu pénitentiaire. On a beaucoup dit sur la distinction enfants/adultes qui, à mon sens permet trop souvent de passer sous silence une évidence : on soigne l'enfant dans chacun de nos patients adultes et l'adulte en devenir dans chaque enfant ; sans parler des parents... Mais passons ; soulignons en tout cas qu'il y a une singulière rupture épistémologique entre cette distinction et la désignation des SMPR.

Sur quoi repose donc cette "spécificité" pour qu'on la clame avec autant de vigueur ? La sujétion aux règlements pénitentiaires, comme le disait hier Laurans? La prise en compte du milieu ? L'enfermement ? La population concernée ? Je pose la question parce qu'au fond quel psychiatre n'a pas à prendre en compte les contraintes particulières de ses patients ? Le chômage, les difficultés de logements, plus particulièrement celui qui exerce en milieu rural devra tenir compte des conditions de vie des ouvriers agricoles ; celui qui exerce en banlieue sera confronté aux conditions de vie des immigrés... Et il va de soi que l'on a à adapter la nature des soins à tous ces paramètres. Il n'y a pourtant pas une psychiatrie rurale, une psychiatrie des banlieues ou une psychiatrie du chômage...

Quel psychiatre n'est pas assujetti à des contraintes extérieures ?

Quant à la clinique des états-limites, il n'y a qu'à voir la littérature sur ce sujet pour être modeste et constater que nous ne sommes pas les seuls à nous y coltiner.

L'enfermement ? Je me souviens d'un exemple : lorsque je travaillais sur un secteur des Yvelines, je m'occupais d'une patiente schizophrène dont le gérant de tutelle refusait définitivement de lui donner plus de 200 francs par semaine en tout et pour tout, alors qu'elle avait hérité de biens substantiels qui nous auraient permis de construire des projets avec elle. C'est qu'elle avait des enfants et qu'ils ne voulaient pas entamer l'héritage... J'avais bien à considérer dans mon traitement cette dimension d'enfermement... Personne ne parlait de spécificité.

Que nous ayons à prendre en compte toutes les caractéristiques de la prison cela va de soi. C'est même exactement ce qui participe de ce que l'on appelle la clinique psychiatrique ; ni plus ni moins.

En revanche, accepter que nous serions des psychiatres différents sous prétexte que nous exerçons en prison nous conduit à de singulières dérives. J'ai été très touché hier par l'intervention de Madame Nerson-Rousseau. Elle nous expliquait qu'en prison, il y a une sorte de coalescence, de confusion du mot et de la chose. Et bien je ne suis pas loin de penser que, comme par un effet de miroir, nous glissons dans le même sens en affirmant trop rapidement une pseudo-spécificité de la "psychiatrie carcérale" (j'emploie à dessein cet abus de langage, si vous y faites attention, vous verrez qu'il revient très souvent dans nos discours. Il n'y a pas plus de psychiatrie carcérale que de médecine carcérale. Il y a la médecine et la psychiatrie exercées en prison). Où nous mène-t-elle, cette spécificité ? A parler des "toxicomanes incarcérés". Et en quels termes ? Combien d'années a-t-il fallu pour reconnaître aux antennes-tox une mission de soin alors qu'on n'y recrutait que des soignants ?

En revanche on continue d'entretenir la confusion quand on parle de récidive au lieu de rechute et que l'on évalue l'impact de notre travail en s'intéressant aux ré-incarcérations. Et surtout quand on continue de parler des "toxicomanes" comme s'il s'agissait d'une population homogène vis-à-vis de laquelle il y aurait une attitude thérapeutique univoque. J'ai souvent l'impression que cette spécificité nous autorise à tenir des discours sociologiques, politiques, surtout juridiques dans lesquels nous ne sommes pas particulièrement compétents ; parfois à nous prendre pour des experts en même temps que des médecins traitants, au détriment de notre champ, pour le coup "spécifique", celui de la clinique.

Autre dérive : depuis hier, combien de fois a-t-il été fait allusion aux "délinquants sexuels". Bien sûr, médias obligent, c'est un sujet incontournable ! Mais enfin, qu'est-ce que c'est, pour nous psychiatres qu'un délinquant sexuel ? Ou même appelons-le si vous voulez un "auteur de délit sexuel" ? Ça ne veut rien dire en terme clinique. Entre le père incestueux, le jeune violeur en réunion, le chef-scout pédophile et le meurtrier d'enfant, il n'y a aucun paramètre commun. Comment pouvons-nous alors accepter de nous engager dans une voie qui est définie par un seul critère pénal ? Et encore, il faut nuancer. Nous travaillons en prison. J'ai pour ma part l'idée que certains auteurs de délits sexuels n'y viendront jamais. En d'autres termes que nous ne voyons dans nos consultations de SMPR qu'un certain type de gens : ceux qui se sont fait prendre (et je laisse de côté la question, pourtant fondamentale en maison d'arrêt, de la présomption d'innocence). On prétend donc parler en termes de clinique, de recherche etc... d'une population, en ne s'adressant délibérément qu'à la partie émergée de l'iceberg. Et de toute façon, on n'attend de nous qu'une seule chose : qu'on les empêche de nuire. Et bien avec toute la sympathie (au sens le plus fort, étymologique du terme) et le respect dû aux victimes, il faut rappeler que la psychiatrie se fourvoie chaque fois qu'elle vise le traitement social. Je sais que c'est très grave de dire cela ici mais toute notre expérience clinique nous l'impose. La normalisation des comportements, si elle est possible en cours de traitement ne peut être considérée que "de surcroît" pour paraphraser un mot galvaudé de Lacan. Si nous voulons avoir une efficacité en tant que psychiatre dans ce domaine c'est exactement à condition de ne pas quitter ce cap et de ne pas confondre les discours.

La position du clinicien est de réinventer la clinique en face de chaque patient. On voit alors éclater la notion de spécificité d'UNE psychiatrie carcérale au profit de la prise en compte de chaque "quelqu'un" comme disait hier Madame Nerson-Rousseau citant Badiou. Je vois dans la spécificité le contraire de la différenciation, par les amalgames ou les regroupements sommaires qu'elle entraîne voire par l'indifférenciation qu'elle secrète et qui, pour le coup, est très typique du point de vue pénitentiaire. Je dirai qu'elle relève de la culture pénitentiaire, pas de la nôtre.

Je suis inquiet, pour ma part, d'observer comment se constitue une sorte de code des psychiatres exerçant en prison, je crains que notre supposée spécificité ne vienne recouvrir d'un voile pudique la perte de notre esprit critique.

Nous avons tous à nous interroger sur les motivations qui nous ont amenés à devenir psychiatres. Sur celles, peut-être encore plus intimes, qui nous ont fait choisir d'exercer en prison. Quand je vois la précipitation voire la gourmandise qui transparaît dans certains projets de recherche ou de traitements spécifiques, je pense qu'il y a urgence à s'interroger sur les motivations de certains experts spécialistes en délinquance sexuelle...

- Dr E. Archer : Je prends pour un temps très limité jusqu'au retour du Professeur Moron, la présidence de cette partie de séance. De ma place j'écoutais avec beaucoup d'intérêt l'intervention de Monsieur Benque, et je crois que beaucoup de questions et de réflexions vont en être inspirées. Je passe le témoin à Monsieur le Modérateur...
- M. A. Maurion : Bien, on va donner maintenant la parole à Michel Benezech.

# Les limites médico-légales de la psychiatrie pénitentiaire ou de la confusion des genres

Pr Michel Bénézech

*"Le mieux est l'ennemi du bien"*
Proverbe français

> Si prévenir, dépister et soigner les affections mentales chez les détenus n'est pas contestable sur le plan des droits fondamentaux de la personne humaine, reste à le faire dans le respect des règles déontologiques qui s'imposent aux professionnels de la santé. Or, l'évolution institutionnelle de la prise en charge des détenus malades mentaux jointe à la responsabilisation accrue des aliénés criminels tendent à confondre de plus en plus répression et thérapeutique. L'évolution de la terminologie qui assimile maintenant le soin en SMPR à une "hospitalisation" ainsi que les nouvelles dispositions législatives sur le traitement des délinquants sexuels nous paraissent significatives à cet égard. Alors que depuis trente ans on abat les murs des asiles pour éviter la ségrégation des malades mentaux, la désinstitutionnalisation du milieu libre s'accompagne paradoxalement d'un renforcement des lieux d'exclusion psychiatrique en milieu pénitentiaire. Pour limiter les effets négatifs de cette politique sanitaire du "tout carcéral", nous préconisons la simplification de la procédure de l'article D. 398 du Code de procédure pénale, la création de lits d'hospitalisation psychiatrique en milieu hospitalier et de centres d'observation et d'expertises mentales.

Vous me permettrez de parler debout, selon une vieille habitude, et sans micro.

Passer le deuxième jour est toujours difficile car l'essentiel a déjà été dit le premier jour et passer à la fin d'une session est encore plus difficile puisque ceux qui ont parlé avant vous ont mangé tout le temps. Malgré tout, je voudrais vous développer deux-trois petites idées importantes.

S'il n'est pas contestable que le développement des actions de santé en milieu pénitentiaire est une excellente chose, il faut se méfier quand même d'une ou deux dérives que je voudrais décrire.

La première est celle de l'hospitalisation en SMPR. On sait bien la sévérité des experts qui ont tendance à envoyer de nombreux psychotiques en prison, on sait bien que l'ouverture des centres hospitaliers, ex-spécialisés, avec la féminisation des personnels, la disparition des murs, l'ouverture des portes, rendent difficile le maintien des détenus en milieu psychiatrique. On sait bien que l'article D 398, qui permet d'hospitaliser en milieu psychiatrique un certain nombre de détenus, est difficile d'application dans beaucoup d'endroits voire totalement impossible. On sait bien que de nombreux services hospitaliers refusent ou renvoient de façon tout à fait prématurée et abusive les malades mentaux détenus qui y sont placés d'office. On sait bien que la réduction de capacité des unités pour malades difficiles et des secteurs de psychiatrie générale aggravent encore tous ces phénomènes. Tout ceci conduit lentement mais sûrement à ce que nous avons appelé "l'hospitalisation en SMPR".

Le législateur a-t-il bien pesé ce mot "hospitalisation", qui est passé dans le langage courant, on hospitalise dans le SMPR. J'ai même eu la malice, pour ne pas dire la malignité, de demander à mon ami Laurans de me communiquer son règlement intérieur de Fresnes et qu'y vois-je page 2 : les locaux hospitaliers comprennent un bâtiment de deux étages, rez-de-chaussée, sous-sol ; sa capacité est de 49 lits d'hospitalisation (tu as marqué 49 lits d'hospitalisation !). Plus grave, (je l'ai dit gentiment, c'est une petite pique amicale), le projet relatif aux soins dispensés aux détenus, que nous attendons tous, ce fameux décret d'application de la loi du 18 janvier 1994 qui dispose dans son article R.711-19 du Code de la santé publique : "L'hospitalisation des détenus est assurée :

1°) En cas de troubles mentaux par un service médico-psychologique régional, conformément aux missions définies au dernier alinéa de l'article 11 du décret du 14 mars 1986." Article 11 d'ailleurs qui ne dit pas un mot sur l'hospitalisation et qui renvoie au règlement intérieur type des SMPR. Ce dernier parle de suivis, de prises en charge de longue durée, à temps complet ou à temps partiel. Mais le mot hospitalisation n'est pas dans ces textes réglementaires. Or, en matière de troubles somatiques, ce même article R.711-19 dit que pour les autres pathologies, les détenus sont hospitalisés en milieu hospitalier. Il dit aussi : "Toutefois, les hospitalisations relevant de l'article D 398 du code de procédure pénale sont effectuées dans les établissements habilités, etc, etc (...)." Donc ce texte, qui risque de paraître d'un jour à l'autre, prévoit deux sortes d'hospitalisations : une dans les SMPR, une en hôpital psychiatrique. Alors le législateur, et j'ai presque envie de dire nos technocrates réglementaristes dans leurs bureaux, ont-ils bien pesé ce mot "hospitalisation" ? Car, qui dit hospitalisation dit obligations hospitalières, normes de locaux et de personnel, dit responsabilité particulière définie par la jurisprudence administrative, dit impératifs de garde et de sécurité et, comme ce serait des locaux hospitaliers avec une équipe hospitalière rattachée à un centre hospitalier habilité, on peut se demander si la loi du 27 juin 1990 ne s'appliquerait pas puisque cette même loi précise que ce type d'établissement peut recevoir des malades en service libre, en hospitalisation à la demande d'un tiers et en hospitalisation d'office. Donc, à la limite, en faisant les procédures normales pour ces hospitalisations, on pourrait imaginer que l'on a des HDT et des HO en milieu carcéral. Mais alors là, la loi prévoit les droits des malades mentaux, et les droits des malades mentaux dans la loi du 27 juin 1990 sont incompatibles avec les prescriptions du Code de procédure pénale en ce qui concerne les relations avec l'extérieur. Alors je sais bien qu'il y a une réponse du ministère dans ce conflit de textes, réponse qui d'ailleurs me paraît, je dois le dire, tout à fait adéquate, mais ce n'est qu'une réponse du ministère, elle n'a pas de valeur réglementaire ou législative et Dieu sait ce que conclurait une juridiction administrative ? La question mérite d'être posée. Donc tout ça évidemment soulève beaucoup de problèmes : la contrainte de soins, et surtout la double exclusion. On supprime les "asiles" à l'extérieur, on les réduit, on les fait rétrécir, on diminue les lits, on diminue les personnels et, à l'inverse, on augmente les capacités psychiatriques en milieu pénitentiaire. Ça pose un problème de fond qui est un problème important. Il faut donc éviter ce "tout carcéral" qui petit à petit rentre dans les moeurs. Il faut créer des lits pour les détenus en milieu hospitalier. Pour ça, il faut appliquer l'article D 398 du Code de procédure pénale. J'ai dit que dans la plupart des endroits on ne pouvait pas ou difficilement. Moi je le fais depuis 16 ans à Bordeaux, 10 ou 15 fois par an, par la procédure d'urgence, parce que je n'ai pas de lits. Alors on avait mis au point cette procédure et ça marche très bien mais la plupart des confrères ont beaucoup de difficultés. Il faut donc rendre applicable, de façon effective, cet article D 398. Il faut modifier légèrement la loi du 27 juin 1990 pour que le problème des détenus hospitalisés d'office soit réglé de façon précise, au mieux de tous. Il faut que tout SMPR ait quelques lits psychiatriques en hôpital. Il est anormal qu'un SMPR ne puisse pas placer quelques malades mentaux graves dans un centre hospitalier sans avoir à batailler pendant des jours ou des semaines avec les collègues hospitaliers. Pour ce faire, à l'unité pour malades difficiles de Cadillac, nous avons tenté de monter un petit "pavillon judiciaire", la dénomination n'est peut être pas la plus heureuse on pourra toujours la changer et, bien que ce pavillon n'ait pas reçu de reconnaissance officielle de la part des autorités, il dispose de 19 lits dans lesquels on peut mettre les malades de la Maison d'Arrêt de Bordeaux-Gradignan, mais aussi d'autres établissements pénitentiaires.

Le deuxième petit problème que je voudrais évoquer concerne les relations entre le médecin traitant, le médecin expert et la commission de l'application des peines. On en a parlé hier. Prenons l'exemple du soin au délinquant sexuel, parce que la loi du 1er février 1994 dit que tout condamné pour agression ou atteinte sexuelle, - j'insiste bien sur le mot atteinte sexuelle, ce n'est pas pareil dans le code pénal, il y a d'un côté les agressions sexuelles et puis plus loin il y a les atteintes sexuelles -, exécute sa peine "dans des établissements pénitentiaires permettant d'assurer un suivi médical et psychologique adapté". C'est une très bonne chose, bien évidemment, mais petit à petit le problème de l'évaluation de nos délinquants sexuels va se poser. Il est bien certain que les pressions de la justice vont augmenter sur les équipes soignantes. Il est bien certain que l'évaluation de ces catégories de délinquants sexuel qui posent des problèmes spécifiques, car nombre de délinquants sexuels ont des déficits spécifiques en matière relationnelle, de choix du partenaire sexuel, de fantasmes sexuels déviants, nécessitent des techniques psychologiques particulières. Et bien évidemment la justice va s'intéresser à tous ces problèmes d'évaluation. Or, ces évaluations par qui peuvent-elles être faites ? Par les médecins traitants qui disposent du temps et de la confiance des détenus ? Le médecin expert lui n'a ni le temps, ni la confiance du détenu. Or, le médecin traitant n'a pas les dossiers judiciaires et il est tenu au secret professionnel. Certes, il peut le contourner légalement par le fameux article D 378 du Code de procédure pénale que je n'ai pas entendu citer hier, ce qui m'a un petit peu étonné de la part de cette noble assemblée pleine de gens éminents. L'article D 378 du Code de procédure pénale dispose que le médecin peut remettre au détenu, à sa famille ou à son conseil avec l'autorisation expresse du détenu, les certificats médicaux nécessaires. Il n'y a donc pas là violation du secret professionnel puisque le certificat est remis le plus souvent en mains propres au détenu, selon la pratique médico-légale usuelle. On peut toujours remettre à notre malade un certificat. Ce dernier en fait ce qu'il veut, il l'affiche à la porte des églises, des temples ou des synagogues si ça lui plaît, il le fait photocopier et le distribue dans la rue, c'est son problème. Le médecin le remet au malade, à sa famille ou à son conseil avec son accord et moi j'ai pour habitude de faire signer une petite lettre au détenu comme quoi il me donne son accord express pour le remettre à son avocat ou à ses proches. Il y a là un moyen très simple de régler le problème du secret professionnel chez le détenu.

Pour terminer, puisque j'en ai terminé, je dirais que pour solutionner toutes ces difficultés il faudrait créer quelques centres d'observation et d'expertise psychiatriques pour les affaires pénales difficiles ou sérieuses. Pour les affaires complexes ou très graves, je trouve anormal qu'il n'y ait pas en France ne serait-ce que deux, trois ou quatre centres d'observation bien équipés, avec des professionnels expérimentés qui pourraient, dans des conditions éthiques et médico-légales bien définies, observer les criminels, donner des avis compétents et adaptés à la justice de façon à procurer les meilleures chances d'amélioration ou de guérison au détenu malade, ou soi-disant tel, et à éclairer la société qui a le droit et le devoir de se défendre. Je vous remercie de votre attention.

- Dr E. Archer : Voilà une intervention très dense qui présente deux parties très différenciées, des propositions concrètes, des analyses théoriques et éthiques tout à fait profondes. Ces deux interventions que j'ai eu la chance d'écouter de cette tribune, sont remarquables et feront date, je l'affirme, dans l'histoire de la psychiatrie en milieu pénitentiaire. Naturellement l'éloquence des orateurs et leur profondeur de pensées ne doivent pas refroidir l'enthousiasme de la salle pour la discussion ultérieure. Je crois qu'il y a encore un orateur....?

- M. A. Maurion : Evry Archer était en train d'essayer de vous anesthésier. On va laisser Zagury parler.

# Mais où est passée la psychose ?
# Evolution de la jurisprudence expertale

Dr Daniel Zagury

> A travers les notions génériques "d'état de démence" puis de "trouble psychique ou neuropsychique ayant aboli le discernement ou le contrôle des actes", le législateur a laissé le soin au psychiatre en position d'expert de définir les limites nosographiques et médico-légales de ses réponses.
> On peut donc évoquer, par analogie avec les pratiques juridiques, une jurisprudence expertale dont l'expérience montre qu'elle est de plus en plus restrictive. Si les traités classiques en donnaient les principes directeurs, cette jurisprudence apparaît aujourd'hui de l'ordre du non-dit, derrière l'invocation "du respect de la clinique". Mon propos est justement de soutenir que la clinique est mise à mal, ce que les psychiatres des prisons peuvent aisément constater avec la responsabilisation accrue des aliénés criminels.
> Je tenterai de montrer que cinq paramètres (au moins) concourent à cette évolution restrictive :
> - l'importance croissante de la prise en compte du rapport entre l'état mental au moment des faits et la nature de l'infraction,
> - la perception par le corps des psychiatres d'une inadéquation de la loi pour l'aliéné délinquant, mais aussi pour sa victime,
> - l'état des lieux médico-judiciaires (évolution des secteurs, UMD, SMPR...),
> - l'état de la thérapeutique,
> - la complexification de nos modèles psychopathologiques.

> En fin de course, dans un lacis d'inextricables contradictions médico-judiciaires, c'est la loi elle-même qui risque d'être transgressée (par une application trop restrictive) mais aussi la clinique, dont le respect est notre seule légitimité, quand l'acharnement à dissoudre la psychose passe au premier plan. Il me semble en particulier que, loin de contribuer à une exploration des formes nouvelles d'entrée dans la schizophrénie, des manifestations héboïdophréniques, des rapports complexes entre psychopathie grave et psychose, de la question des délires en acte, des défenses perverses contre-dissociatives... la psychiatrie médico-légale feint de les ignorer ou, en tout cas, n'en donne pas d'autre issue que la prison.

Ma communication s'intitule : "Mais où est passée la Psychose ? Evolution de la jurisprudence expertale". Je vous dois des explications sur ce titre : lorsque mon amie Odile Dormoy m'a sollicité, nous avons échangé des anecdotes quelque peu ludiques à propos de la cocasserie de certaines expertises, dans leur acharnement à escamoter la dimension psychotique. Après avoir bien ri, dans un premier temps, nous nous sommes heureusement ressaisis, car il s'agit d'une question de la plus haute gravité ; d'où la deuxième partie du titre, plus digne du niveau des interventions remarquables de la journée d'hier et de votre attente légitime. Encore une précision : s'il m'arrive de me moquer, c'est de quelques uns, bien sûr, mais aussi de moi-même, car il faut bien avouer que la complexité des enjeux nous amène, les uns et les autres, à orienter différemment nos pratiques avec le temps et l'expérience. L'enfer ce n'est pas seulement les autres, et c'est justement parce que je crois que nous sommes aujourd'hui à un tournant, que je me permettrai d'insister sur un certain nombre de principes fondateurs qui, s'ils sont bien connus de la plupart, n'en sont pas moins aujourd'hui régulièrement mis à mal.

Le premier point que j'aborderai concerne le caractère **générique** des notions d'"état de démence" puis de "trouble psychique ou neuropsychique ayant aboli le discernement ou le contrôle des actes". Le législateur a laissé le soin à l'Aliéniste puis au psychiatre en position d'expert, de définir les limites nosographiques et médico-légales de ses réponses. Cela paraît tout à fait évident à un auditoire français mais, comme pourraient vous le confirmer le Docteur Campbell, ici présent, ou Michel Bénézech, qui a traité la question dans l'un de ses ouvrages, il en a été tout autrement en Angleterre à compter de 1843, avec les fameuses règles Mc' Naghten : elles exigeaient que l'auteur de l'acte n'ait pas compris ce qu'il faisait, n'en ait pas intégré le caractère illicite... Voilà qui a donné lieu à d'innombrables réélaborations pour réajuster ces principes à la réalité clinique, notamment à celle des actes commis par des psychotiques.

En France, on peut évoquer, par analogie avec les pratiques juridiques, une "jurisprudence expertale", dont l'expérience objective, à la lecture du taux de non-lieux psychiatriques d'année en année, montre qu'elle est de plus en plus restrictive.

Je partage avec Odile Dormoy l'intuition d'un probable retour prochain de balancier mais il est trop tôt pour se montrer affirmatif et pour présumer de l'impact de la reformulation par l'article 122-1 du Nouveau Code Pénal.

Si les traités classiques donnaient les principes directifs de cette jurisprudence expertale, elle apparaît aujourd'hui de l'ordre du non-dit, vaguement honteux, derrière l'invocation de rigueur du "respect de la clinique". Mon propos est justement de soutenir que la clinique est mise à mal, ce que les psychiatres de Secteur en milieu pénitentiaire peuvent aisément constater avec la responsabilisation accrue des aliénés-criminels. Pour tenter de clarifier la question, j'aimerais fournir **deux précisions préalables.**

1°) **A titre d'exemple** : ouvrons la bible de nos Maîtres, le "POROT-BARDENAT". On peut y lire : *"En fait, si le médecin est, par son savoir et sa profession, apte à saisir des traits pathologiques, il doit garder l'optique sociale et, investi d'une sorte de délégation de la justice, ne pas perdre de vue la question de la protection sociale"*. Et les auteurs rappellent les "sages conseils" de Rogues de Fursac :

*"ne conclure à l'irresponsabilité que s'il est possible d'assurer la défense sociale par des mesures d'ordre médical et d'assistance (internement, par exemple) ;*

*- ne conclure à la responsabilité atténuée que si l'on est certain que cette indulgence n'aura pas pour effet d'augmenter la nocivité du sujet ;*

*- toutes les fois que la défense sociale ne peut être assurée par des mesures médicales et que l'indulgence risque d'augmenter la nocivité du sujet, laisser la répression sociale avoir son plein effet, même si le sujet apparaît plus ou moins taré mentalement."*

Ce que l'on écrivait dans les traités est aujourd'hui de l'ordre du non-dit.

2°) **Autre rappel nécessaire** : toute expertise psychiatrique relève, en schématisant à l'extrême, d'au moins deux niveaux référentiels hétérogènes :

- le premier concerne le recueil sémiologique, l'analyse psychopathologique et l'inférence nosographique (leur élimination lorsqu'il s'agit d'un sujet au fonctionnement mental non pathologique, occurrence évidemment la plus fréquente) ;

— le second concerne la partie proprement médico-légale, ouverte sur la criminologie clinique. On peut alors mettre en relation l'état mental au moment des faits et l'acte incriminé.

Mais s'il est tout à fait possible, en toute rigueur médico-légale, de décrire un état mental pathologique sans nécessairement conclure, ipso facto, à l'abolition du discernement, c'est tout autre chose que d'être tenté d'escamoter la réalité psychopathologique, de la banaliser ou de la sous-évaluer, pour justifier ses conclusions.

Dans le premier cas, il s'agit d'un choix médico-légal discutable, mais rendu souvent possible par l'évolution de la jurisprudence expertale. C'est tout le problème qui nous préoccupe aujourd'hui. Dans le second cas, je vous laisse le soin de faire les commentaires qui conviennent. A vrai dire je ne pense pas que cette dérive "psychiatricide", pour reprendre le néologisme cher à Henri Ey, soit sciemment prise par des cliniciens rigoureux. Je me pose par contre des questions sur la pesée congruente des facteurs que je vais maintenant tenter d'analyser.

A chaque époque, il se crée en effet une sorte d'équilibre complexe, d'homéostasie, entre ce que j'appellerai, pour la commodité de l'exposé, l'état des lois, l'état des lieux, l'état de l'interprétation médico-légale, l'état de nos modèles psychopathologiques, l'état de la thérapeutique... et de nos idéologies. C'est la toile de fond, l'air du temps, des décisions expertales. **Tous ces paramètres concourent à l'évolution restrictive de la jurisprudence expertale.**

### I/ L'état des lois

Cela est tellement connu que je n'y insisterai pas, et ce n'est pas le Nouveau Code Pénal, avec le malheureux *"n'est pas pénalement responsable"*, qui changera fondamentalement les choses. Quoi que l'on puisse penser des dérives outrancières et des illusions idéologiques de ceux qui croient que "la prison est le lieu de la loi" et que "la peine permet d'accéder au symbolique"... il n'en demeure pas moins qu'une grande partie de la communauté psychiatrique perçoit une inadéquation de la loi pour l'aliéné délinquant. Je suis de ceux qui pensent que les victimes et leurs familles sont également privées de toute procédure symbolisante, pour reprendre la formule de Jean Ayme. Le non-lieu psychiatrique et l'arrêt brutal de l'instruction pénale, sans autre forme de procès, ne permettent pas au processus (dont procès dérive étymologiquement) de deuil, de reconnaissance sociale de la souffrance subie, de déplacement de la vengeance... de se déployer normalement.

Un certain nombre d'associations de victimes le disent haut et fort, et elles ont raison. Les juristes, souvent bien embarrassés, car cela touche aux fondements même de notre Droit Pénal, commencent à les entendre. Les arguments si souvent énoncés sans succès par les psychiatres à propos de l'Aliéné-criminel,... aboutiront peut-être grâce aux familles des victimes. Cela n'est paradoxal qu'en apparence, car la justice est justement le lieu où l'intérêt virtuel de la victime, de son agresseur et de la société se rejoignent, dans la quête maximale de la vérité.

Les réformes nécessaires verront peut-être le jour, permettant le procès de l'aliéné délinquant quand sa présence s'avèrera possible, aboutissant à la décision de non-punissabilité et à l'orientation vers des soins... Dès aujourd'hui, il paraîtrait envisageable de donner à la fin de l'instruction une orientation plus cérémonielle : audience de fin d'instruction permettant notamment aux parties civiles de bénéficier de toutes les explications souhaitables de la part des experts...

Mais n'anticipons pas : pour le moment ce sentiment d'inadéquation de la loi engendre une répugnance à conclure à l'irresponsabilisation, avec le risque d'une évolution trop restrictive de la jurisprudence expertale. C'est l'"effet pervers" d'un souci peut-être légitime, **dont on peut espérer qu'il s'atténuera quand la justice réajustera le formalisme de ses procédures à l'évolution des mentalités et de la place du malade mental dans la société.**

## II/ L'état des lieux médico-judiciaires

Là encore, je ne fais que répéter ce que pratiquement tous les orateurs ont exprimé :
\* Evolution des services hospitaliers des secteurs vers l'ouverture, avec refus d'assumer certaines pathologies...
\* Unités pour Malades Difficiles contraintes de prendre en charge des malades qui relevaient autrefois des services dits ordinaires.
\* Existence même des SMPR qui, de facto, offrent un lieu possible de soins en prison...

Vous connaissez mieux que moi, pour les vivre tous les jours, les effets pervers d'évolutions, par ailleurs évidemment positives.

Prendre la décision d'adresser dans le service du voisin un malade dont on ne voudrait à aucun prix dans le sien, est une contradiction souvent difficilement assumable...

### III/ L'état de l'interprétation médico-légale

Voilà un point probablement plus subtil, moins bien connu : avec Georget, élève d'Esquirol, l'état de démence est devenu "synonyme" d'aliénation. Le principe en a été pratiquement conservé, malgré un certain affinement. Par exemple, Chauveau et Faustin Elie incluaient dans le champ d'application de la loi "toutes les variétés de l'affection mentale" touchant à l'intelligence, la manie délirante mais aussi la manie sans délire... **"pourvu que leur influence sur la perpétuation de l'acte puisse être présumée."** Il faut insister sur le poids des mots : la présomption d'autrefois est devenue le rapport direct et exclusif entre l'état mental et l'acte aujourd'hui. On est passé d'une contre-indication à l'action judiciaire, à un tri, certes instauré dans la bataille médico-judiciaire, mais admis par la communauté des Aliénistes, à un choix beaucoup plus discriminatif. **Quoi qu'il en soit, le principe demeurait intangible pour les psychoses** : dans le "Traité de Pathologie Mentale" sous la direction de Gilbert Ballet, on peut lire de la plume de Charles Vallon : "Toutes les psychoses confirmées entraînent l'irresponsabilité de celui qui en est atteint."

On peut estimer que le deuxième terme du couple "nosographie-analyse médico-légale" a pris une importance croissante, d'où (entr' autres) une dissociation entre des diagnostics souvent convergents et des conclusions médico-légales divergentes, comme si la jurisprudence expertale devenait anarchique. Parallèlement, l'expert est devenu de plus en plus "criminologue", de moins en moins "pur clinicien". Je suis de ceux qui pensent que l'ouverture à la criminologie clinique est une évidente nécessité, mais "à manipuler avec précaution"... et que le psychiatre en position d'expert n'est jamais aussi performant que dans le champ qui lui est propre, avec les concepts qui sont les siens, notamment lorsqu'il affine ses analyses psychopathologiques ou ses approches du fonctionnement mental, celles dont il fait usage lorsqu'il soigne ses malades... C'est justement dans la saisie des mouvements et des processus que l'on peut prétendre, plus souvent qu'on ne le dit, à une prédictivité (à condition de ne pas confondre pronostic clinique et astrologie).

Autrement dit, s'il est absolument indiqué de prolonger nos intérêts vers la criminologie clinique, nous perdrions notre identité et la validité de nos outils conceptuels, si nous déplacions le centre de gravité de notre activité de la clinique psychiatrique vers la criminologie, tel "Arlequin valet de deux Maîtres." Il suffit de constater l'ironie des criminologues, les vrais... : *"Le psychiatre qui n'a pas une grande expérience et surtout une expérience pertinente avec les délinquants, risque de faire du charlatanisme...*" (Maurice Cusson - Forensic n°4). C'est bien de pertinence, en effet, qu'il s'agit. La criminologie est pluridisciplinaire. Restons humbles et ouverts. Gardons nos limites et travaillons avec d'autres, sans nous prendre pour ce que nous ne sommes pas.

### IV/ L'état de nos modèles psychopathologiques

La complexification de nos modèles est venue renforcer la tendance précédente, ouvrant l'éventail des interprétations médico-légales possibles. On a raison d'insister aujourd'hui sur le fait qu'un schizophrène qui commet une infraction ne relève de l'application de l'article 122-1 que dans l'hypothèse d'un lien entre l'acte et le processus schizophrénique. Comme n'importe quel homme qui, par ailleurs, vole, viole, agresse... il ne peut agir en toute impunité. Tout psychiatre qui soigne en connaît les ravages...
Il est donc judicieux, dans l'interprétation médico-légale, d'analyser soigneusement les liens entre le processus dissociatif, le délire... et l'acte.
Mais il faut bien admettre, dans certains cas, que cela peut conduire à des discussions byzantines sur la part du processus, des défenses contre-dissociatives, des aménagements caractériels voire de la partie dite saine du Moi... Après un acte immotivé archétypique, le sujet qui retrouve quelques aménagements caractériels, l'héboïdophrène à l'impulsivité maligne qui récupère ses aménagements pervers... peuvent poser des difficultés redoutables en masquant après-coup la nature même du passage à l'acte.
A ce niveau de complexité, qui est celui de la plupart des "querelles d'experts", il faut préciser sur quelle jurisprudence l'on s'appuie : pour ma part, quand l'acte d'un psychotique est en relation avec le processus psychotique lui-même et avec les réaménagements qu'il engendre, je m'en tiens à la loi et à la tradition de l'école française. Si l'on veut changer les "règles du jeu", il faut le dire.

### V/ L'état de la thérapeutique

C'est le fameux : "C'est un malade mais nous ne pouvons rien pour lui en l'état actuel des choses."
Il peut paraître paradoxal de prétendre que l'évolution de la thérapeutique a exclu de façon croissante les psychotiques des soins

extra-carcéraux. Nous avons tous le sentiment que l'efficacité des soins a progressé... Mais il faut bien réaliser que pour un Aliéniste ou un psychiatre d'avant-guerre, conclure à la nécessité d'un internement à durée indéterminée ("à vie") était une sage décision quand elle s'imposait. Chacun, dans son service, avait de tels malades. Il suffit de lire les comptes-rendus de discussions dans les Annales Médico-Psychologiques... Tandis qu'aujourd'hui, face aux contraintes de gestion, d'efficacité, de durée d'hospitalisation limitée, "d'image libérale"... je vous laisse le soin de remplir les points de suspension..

Les cinq paramètres que je viens de développer ne peuvent, bien sûr, être isolés qu'artificiellement. Leurs effets se recoupent largement. **Mais en fin de course, dans un lacis d'inextricables contradictions médico-judiciaires, c'est la loi elle-même qui risque d'être détournée, voire transgressée, et c'est la clinique, dont le strict respect est notre seule légitimité, qui risque d'être trahie.** Loin d'enrichir le débat scientifique, loin de relancer, depuis son poste d'orientation privilégié, la recherche clinique, la description des formes nouvelles de pathologie... la psychiatrie médico-légale est menacée d'être ravalée à la pratique parallèle de quelques uns, peu prestigieuse, coupée de l'évolution de nos connaissances, alors qu'elle était autrefois le ferment de la réflexion clinique pour la majorité des psychiatres, notamment hospitaliers. Je me suis déjà expliqué sur ce point. De nombreux collègues d'horizons divers, oeuvrent dans le même sens, par leur enseignement ou leur pratique.

Mais, il faudra tout de même un jour que les Magistrats nous aident à sortir de la consternante médiocrité d'un système qui encourage, sans le dire, les experts à devenir des "serial experts" : il y a une contradiction fondamentale entre les justes principes de la Cour de Cassation et l'état des pratiques.

- D'un côté, l'on refuse le professionnalisme expertal ; et il est vrai qu'un expert qui ne serait qu'expert... ne serait plus rien du tout, faute de légitimer son savoir d'une pratique thérapeutique et institutionnelle.

- D'un autre côté, les Juges d'Instructions soumis à la surcharge des dossiers, à la nécessité de limiter la "lenteur de la justice", inondent de missions d'expertise les praticiens inscrits sur les listes... ne lisant parfois que les conclusions des rapports.

L'expert qui prend le temps nécessaire à l'examen de l'intéressé, à la rédaction d'un rapport détaillé, nuancé, approfondi, doit affronter des conditions d'accueil souvent catastrophiques dans les Maisons d'Arrêt, patientant longuement dans les couloirs ; se voit suspecté de gagner des fortunes quand ses honoraires sont notoirement insuffisants, lorsqu'il fournit un rapport étoffé ; doit pouvoir se rendre aux Assises, après avoir préparé sa prestation, selon des impératifs d'horaires tellement contraignants depuis l'instauration malheureuse de l'unicité, que son emploi du temps de praticien (qui soigne des malades, anime une institution ou reçoit une clientèle privée...) en devient pratiquement ingérable (sans aucune rémunération conséquente) ; doit parfois affronter l'ironie de quelques Magistrats qui ne cachent pas le peu d'attention qu'ils accordent à une pièce qualifiée de formelle... Dans ces conditions, il n'est pas étonnant que la lassitude et l'usure finissent par le gagner, au point de se demander s'il n'y a pas quelque masochisme à placer trop haut la barre de la collaboration médico-judiciaire...

A vrai dire, il y a trop de collègues et de juristes soucieux de consacrer et renforcer la qualité de cette collaboration, pour que cette situation inacceptable puisse longtemps perdurer ! A moins qu'on ne veuille instaurer un corps d'experts professionnels, totalement dépendant de l'autorité judiciaire, coupé de l'évolution des pratiques, entièrement disponible dans l'urgence, compensant par la multiplicité des actes la modestie des honoraires... C'est la tentation, me semble-t-il, d'une partie du corps judiciaire.

Il me fallait le dire, car trop de facteurs concourent aujourd'hui à la médiocrité des pratiques, en dépit de la prise de conscience croissante de Magistrats, d'Avocats et de collègues qui partagent ce souci. La psychiatrie médico-légale ne se fait pas sur des nuages... **mais revenons à la clinique** puisque mon propos d'aujourd'hui est de montrer qu'elle est mise à mal par une série de paramètres aux effets congruents :

- N'a-t-on pas grossièrement escamoté la question des **"délires en acte"**, parce qu'elle embarrasse la psychiatrie médico-légale qui a historiquement privilégié "la déroute de la chose qui pense", comme je l'ai développé récemment en compagnie de J. Chazaud ?

- Sait-on encore aujourd'hui individualiser ces **héboïdophrènes** à l'impulsivité maligne" (Henry Ey), dont la discordance n'est que transitoire mais dont le style même de l'existence chaotique porte la marque psychotique (Chazaud) ? Est-ce parce que le tableau n'aboutit pas à une "déchéance marquée", comme il était classique de le dire, qu'il échappe souvent aujourd'hui à la sagacité expertale ? Les héboïdophrènes marquaient la frontière entre Asile et prison (Kahlbaum, Guiraud...) ; cette limite s'est-elle déplacée ?

- Qu'avons nous à dire de ces sujets qui commencent leur cursus par des tableaux psychopathiques typiques pour l'achever comme d'authentiques schizophrènes (Ropert) ? Lorsque je travaillais en maison d'arrêt, ils avaient sérieusement ébranlé mes repères et je suis frappé aujourd'hui de voir des patients aux conduites pseudopsychopathiques traités de simulateurs quand leur symptomatologie (qui s'exprime à travers le prisme de leur personnalité de base) est archétypique d'une décompensation délirante, "comme dans les livres."

- Que dire des **modes d'entrée dans la schizophrénie**, fine fleur de l'Ecole Française, notamment dans l'étude minutieuse du fameux stade médico-légal de la démence précoce ? Qui aujourd'hui a lu Christian, Mademoiselle Pascal, Mignot, Antheaume, Halberstadt ?... Que penser de ce contresens après des "actes immotivés" typiques ? : si le sujet ne s'est pas désintégré dans les semaines qui suivent l'acte, c'est la preuve qu'il n'était pas schizophrène !... Se souvient-on des minutieuses descriptions de Paul Guiraud ? A-t-on refoulé les analyses géniales de Sven Follin fustigeant le retour à l'inéluctabilité processuelle de Kraeplin, contredite par les études épidémiologiques depuis plus de vingt ans ? Auditeur attentif de la conférence de consensus sur les stratégies thérapeutiques à long terme dans les psychoses schizophréniques, je crois pouvoir dire que le consensus scientifique n'a pas encore fait l'adhésion de quelques collègues experts ? Y aurait-il une psychiatrie médico-légale coupée de l'évolution générale du champ clinique ?

- Et je passe sur **la dimension perverse** dont le repérage paraît paralyser la pensée de quelques uns. Certes les perversions répondent à une réalité clinique polymorphe qui n'obéit pas le plus souvent aux critères d'irresponsabilisation. Mais a-t-on oublié que l'on observe des mouvements pervers dans les modes d'entrée dans la schizophrénie, des dynamiques perverses dans les décompensations d'organisations très diverses ? Est-il besoin de rappeler que c'était l'obsession des cliniciens du début du siècle, que de différencier "démence précoce" et "folie morale", justement parce que c'est loin d'être toujours évident ?

Tout se passe aujourd'hui comme si la moindre manifestation perverse engendrait ipso facto une exclusion (il sort du champ médico-légal), une pensée tautologique (s'il a commis cet acte, c'est une "structure perverse") et un pseudo-diagnostic. Le comble, c'est quand la théorie psychanalytique est invoquée, à grands coups de proclamations éthiques pour justifier l'abstention thérapeutique...

- Bref, seuls les "fous caricaturaux d'Asile" (et encore !) passent le plus souvent l'obstacle expertal... selon une "macro-clinique" bien éloignée de nos traditions. Que cela ne favorise pas la connaissance des formes nouvelles d'expression médico-légale de la pathologie psychotique, cela tombe sous le sens !

Ce qui m'amène à **conclure ainsi** ce long plaidoyer-réquisitoire auto et hétéro-critique : dans l'embrouillamini actuel, il convient que nous nous appuyions sur deux balises, deux butées, la Clinique et la Loi :

- La Clinique, sauf à scier une branche qui nous soutient, ne peut être trahie : nous perdrions toute légitimité, toute crédibilité (si ce n'est, hélas, déjà fait !).

- La Loi, quelles que soient nos opinions, quels que soient nos espoirs de réforme, demeure la Loi, à respecter comme telle.

Le psychiatre a besoin de ces "garde-fous". Il n'est pas possible de continuer à invoquer la Loi à tout bout de champ, à longueur de séminaire ou de réunion institutionnelle, et de mépriser la Loi qui nous régit, hors des limites de laquelle nous serions pris au jeu de l'omnipotence.

Il ne s'agit pas de la même Loi, me rétorquera-t-on d'un air savant ! Mais qu'est-ce qu'une loi (interne, symbolique...) qui ne serait comprise que du psychiatre, tandis qu'il afficherait sa défiance à l'égard de la Loi commune ?

J'ai écouté avec un ravissement mêlé d'horreur l'exposé si drôle et si documenté (à la source) de Catherine Ehrel, journaliste à "Libération", nous rapportant comment nos élus et gouvernants ont justifié leurs propositions en s'abritant derrière l'avis savant de tel psychiatre, avant de fustiger notre impuissance et nos contradictions présumées : dans un premier temps, on nous attribue collectivement une toute puissance fallacieuse, avant de faire de nous des boucs-émissaires devant endosser la responsabilité des récidives...

Chaque émission, chaque revue, se doit désormais d'agiter sa marionnette psychiatrique au "grand guignol de l'info médiatique"... Le slogan, le bon mot, la phrase-choc, prime sur toute pensée élaborée, toute explication mesurée. Quand les penseurs d'aujourd'hui nous sensibilisent à "l'hypercomplexité", les médias offrent en pâture la phrase tronquée de l'un, la moitié de la pensée de l'autre... pourvu qu'elles illustrent ce qu'il fallait démontrer... Pas même trois p'tits tours et puis s'en vont. L'alibi psychiatrique, hier dénoncé par Daumezon, est devenu la règle.

J'ai oublié de citer, mais je pense que vous l'avez compris, notre troisième "garde-fou" : la filiation à l'esprit de l'Ecole Française, dont nous avons tout lieu d'être fier. Car ce n'est pas seulement la dignité de l'expert qu'il s'agit de défendre, mais celle de la clinique elle-même, dont il serait "psychiatricide" de priver l'autorité judiciaire mandante, au nom de je ne sais quelle idéologie passagère.

La psychiatrie contemporaine n'est pas née dans les choux, ne s'est pas auto-engendrée. N'est-il pas cruel de constater, par l'un de ces retours de balancier de l'Histoire, qu'après les batailles des Aliénistes pour sauver les aliénés de la guillotine, conformément à un principe antique, nous en venions à les laisser croupir en prison (sous le prétexte qu'il y a là-bas des psychiatres)..." pour enfin accéder à la dimension symbolique !" Non seulement ces malades représentent la "part maudite" de l'évolution générale de la psychiatrie, mais la riche clinique qui soutenait nos approches médico-légales est elle-même aujourd'hui menacée de disparition.

Je vous remercie de votre attention.

- Pr P. Moron : Voilà, je vous prie de bien vouloir excuser mon absence, pour des exigences, encore une fois administratives. La discussion est ouverte, après ce discours passionné, et passionnant ! Allons y.

- Dr J. Laurans : Bien, ayant été mis en examen par Michel Bénézech, il faut quand même que je lui réponde.

- Dr M. Bénézech : Tu as un non-lieu, un non-lieu...

- Dr J. Laurans : Mais pour le moment je ne l'ai pas encore ce non-lieu...

- Pr P. Moron : Laissons le débat se dérouler.

- Docteur J. Laurans : Alors, effectivement je prononce dans le règlement intérieur, dont je suis l'auteur, le mot hospitalisation. C'est vrai que le terme hospitalisation est ambigu. Il faut quand même remarquer que les lits de SMPR figurent au schéma directeur d'organisation hospitalière. Eh oui ! Nous figurons dans ces textes là, et le nombre de lits de SMPR rentre dans le schéma général. C'est vrai que ces lits, c'est l'Administration Pénitentiaire qui les gère pour partie, puisque c'est elle qui apporte la clientèle, c'est elle qui apporte les draps, la nourriture, etc, mais ce sont quand même des lits hospitaliers. Dire qu'en cas d'incident, le Directeur hospitalier pourrait être mis en cause, ce n'est pas du tout impossible. Si on met en cause un infirmier, c'est bel et bien le Directeur hospitalier qui est concerné. Alors, ce sont des lits hospitaliers tout en en n'étant pas, en en étant quand même un petit peu.

- Dr M. Bénézech : Voilà, c'est là le problème.

- Dr J. Laurans : Voilà c'est ambigu, je te l'accorde. Merci du non-lieu.

— Dr M. Bénézech : Juridiquement ce n'en sont pas. Le malade admis dans un SMPR n'est pas admis au centre hospitalier.

— Pr P. Moron : Il n'empêche que c'est le centre hospitalier qui gère, que je sache.

— Dr M. Bénézech : Mais il n'est pas admis et il n'est pas soumis à la loi du 27 juin 1990 car il serait alors obligatoirement soumis à la loi du 27 juin 1990 si c'était un lit hospitalier. La loi dit que les établissements habilités par le préfet à recevoir des malades mentaux sont soumis à la présente loi.

— Dr J. Laurans : Parce que parfois il y a des services de psychiatrie qui ne sont pas soumis à la loi de 1990.

— Dr M. Bénézech : Oui, mais nous dépendons d'hôpitaux psychiatriques publics soumis à cette loi et habilités par le préfet. La plupart des SMPR sont gérés, quand même, par des établissements psychiatriques, il faut bien le dire. Pas tous mais la grande majorité ...

— Dr J. Laurans : Tous, tous. Cite-moi un exemple de SMPR qui ne le soit pas.

— Dr M. Bénézech : Il me semblait qu'il y en avait un, peut-être Bois d'Arcy.

— Dr J. Laurans : Mais pas du tout, Bois d'Arcy dépend de l'hôpital Charcot à Plaisir. Non, non, il n'y en a aucun qui ne dépende pas d'un service hospitalier.

— Dr M. Bénézech : Donc ça renforce mon argumentation, si je puis dire.

— Pr P. Moron : Docteur Delteil.

— Dr P. Delteil : J'ai été chef de service psychiatrique et expert judiciaire depuis 1956, c'est-à-dire que j'ai quand même un certain recul des choses et je dois avouer que l'intervention de notre collègue Zagury m'a beaucoup rassuré sur l'intérêt pour la psychopathologie de certains experts encore, car depuis une dizaine d'années, j'avais assisté à une dérive très inquiétante, qui est d'ailleurs je crois, due au fonctionnement actuel de la justice parce que vers les années 60-70-75 avec un certain nombre de collègues, nous avions essayé d'affiner très largement la psychopathologie de l'expertise (et nous y étions parvenus). Depuis une dizaine d'années, sous l'influence d'ailleurs du comportement des magistrats qui exigent des rapports déposés de plus en plus rapidement, et dont ils se contentent le plus souvent de lire les conclusions sans même discuter avec vous du contenu du rapport (ce qui était tout à fait habituel dans les années 70), donc depuis une dizaine d'années, il y a une dérive de l'expertise qui est infiniment inquiétante. Mais je voudrais surtout intervenir sur des problèmes beaucoup plus profonds, comme celui de la prise en charge des délinquants à personnalité pathologique, j'ai constaté une certaine unanimité de la part des intervenants, pour dire que l'hôpital psychiatrique n'est plus du tout adapté à la prise en charge des délinquants et, à part certaines expériences de médecins de secteur qui sont particulièrement intéressés à ce genre de clientèle, la grande majorité de nos collègues psychiatres de secteurs sont extrêmement réticents pour s'intéresser à ces problèmes. D'un autre côté, nous avons constaté, en écoutant les rapports sur le fonctionnement des centres médico-pénitentiaires régionaux, que la continuité de la prise en charge ne peut en aucun cas être assurée, et qu'en outre, le fonctionnement de ces centres dans une atmosphère coercitive tout à fait particulière qui est celle de la pénitentiaire, ne permet pas de travailler dans des bonnes conditions. Quand j'écoute la qualité, l'approfondissement des prises en charge effectuées par un certain nombre de collègues, je me dis que s'ils étaient dans des conditions d'environnement favorables, le résultat serait certainement parfaitement excellent. Et c'est pour ça que, devant l'impossibilité de la prise en charge par des secteurs psychiatriques d'un côté, et par les SMPR de l'autre, pour un travail approfondi et de qualité, car vous savez qu'en matière psychiatrique la continuité est absolument indispensable (nous avons été à l'origine des développements des secteurs), on s'est aperçu, qu'indiscutablement, le fait de prendre en charge un malade mental sur la très longue durée par une même équipe est un élément indispensable à un bon résultat thérapeutique. Je ne vois pas pourquoi parce qu'on est détenu, on échapperait à cette règle et au contraire. Justement l'immaturité de la personnalité de la plupart de nos délinquants pathologiques, qui, comme l'a fait remarquer Madame Durand-Poudret, ont été soumis à des ruptures affectives répétées, supportent encore moins bien que les autres cette rupture de prise en charge thérapeutique, qui est apportée par le fonctionnement des SMPR puisqu'ils ont en charge des patients, pendant un temps limité, qui ensuite vont dans d'autres prisons pour être repris en charge par des équipes souvent beaucoup moins performantes. Donc c'est pour ça que je me bats depuis une vingtaine d'années pour essayer de faire créer des centres de traitement et de réadaptation, qui eux permettraient, dans le cadre de la condamnation pénale et non pas dans le cadre de la loi de 1990 sur l'internement, - c'est-à-dire dans des conditions psychologiques et judiciaires beaucoup plus satisfaisantes, dans le cadre du fonctionnement de l'application de la peine -, des prises en charge qui seraient beaucoup plus efficaces et beaucoup plus satisfaisantes. Je m'arrête là parce que je pourrais continuer comme ça indéfiniment.

- Pr P. Moron : Ça serait une prise en charge indéfinie et éternelle alors Monsieur Delteil.

- Dr D. Durand-Poudret : Je vais essayer de répondre quand même, parce que notre intervention de ce matin était sur le temps et peut-être que c'est important de préciser que, si on s'en donne les moyens, on peut garder en SMPR un détenu pendant deux/trois/quatre ans voire cinq ans. C'est-à-dire que c'est quand même un temps important pour faire un travail avec un détenu, pour permettre une restauration à minima de sa personnalité, et moi je n'ai pas le sentiment que de passer la main à un collègue, à un autre moment, dans un autre temps, avec un autre choix et une autre demande du détenu, soit forcément quelque chose de difficile. Et je dirai qu'à la limite, je crois que c'est enrichissant pour le détenu de pouvoir retravailler avec quelqu'un d'autre ce qu'il a vécu dans une équipe à un moment donné.

- Pr P. Moron : Des réactions ? Plusieurs doigts... Madame Dormoy, quand même ...

- Dr O. Dormoy : Je voudrais dire, pour répondre très rapidement à cette question, qu'il y a une autre possibilité, en tout cas celle que j'essaye d'appliquer. C'est la possibilité de reprendre un détenu que j'ai suivi pendant deux ans ou trois ans et qui est parti ensuite suivre son destin pénitentiaire. Je pense qu'il y a en effet un moment où le premier temps psychothérapique est terminé et le détenu peut alors effectuer son temps de détention dans un autre établissement. Puis je le reprends dans mon service, à sa demande, et avec l'accord de l'Administration Pénitentiaire (qui n'a jamais fait obstacle à ce genre de projet) quelques mois avant sa sortie pour, dans la dynamique qui se crée alors, réengager avec lui un projet thérapeutique. J'ai eu plusieurs exemples de ce type qui ont donné des résultats tout à fait intéressants. D'une part, je pense que ce type de prise en charge permet d'aménager ce qui est de l'ordre de la continuité/discontinuité, indispensable à un véritable travail thérapeutique qui s'articule sur des moments et des rebonds. D'autre part, on oublie souvent que les critères d'affectation dans des établissements pour peine se fondent sur des critères administratifs (nature et temps de peine, appréciation de la personnalité du détenu et non du malade) alors qu'il est important de mettre en place un projet de sortie en liaison avec le secteur, dans le lieu où doit résider le détenu après sa sortie. C'est-à-dire qu'il faut substituer la notion de secteur psychiatrique à celle de secteur pénitentiaire, si on veut que la sortie s'effectue dans les meilleures conditions. Pourquoi ne pas considérer que les SMPR qui interviennent au moment de l'incarcération n'interviendraient pas également au moment de la libération, en aménageant ainsi de nouvelles perspectives cliniques qui ne soient plus le suivi-poursuite du patient mais des espaces-temps thérapeutiques proposés et prenant en compte la dynamique du patient et son lien intersubjectif avec son parcours pénal.

- M. G. Du Mesnil Du Buisson - Vice président de l'association nationale des juges de l'application des peines : Je crois que je vais rejoindre tout à fait ce que vient de dire Madame Dormoy. Je suis un petit peu étonné lorsqu'on entend Monsieur M. Bénézech parler des pressions de la justice. Parce qu'évidemment la justice n'est pas demandeuse, et qui va désirer avoir une modification de son régime pénitentiaire c'est tout d'abord le condamné concerné. Je crois qu'il faut prendre conscience qu'on est passé tout de même de la peine très fixe, peine châtiment, à une peine évolutive. Et de ce point de vue là ce qui m'étonne toujours c'est lorsqu'on se situe, et en particulier lorsque l'on parle des courtes et moyennes peines d'emprisonnement, dans un cadre : quel va être le mieux vivre en prison. On s'installe dans la durée, dans un cadre pénitentiaire préétabli. Prendre conscience de cette notion de dynamique évolutive, à laquelle Madame Dormoy faisait implicitement allusion, c'est d'une part envisager la modification des lieux dans le cadre du traitement pénitentiaire, c'est aussi trouver, dans le cadre du sens de la peine, une évolution qui va faire que la préparation à la sortie doit commencer bien avant la moitié de la peine. Envisager que quelqu'un puisse sortir, éventuellement pour une journée, avec un accompagnement, sans accompagnement, cela fait partie de la dynamique de la peine et c'est à prendre en considération. Alors quelle est la relation actuellement qui existe entre le juge, juge de l'application des peines généralement dans ce cadre là, et le médecin. C'est une relation en "V", c'est-à-dire que le juge a une relation avec le condamné et le condamné/patient a une relation avec le praticien médical. Et le juge de demander au condamné un certain nombre de renseignements, d'indications, que celui-ci va répercuter ensuite sur son médecin : "il me faudrait un certificat médical pour ceci, pour cela...", et généralement la réponse qui va être apportée ne correspondra pas nécessairement à la demande parce qu'effectivement le seul médiateur entre le juge et le praticien aura été finalement le délinquant, ce qui peut prêter à sourire. Est-ce qu'à cette relation en "V", où les deux sommets des deux branches sont le juge et le médecin, et la base, la pointe, le patient/condamné, il n'y a pas lieu, dans certains cas, et dans un cadre clair, de substituer une relation triangulaire dans la mesure où, l'expertise, on en a parlé hier, si elle rend compte d'une photographie, d'une situation donnée, ne rend pas compte d'une évolution. Et lorsqu'on se situe dans une dynamique évolutive d'une peine, il y a lieu de prendre en compte cette évolution. Est-ce que

Monsieur X, présent pour une durée de deux ans, est apte à poursuivre le traitement pendant sa peine en sortant peut-être trois jours par semaine pour se rendre en tel lieu afin d'aménager la suite ? Ce qui m'a frappé c'est tout de même cette distanciation, cette division, au sein même de la psychiatrie, entre psychiatrie pénitentiaire et psychiatrie, - passez-moi l'expression - , extra-pénitentiaire, alors même qu'il s'agit d'une même science. Pour instaurer cette relation triangulaire, et j'en ai fini, est-ce qu'il n'y a pas lieu de s'interroger par-delà l'expertise, sur un mandat judiciaire de traitement ? Ce qui ne veut pas dire, je le précise bien, que le tout de la personne soit intégré dans ce mandat judiciaire de traitement. Il ne s'agit pas du mieux vivre en prison, il ne s'agit pas de la personne elle-même, il s'agit, et je trouve qu'on l'oublie continuellement, de la restructuration avec la personne, d'une problématique initiale qui est très très éludée au cours de nos débats et qui fait tout de même partie de la peine puisqu'à l'origine de celle-ci.

- Dr M. Bénézech : Dans mon propos, qui était extrêmement schématique, j'évoquais davantage les pressions de l'administration pénitentiaire que celles du juge de l'application des peines. Les premières elles, sont quotidiennes. Vous savez, j'ai 52 ans, j'en ai passé 26 en prison et dans un service de sûreté. La moitié de ma vie, jusqu'à ce jour, s'est passé dans des milieux fermés. J'ai donc une assez "grosse" expérience, j'y suis tous les jours. Alors c'est vrai ce que vous dites, c'est surtout l'administration pénitentiaire plus que le juge de l'application des peines.

- Pr P. Moron : Voilà, rectification éventuellement importante.

- Dr E. Archer : Je voulais répondre à Monsieur M. Bénézech sur la question de la loi du 27 juin 1990 et de l'article D 398. Non seulement les SMPR ne sont pas régis par la loi de 1990, cela a déjà été dit et je dirai même que lorsque les détenus sont admis en psychiatrie, et y séjournent, en application de l'article D 398, contrairement à une opinion généralement admise, contrairement à la pratique administrative et même aux arrêtés préfectoraux, ça ne peut pas être en application de la loi du 27 juin 1990.

Premièrement, les sujets concernés ne sont pas les mêmes. Les sujets qui sont hospitalisés d'office le sont pour dangerosité personnelle ou par rapport à la collectivité, alors que les détenus le sont pour aliénation mentale. Premier alinéa de l'article D 398 : "la dangerosité n'intervient que pour mettre en place la procédure d'urgence". Donc ce ne sont pas les mêmes sujets qui sont concernés.

Deuxièmement, la loi de 1990 a pour titre : "droits et protection des personnes hospitalisées en raison de troubles mentaux". La plupart de ces droits ne sont pas applicables au détenu qui séjourne dans un service de psychiatrie. Vous savez bien que le magistrat intervient pour limiter le courrier, etc, etc... Les droits ne sont pas les mêmes, la population n'est pas la même, la plupart des innovations de cette loi ne s'appliquent pas au détenu incarcéré, - la sortie décès par exemple n'est pas quelque chose de facile à mettre en oeuvre -, toutes les dispositions qui concernent la loi de 1990 ne concernent pas nos malades. Et cela s'explique de deux manières : d'une part la loi de 1990 a supprimé un article, c'est l'article 24 de la loi du 30 juin 1838 qui disait explicitement "que les malades mentaux ne pouvaient pas séjourner en prison". Ce qui fait qu'il n'y a pas de textes juridiques valables pour ce décret D 398, dans la mesure où nous sommes en contradiction avec une loi.

Et pour finir, je voudrais changer rapidement de sujet pour inviter à réfléchir sur une proposition de M. Bénézech : pourquoi on ne peut pas envisager qu'il y ait des lits gérés par les SMPR dans les services hospitaliers pour l'admission de nos malades qui le nécessitent ?

- Dr M. Bénézech : Je dois quand même répondre. Je suis tout à fait d'accord avec la deuxième idée que tu exprimes, qui est la première dans ma brève allocution. Mais par contre, le vieux légiste et enseignant que je suis ne peut pas être d'accord avec ta première remarque. Lorsqu'un malade détenu rentre à l'hôpital, il y rentre évidemment en HO sous le couvert de la loi du 27 juin 1990, il n'y a pas d'autre possibilité. À la commission départementale des hospitalisations psychiatriques de Gironde, que je préside, nous nous étions posés la question des droits des détenus hospitalisés d'office. Nous avions écrit au ministère de la santé qui nous a répondu très justement que les dispositions du Code de procédure pénale s'imposaient par rapport aux droits fondamentaux prévus par la loi du 27 juin 1990. C'est-à-dire, par exemple, qu'un malade en HO détenu mis en examen ne peut correspondre avec l'extérieur que sous le contrôle du juge d'instruction, ce qui me paraît tout à fait normal. Mais, c'est quand même dans le cadre de la loi du 27 juin 1990, même si toutes les dispositions de ce texte ne s'appliquent pas.

# Wesfälisches Zentrum für Forensische Psychiatrie (Allemagne)

Dr Heinsfreid Duncker

> L'expérience de Westphalie s'inscrit dans les règles générales concernant la responsabilité pénale du sujet en RFA.
> Seront tout d'abord exposés le cadre légal, son application et les conséquences thérapeutiques ou carcérales qui en découlent. Ensuite sera décrite succinctement l'évolution qui a été prise par la psychiatrie légale clinique en Westphalie en insistant tout particulièrement sur les apports psychothérapiques et le développement d'un programme de réhabilitation.
> Enfin, sera envisagé sous un angle critique le problème posé par l'amalgame entre les aspects sécuritaires et les conditions thérapeutiques, inhérent au contexte allemand dans ce domaine.

Les problèmes de l'intervention clinique en psychiatrie légale en Allemagne ne peuvent se comprendre que si l'on se consacre tout d'abord aux conditions qu'impose la législation allemande dans le domaine de la psychiatrie légale. Exposer brièvement l'expérience qui est actuellement faite depuis 10 ans en Westphalie ne peut donc se faire qu'à condition que cette situation particulière qui est extrêmement différente de la situation en France soit bien claire. L'exposé va donc suivre 4 points :
1) Les conditions générales de la psychiatrie légale en R.F.A..
2) La situation particulière en Westphalie.

3) Structures et fonctionnement du centre de psychiatrie légale de Lippstadt-Eickelborn.
4) Critiques et évolutions possibles de la situation actuelle.

## 1) Les conditions générales de la psychiatrie légale en R.F.A. :

La situation de la psychiatrie légale en Allemagne est, de prime abord, définie par les conditions qui règlent la question de la responsabilité pénale. A la différence de la situation française, le Code Pénal allemand prévoit deux modalités de restriction de la responsabilité pénale dans ses articles 20 et 21[1].

Au nom de 4 critères psychologiques, l'expert peut exposer les conditions qui fondent soit l'irresponsabilité en raison de troubles psychiques, soit la responsabilité atténuée. Ces critères psychologiques sont :
- un trouble mental pathologique,
- un trouble profond de la conscience,
- l'imbécillité,
- ou une autre déviation mentale grave.

L'expert doit se prononcer sur le fait que le trouble constaté décrit bien l'état psychique du sujet au moment des faits et il doit, en outre, se prononcer sur le lien qui existe entre ce trouble psychique décrit et le fait incriminé. Par ailleurs, le tribunal demandera des indications pour savoir si au nom de ce trouble, d'autres actes illicites semblables à celui pour lequel le sujet est inculpé, risquent d'être commis par la personne si elle n'est pas soignée.

Au niveau des experts, la question la plus difficile n'est pas de répondre à la différenciation légale si le sujet était incapable d'apprécier le caractère illicite ou s'il était incapable d'agir selon son discernement

---

[1] Code pénal de la République fédérale d'Allemagne
§20 Irresponsabilité en raison de troubles psychiques
N'est pas responsable de son acte celui qui, lors de la commission de l'acte est, en raison d'un trouble psycho-pathologique, d'un trouble profond de la conscience, ou d'une faiblesse d'esprit, ou de tout autre affaiblissement intellectuel ; incapable d'en apprécier le caractère illicite, ou d'agir selon ce discernement.
§21 Responsabilité atténuée
Si la capacité de l'auteur de comprendre le caractère illicite de l'acte ou d'agir selon son discernement est, lors de la commission de l'acte, diminuée de façon importante pour l'une des causes mentionnées à l'article 20, la peine peut être atténuée par application de l'article 49, alinéa 1.

mais, d'une part, d'attribuer le diagnostic posé à l'une des 4 catégories médico-psychologiques et, d'autre part, dans le cas de la responsabilité atténuée, de bien décrire la gravité du trouble incriminé qui ne peut se faire que par la description de ses effets au niveau de la conduite de la vie en général et l'altération globale de cette capacité en relation avec ce trouble.

Les diagnostics correspondent aux quatre critères médico-psychologiques énoncés par le Code Pénal (les troubles mentaux pathologiques, les troubles graves de la conscience, l'imbécillité, autre déviation mentale). Deux catégories posent de grands problèmes dans la pratique des experts. Il s'agit, d'une part, des troubles graves de la conscience, et d'autre part, de l'autre déviation mentale grave. Le législateur a ainsi prévu pour les troubles de la conscience grave, des troubles non pathologiques tels que l'on peut les observer au cours d'états émotionnels aigus ou tels que certains états passionnels. Le terme de "autre déviation mentale grave" recense l'ensemble de la psychopathologie de la personnalité qui n'est pas reconnue, par certains auteurs allemands, comme une pathologie psychiatrique au sens propre mais plutôt comme un défaut de caractère. Suite à cette expertise dont j'ai brièvement évoqué les règles, le sujet est soit reconnu irresponsable ou à responsabilité atténuée - et alors se pose le problème de l'internement en psychiatrie légale -, ou alors il est reconnu comme responsable, ou la responsabilité atténuée n'a pas pu être formellement exclue par l'expert et alors, la sanction pénale traditionnelle, depuis l'amende jusqu'à l'emprisonnement, en est la conséquence. La question de l'internement en psychiatrie médico-légale a deux versants : d'une part, les conditions nécessaires pour que le tribunal puisse le prononcer et, d'autre part, le déroulement légal formel de cet internement[1]. En ce

---

[1] Code pénal de la République fédérale d'Allemagne
*§63 Placement dans un hôpital psychiatrique*
(1) Lorsqu'une personne a commis un acte illicite en état d'irresponsabilité (art. 20) ou de responsabilité atténuée (art. 21), le tribunal ordonne le placement dans un hôpital psychiatrique s'il résulte de l'appréciation globale des circonstances relatives à l'auteur et à son acte qu'il faille s'attendre à ce que, par suite de son état, il ne commette des actes illicites graves, et s'il présente en conséquence, un danger pour la société.
(2) Toutefois, le tribunal ordonne le placement dans un établissement sociothérapeutique lorsque les conditions prévues à l'article 65, alinéa 3, sont réunies.
*§64 Placement dans un établissement de désintoxication*
(1) Lorsqu'une personne a tendance à user avec excès de boissons alcooliques, ou de toutes autres substances enivrantes, et a été condamnée pour un acte illicite commis en état d'ivresse, ou qui se rapporte à son penchant, ou qui n'a pas été condamnée pour la seule raison que son irresponsabilité a été démontrée, ou ne peut pas être exclue, le tribunal

qui concerne les conditions requises pour qu'un internement médico-légal soit prononcé, il faut d'une part, qu'en raison d'une maladie des catégories susnommées, quelqu'un ait commis un crime ou délit, c'est-à-dire qu'il faut constater et l'acte commis, et une relation directe entre l'acte et l'état pathologique. D'autre part, il faut que l'expert conclue au moins positivement à la responsabilité atténuée. Le fait simplement de ne pas pouvoir exclure qu'un tel état puisse avoir présidé à l'acte n'est pas suffisant pour que le tribunal puisse prononcer une telle mesure. Par ailleurs, le tribunal doit conclure à ce que de façon pronostique, cet état pathologique constitue un danger grave pour la société en ce sens que, non traité, il peut être à l'origine d'autres actes criminels graves. Si ces conditions sont réunies, le sujet peut être interné soit en psychiatrie légale s'il souffre de troubles psychiatriques, soit en établissement de désintoxication s'il souffre d'un état de dépendance soit alcoolique, soit toxicomaniaque.

Ces deux modalités d'internement peuvent, au niveau du jugement, être associées d'une peine de prison au cas où la responsabilité atténuée a seulement été retenue par le tribunal. Au cas où l'expert ne peut pas exclure l'irresponsabilité, le tribunal ne peut - en aucune façon - condamner la personne à une peine d'emprisonnement. L'internement en hôpital psychiatrique ou en cure de désintoxication a des conséquences formelles différenciées. La durée de l'internement en hôpital psychiatrique est indéterminée, pouvant au pire atteindre l'internement à vie. Cet internement-là doit être maintenu même si le sujet est réfractaire à toute thérapie et reste dangereux. Le tribunal d'application des peines (3 juges professionnels) doit revoir au moins une fois par an sur expertise de l'établissement si l'indication sécuritaire de cet internement continue à persister et en fonction de ce pronostic légal, soit prolonger, soit abroger cet internement.

Pour l'internement dans un établissement de désintoxication, les règles sont légèrement différentes. Cet internement-là ne peut être appliqué que si la thérapie ne paraît pas - de prime abord - impossible. Il peut être abrogé en cas d'inefficience au bout d'un an de tentatives vaines et la chambre d'application des peines doit revoir tous les 6 mois si les motifs d'internement persistent toujours.

Ceci a pour conséquence dans la réalité de la distribution des soins psychiatriques en R.F.A., que dans les "Länder" auxquels

---

ordonne le placement dans un établissement de désintoxication si le danger subsiste que, par suite de son penchant, elle commette des actes illicites graves.
(2) La décision de placement n'est pas prise lorsqu'une cure de désintoxication apparaît d'avance sans espoir.

incombe la responsabilité complète de l'organisation des soins médicaux, des lieux spécifiques pour la psychiatrie légale doivent être créés. Les "Länder" ont distribué ces tâches aux hôpitaux psychiatriques publics et il y a deux modalités fondamentales suivant lesquelles les "Länder" ont organisé ces soins :

- soit dans des institutions centralisées tel que c'est le cas en Westphalie,
- soit dans des petites unités spécialisées et décentralisées qui sont rattachées avec une capacité entre 20 et 30 lits jusqu'à 120 lits - aux hôpitaux psychiatriques publics régionaux.

La solution décentralisée a le désavantage de ne pas pouvoir offrir une grande spécialisation dans les offres thérapeutiques pour cette clientèle, mais elle a l'avantage de traiter le malade au plus près de son lieu d'habitation, c'est-à-dire de faciliter la réhabilitation après l'internement.

La solution centralisée a l'avantage - de par le nombre plus important de malades traités - de pouvoir proposer des petites unités de soins spécialisées sur tel ou tel aspect psychothérapique, mais présente le désavantage que la réhabilitation de ces malades dans leur milieu d'origine est liée à d'énormes difficultés cliniques et administratives.

La durée moyenne des internements en psychiatrie légale varie de 2,9 ans à 8,3 ans.

## 2) La situation particulière en Westphalie :

La Westphalie est une région d'environ 7,5 millions d'habitants. Il y a 3 centres de psychiatrie légale :
- la clinique d'Haldem,
- le centre thérapeutique de Marsberg,
- et le centre de psychiatrie légale de Lippstadt-Eickelborn.

Le modèle que suit ce Land s'inspire des conditions de soins centralisés :
- la clinique d'Haldem s'occupe de criminels alcooliques ;
- le centre thérapeutique de Marsberg se charge d'alcooliques et de toxicomanes délinquants présentant des troubles graves de la personnalité et ayant l'indication d'une psychothérapie d'inspiration analytique ;
- le centre de psychiatrie légale d'Eickelborn est l'hôpital de psychiatrie légale le plus grand de la République Fédérale. Il s'occupe d'environ 260 à 280 délinquants malades mentaux et 70 à 80 délinquants toxicomanes.

## 3) Structures et fonctionnement du centre de psychiatrie légale de Lippstadt-Eickelborn :

Cette institution a été créée en 1984 à la suite d'une expertise de Wilfried Rasch (1984) décrivant la misère des malades à ce moment-là, à Eickelborn. La psychiatrie légale était, à cette époque, une section de l'hôpital psychiatrique général et un lieu d'exclusion, aussi bien pour les malades que pour le personnel. La conception thérapeutique était fondée sur la notion du concept dit "en échelon", les malades les plus dangereux se retrouvant dans la situation carcérale la plus restrictive. Ils étaient obligés - pour avancer dans leur thérapie et obtenir des mesures de libération intra-institutionnelles - de changer de service pour chaque mesure supplémentaire de liberté intra-institutionnelle ce qui entraînait les conséquences suivantes :
 - Les malades les plus récalcitrants, les plus difficiles, se retrouvaient "entassés" dans les services les plus fermés.
 - D'autre part, sur un plan thérapeutique, le malade ayant fait un progrès thérapeutique devait changer de service, donc de personnel thérapeutique auquel il s'était attaché ;
 - et puis les malades les plus difficiles se trouvaient mélangés aux nouveaux malades ce qui avait pour conséquence que leur motivation était fortement influencée par les expériences d'échecs vécues par les anciens malades reclassés.
 - Ceci transformait la maison d'admission en une sorte de "fosse à serpents" dans laquelle se retrouvaient les nouveaux malades désorientés, les anciens malades récalcitrants et les malades ayant connu des échecs lors des épreuves de libération progressive.

Sur le plan du personnel aussi bien infirmier que thérapeutique, personne n'avait envie de travailler dans cette partie de l'établissement ce qui avait pour conséquence qu'aucune identification ne pouvait se créer - de leur part - avec le travail à effectuer. En ce qui concernait les infirmiers, la menace planait sur tous les travailleurs que, s'ils ne plaisaient pas à leur supérieur hiérarchique, on pouvait les envoyer travailler là-bas.

D'autre part, sur le plan de l'organisation, ils étaient pratiquement voués à ne faire que des services d'assistance, tels qu'accompagner le malade chez le médecin, chez le psychologue, pour un traitement somatique à l'extérieur. Une autre partie de leur temps était vouée aux tâches de pur gardiennage ce qui avait des conséquences désastreuses sur le plan du climat intérieur de l'institution. Les plaintes des malades face au comité d'appel qui existe pour tout hôpital au niveau de l'Administration Centrale et surtout, les crises violentes, étaient à l'ordre du jour.

En séparant les deux parties de l'ancienne institution en deux institutions propres, on voulait poursuivre plusieurs buts :

- On espérait que les collaborateurs pourraient mieux s'identifier à leur travail, donc être plus proches des besoins des malades.

- On souhaitait par une formation spécialisée - en particulier des infirmiers et des éducateurs - pouvoir mieux les préparer à deux aspects de leur tâche particulière que représentent le traitement en milieu fermé et le traitement des malades mentaux criminels qui, sur le plan diagnostique, relevaient pour plus de 50 % de la catégorie des troubles graves de la personnalité.

- On voulait impérativement abandonner le système de progrès par échelon et le remplacer par un système de thérapie institutionnelle en petits groupes permanents ayant des ressources thérapeutiques particulières pour des troubles particuliers.

Wilfried Rasch a accompagné cette évolution durant 4 ans et ces changements ont abouti à une première structuration intérieure intéressante.

L'hôpital, dans sa forme actuelle, s'occupe d'environ 350 malades dont une quarantaine sont en mesure de libération permanente sous forme de congés de permission. Le travail intra-hospitalier se divise en 5 secteurs de traitement institutionnel qui sont les suivants :

- le service d'admission,
- trois services de traitement psychiatrique et psychothérapique (voir schéma 1),
- le service pour les toxicomanes délinquants.

*a) Le service d'admission et de diagnostic :*

Ici sont admis tous les malades, soit sous le régime d'expertise, soit sous le régime d'internement définitif à la suite du jugement prononcé.

Les malades en situation d'expertise sont internés sous une forme modifiée de l'emprisonnement en préventive au cas où il y aurait de fortes présomptions qu'un internement soit prononcé à la suite de l'expertise.

Le service d'admission accomplit - en fonction des offres thérapeutiques dans les autres services de l'hôpital - un travail de diagnostic et d'orientation thérapeutique ; il établit dans les six semaines suivant l'admission un projet thérapeutique concernant le diagnostic et les méthodes psychothérapiques, éducatives, réhabilitatives pour ce malade (voir schéma 2). Ce projet recense, en particulier, l'ensemble des ressources du malade et des déficits à prendre en charge. Ce projet thérapeutique se prononce tout particulièrement sur les possibilités de prise en charge psychothérapique, les modèles et les problèmes de la prise en charge dans les groupes de thérapie institutionnelle, les possibilités et les nécessités de formation scolaire ou professionnelle, le besoin d'activités d'expression non verbales du malade.

*b) Les services thérapeutiques :*

Le malade est - par la suite - dirigé vers un des trois services thérapeutiques (voir schéma 1) qui se sont donnés les cadres institutionnels suivants :
- un service de psychothérapie d'inspiration psychanalytique pour des personnes présentant des troubles graves de la personnalité.
- un service de psychothérapie institutionnelle - également prévu pour des malades présentant des troubles graves de la personnalité - qui met en avant l'intégration des malades dans des petits groupes sociothérapiques où les mécanismes de vie communautaire priment.
- un service de psychiatrie générale pour les malades psychotiques, organo-démentiels, épileptiques, etc.

Un problème particulier dans cette répartition des malades est la population féminine très restreinte - de 10 à 20 femmes - pour lesquelles nous pouvons, depuis un mois, tenir à disposition deux groupes thérapeutiques différenciés mixtes qui suivent dans la différenciation les règles prévues pour les départements II et III. Le problème de la durée du séjour est qu'elle n'est pas limitée dans le temps, ni dans le temps minimal, ni dans le temps maximal. La tâche de la direction hospitalière est difficile. Elle doit faire respecter, d'une part, le principe de la situation de sécurité de la population dans le sens de ne pas laisser sortir trop tôt les malades qui n'étant pas encore suffisamment traités, restent dangereux, et d'autre part, réduire au minimum nécessaire le temps de privation de liberté au sein d'une institution totalitaire de ce type. Actuellement, nous constatons que, naturellement, la durée du séjour des malades psychotiques devient de plus en plus courte. Nous avons, en effet, réussi à intégrer les hôpitaux généraux dans la poursuite du traitement réhabilitatif à un stade très précoce de la prise en charge thérapeutique globale. Très souvent, nous pouvons transférer ces malades dans les structures de soins hospitaliers décentralisées de la psychiatrie générale à partir du moment où le caractère aigu de l'épisode psychotique a disparu. En ce sens-là, la

# Schéma 1

ORGANISATION CONCERNANT LES MALADES

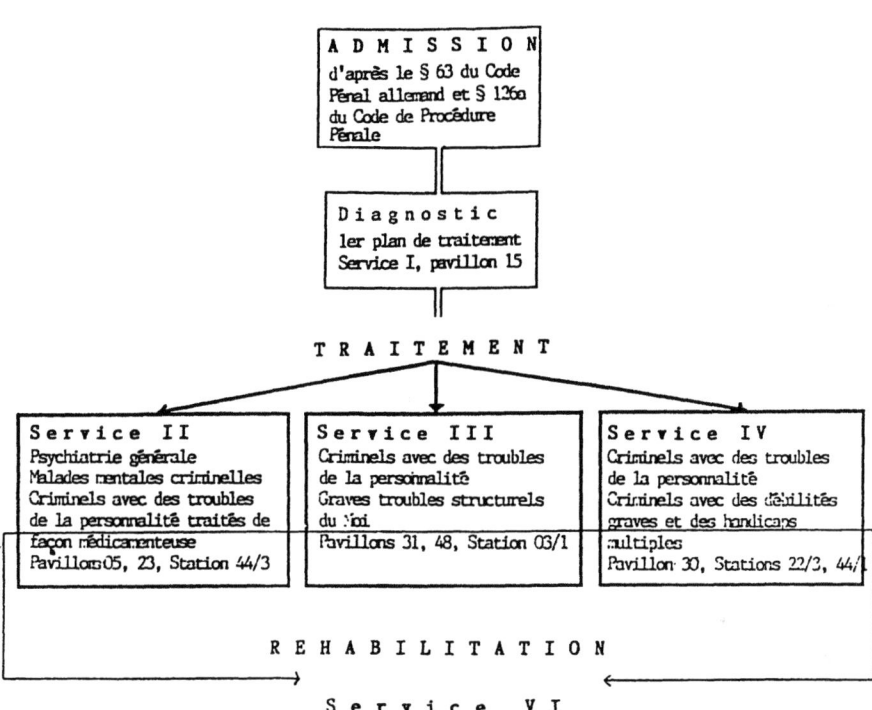

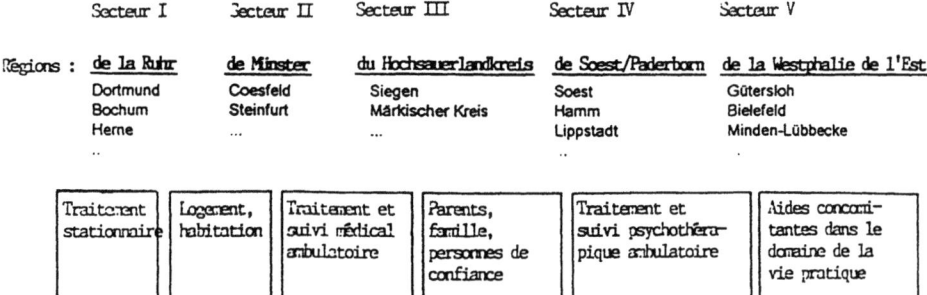

Traitement stationnaire : Pavillons 10, 14

# Schéma 2

*MÉTHODES (PSYCHO)-THÉRAPIQUES*

Les offres doivent être presentées de façon différenciée et l'indication en individuel ou en groupe doit être posée.

*1. Offres thérapeutiques créatives et non verbales :*

- expression corporelle
- musicothérapie (active, réceptive)
- thérapie picturale
- thérapie créative
- activité théâtrale
- thérapie par la danse
- training autogène
- relaxation progressive d'après Jacobsen
- hypnose

*2. Offres de soutien et offres favorisant la motivation :*

- psychothérapie non directive de Rogers
- psychopédagogie
- jeu de rôles

*3. Thérapie familiale :*

- thérapie familiale psychanalytique
- thérapie familiale systémique
- thérapie familiale cognitive

*4. Psychothérapie proprement dite :*

- procédés psychanalytiques
- thérapies focales
- méthodes d'inspiration analytique
- thérapies comportementalistes
- psychodrame
- Rêve Eveillé Dirigé.

psychiatrie légale peut rejoindre très rapidement le niveau de soins et de réhabilitation de la psychiatrie générale.

Dans les deux services prévus pour les malades souffrant de troubles graves de la personnalité, la durée du séjour est relativement longue. Les projets thérapeutiques d'une restructuration de la personnalité dans un milieu rassurant, structurant et - par-là même facilitant une maturation, nécessitent un temps plus long. En même temps, le cadre de la psychiatrie générale est peu adapté aux thérapies de ces personnalités. En effet, ces groupes de diagnostic représentent, en psychiatrie générale, environ 7 % des admissions alors que dans l'établissement d'Eickelborn, ils occupent entre 50 % et 60 % des lits. Le fonctionnement de base de ces services est assuré par le personnel infirmier et éducatif. Il est fort important que ce personnel structure un milieu de vie en partie dans des locaux correspondant par leur grandeur à de petits groupes pouvant effectivement fonctionner comme des communautés thérapeutiques. Le fonctionnement de cette communauté a été décrit par ailleurs (Duncker, 1990) et se base, d'une part, sur les expériences de psychothérapie institutionnelle française et néerlandaise et, d'autre part, sur les connaissances concernant la nécessité d'une phase pré-psychothérapique dont l'importance a été soulignée, en particulier, par Lagache (1952).

*c) Le service pour les toxicomanes délinquants (voir schéma 3) :*

Une question particulière est soulevée par le 5ème service institutionnel qui s'occupe des toxicomanes. Ce service n'est pas rattaché à l'admission centrale. Il possède son propre circuit thérapeutique entre diagnostic, groupes thérapeutiques et réhabilitation. Il souffre des contradictions de la législation sur les stupéfiants propres à la situation allemande qui, comme décrit par ailleurs (Duncker, 1991), sont aiguisés par une politique de répression particulièrement ferme d'une part, et les possibilités légales d'accès aux drogues illégales d'autre part. Les effets au niveau du travail motivationnel sont désastreux quand on doit, dans un cadre fermé, motiver des gens à une cure ayant pour but une abstinence et par ailleurs quand l'Etat lui-même distribue la méthadone et prochainement l'héroïne à certaines catégories de ces malades sur un mode tout à fait légal.

*d) Les besoins en personnel (voir schéma 4) :*

Les améliorations des dix dernières années concernent, en particulier, le plan des effectifs. L'effectif du personnel infirmier et éducatif est passé de 150 environ à près de 300 actuellement et, pour un fonctionnement correct, ce chiffre devrait être d'environ 350. Sur le plan de la présence psychothérapique et psychologique, les effectifs actuels recensent 26 psychologues, 16 médecins, 14 assistants sociaux, 23 éducateurs par le travail, des ergothérapeutes, des professeurs et des personnes proposant des thérapies créatives ; c'est-à-dire que le travail fourni coûte cher et dans la situation actuelle, ces coûts sont - sur un plan politique - difficilement défendables car, comme d'habitude, les exclus les plus déconsidérés dans la société ont peu de représentants engagés. On doit dire qu'actuellement, en Westphalie, le coût d'un malade interné se monte environ à 130.000 Marks par an, coût non négligeable mais pas encore satisfaisant.

La réhabilitation :

Comme dans tout établissement centralisé, la réhabilitation des malades vers les lieux d'habitation d'origine présente une difficulté toute particulière. Pour nous occuper de ce problème, nous avons créé un département de réhabilitation (voir schéma 1) dans lequel travaillent - pour l'instant - 8 éducateurs et 1 psychologue. Son fonctionnement est basé sur un travail dans une région déterminée par un personnel qui y est rattaché en permanence. Il est censé ne pas distribuer des mesures de soins ou d'assistance directement aux malades en phase réhabilitative, mais il doit plutôt s'attacher à insérer les soins et l'assistance destinés à ces malades dans le cadre des mesures médico-psychosociales présentes dans la région. En effet, il ne nous a pas paru intéressant de constituer un deuxième réseau de réhabilitation médico-psychosociale pour les malades en provenance de notre établissement de psychiatrie légale ; en revanche, il nous paraît important de proposer une aide aux instances présentes sur place pour qu'elles ne soient pas débordées par les problèmes supplémentaires posés par les conditions de contrôle judiciaire imposées à tous nos malades lors de leurs sorties. En règle générale, cette sortie s'effectue à travers des mesures de congé prolongé qui relèvent de l'autorité hospitalière. En cas de réussite, en particulier sur le plan de l'absence de rechutes criminologiques, le tribunal d'application des peines prononce seulement secondairement la levée de la mesure d'internement accompagnée d'obligation soit aux

## Schéma 3

ORGANISATION CONCERNANT LES MALADES DU SERVICE V ADMISSION D'APRES LE § 64 DU CODE PENAL

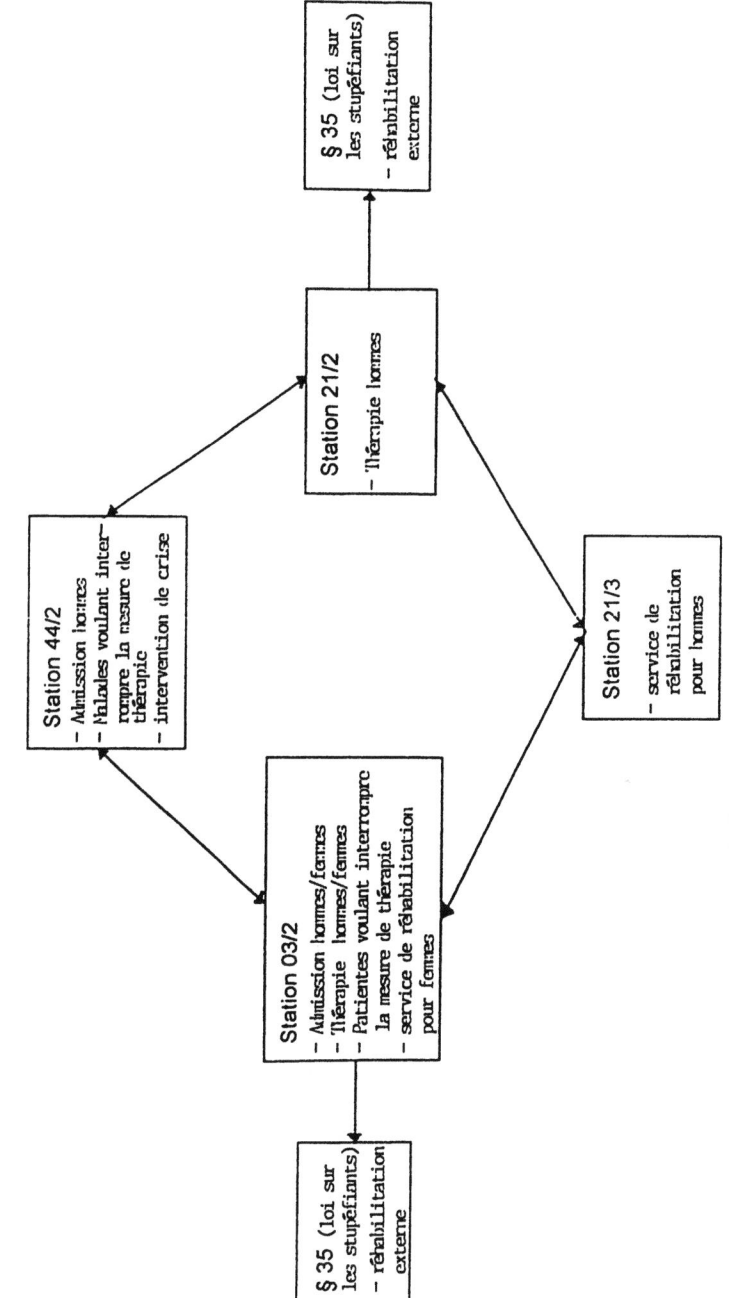

# Schéma 4

WESTFÄLISCHES ZENTRUM FÜR FORENSISCHE PSYCHIATRIE LIPPSTADT :  01.08.94

| Groupes professionnels | Prévisions budgétaires | Personnel effectif |
|---|---|---|
| Médecins | 16,000<br>0,333 | 16<br>1 |
| Infirmiers | 262,380<br>8,150 | 264<br>57 |
| Aide-soignants | 33,160 | 37 |
| Psychologues | 27,120 | 28 |
| Conciergerie | 6,160 | 10 |
| Direction administrative | 1,000 | 1 |
| "          " | 1,000 | 1 |
| Ecole, ergothérapie | 22,210 | 23 |
| Autres personnels | 5,000 | 5 |
|  | 382,513 | 443 |

(+ heures sup.)   27,620

410,133

soins, soit à la résidence, soit au travail. Le contrôle de ces mesures incombe au service de contrôle judiciaire qui doit dès lors collaborer avec les instances d'aide et d'assistance médico-psychosociale. Cette collaboration nécessite l'accompagnement - au moins temporaire - par des intervenants spécialisés de l'institution. Ce fonctionnement a été financé, en tant que modèle, par le Ministère Fédéral de la Santé et, vu les résultats positifs obtenus, il a été retenu comme modèle général s'appliquant à l'ensemble de la Westphalie qui dès lors est divisée, comme le montre le schéma 1, en 5 secteurs.

Les résultats des mesures réhabilitatives ont entraîné le fait que l'année dernière, l'hôpital a réussi à faire sortir deux fois le chiffre d'admission ce qui a permis - pour un bref instant - une légère diminution des lits hospitaliers, mais cet effet a déjà été annulé par une augmentation de plus de 25 % des admissions au cours de l'année 94 (voir Bargfrede, Dimmek, 1994).

## 4) Critiques et évolutions possibles de la situation actuelle :

Les critiques qui vont suivre ne concernent pas la situation contractuelle dans laquelle un gouvernement, dans une situation budgétaire difficile, refuse les moyens financiers nécessaires pour assurer les soins nécessaires. Par la suite, ne seront donc énoncés brièvement que les problèmes d'ordre général :

*a) La difficulté du tri par l'expertise :*

Le système allemand, par ses deux voies de sanctions possibles, attribue à l'expert dans une situation souvent non clinique un rôle de "trieur". En effet, c'est l'expertise pénale qui décidera de l'avenir d'un délinquant sur le plan des soins qu'il recevra. Ou alors, il est déclaré non malade - ou non gravement malade -, et alors il va en prison ; ou alors le sujet est déclaré malade et alors il va en hôpital de psychiatrie légale. Le rôle que joue dans ce procès l'idéologie psychiatrique ou psychologique semble important. Ce problème est d'autant plus grave que la psychiatrie allemande - avec sa notion de rupture entre la vie "pathologique" et la vie dite "normale" qui a joué un rôle important dans la justification théorique de l'euthanasie au cours de l'époque nazie - a pendant longtemps exclu tous les troubles graves de la personnalité et tous les troubles névrotiques du champ de la psychiatrie légale. Ceci avait pour résultat que, malgré ce tri, nombre de personnalités extrêmement pathologiques se retrouvaient en prison et ne pouvaient y trouver de réponses thérapeutiques pourtant nécessaires.

Par ailleurs, dans ce double système, la prison se décharge de tout aspect psychothérapique ou psychiatrique en déclarant tous les prisonniers sains d'esprit, et de ce fait, la prison comme système a des difficultés y compris avec ces personnes qui ne présentent pas, au premier abord, un problème psychopathologique mais qui en souffrent suite à leur situation d'incarcération.

En outre, ce tri n'est pas - ou très difficilement - corrigible ce qui fait que si l'on se trouve face à un diagnostic faux, le malade reste néanmoins interné et s'il persiste à être dangereux, contrairement aux autres criminels sa peine est limitée. De même, si quelqu'un est reconnu sain d'esprit à tort, un système de soins réhabilitatifs ne peut lui être offert secondairement.

*b) La demande du malade :*

Toute la problématique d'une institution fermée à caractère totalitaire réside dans la possibilité de trouver l'accès à une demande véritable du sujet malade. Cet accès à la demande véritable aurait pour condition que le malade puisse dire non à la thérapie que le tribunal lui a octroyée. Ceci donne un rôle tout à fait difficile au thérapeute qui doit permettre au malade l'accès au "non", au non définitif aussi bien qu'au non symbolique. Le problème réside dans le fait que la libération dépend des progrès thérapeutiques et de la diminution de la dangerosité qui en résulterait. S'il dit donc "non" au thérapeute, il prend le risque de ne pas être libéré et ceci rend quasi impossible de vraiment dire non. Cette situation entraîne pour conséquence que la demande se pervertit en demande stratégique, que le discours du sujet est perverti dans un discours de stratagèmes et parfois, il est bien difficile de rétablir un véritable dialogue de sujet à sujet.

*c) La situation des malades intraitables :*

Ce problème découle de la problématique énoncée ci-dessus. Certains malades n'accèdent pas à une demande thérapeutique ; certains malades sont, pour des raisons diverses, inaccessibles aux soins. Ceci n'entraîne nullement l'abolition de la mesure d'internement mais la prolonge éventuellement à vie. Là, les personnes qui sont à la fois criminelles et malades sont nettement désavantagées et doublement punies. Punies pour le fait et punies pour leur maladie. La Cour Constitutionnelle a néanmoins, face à ce problème, réagi et octroie à tous les tribunaux d'application des peines qu'ils doivent prendre en considération, en cas d'échec thérapeutique ou de maintien d'une certaine dangerosité, la durée de l'internement. En effet, la Cour Constitutionnelle considère que plus la privation de liberté dure longtemps, plus graves doivent être les crimes qui pourraient être commis par le sujet en cas de libération. Dans un cas exceptionnel, cette Cour a décidé qu'un malade interné depuis 10 ans pour des délits de vols et d'effractions et de vols à main armée soit immédiatement libéré malgré la persistance évidente de sa dangerosité car à toutes occasions, lors de toute fugue, il revolait dans les environs de l'établissement. Ce jugement a valeur de loi et fait que nombre de ces cas sans espoir peuvent être libérés au bout d'un certain temps malgré les rechutes criminologiques à craindre.

*d) Les différences législatives concernant le déroulement de ré-internement :*

L'internement relève des autorités sanitaires. Dès lors, selon la constitution allemande, la réglementation suivant laquelle le déroulement de ces mesures est organisé, relève des "Länder" et non pas d'une loi fédérale comme c'est le cas pour l'emprisonnement. Ceci entraîne pour conséquence que les règlements des Länder sont extrêmement différents et donnent des possibilités restrictives tout à fait différentes dans les différents Länder.

Voici quelques exemples :
- En Rhénanie-Westphalie, on a le droit de lire le courrier des malades internés seulement exceptionnellement si l'établissement a des preuves tangibles que ce courrier ait un contenu qui trouble soit le traitement, soit la sécurité de l'établissement.
- En Bavière, c'est l'inverse. Si l'établissement a des présomptions tangibles que le courrier ne contienne pas ce genre d'indications, il a le droit de ne pas contrôler le courrier.

Le résultat est évident : en Rhénanie-Westphalie, les contrôles de courrier sont quasiment inexistants, en Bavière, l'absence de contrôle est quasiment inexistante.

De même, au niveau des mesures d'assouplissement de peine, ces mesures relèvent en Rhénanie-Westphalie de l'autorité médicale de l'établissement ; en Bavière, les médecins doivent demander l'autorisation au Procureur de la République. Une harmonisation n'est pas désirée car elle risquerait d'entraver les législations les plus libérales.

*e) La situation de la recherche clinique :*

La situation de la recherche clinique va, en Allemagne, de pair avec la question des expertises. Nombreuses sont les recherches qui s'occupent de la qualité des experts, de l'absence de qualité des expertises, des critères diagnostiques, de l'application juste des règles et prescriptions légales. Il y a très peu de recherches sur la réalité clinique, c'est-à-dire sur les conditions de soins et de réhabilitation attribuées aux malades mentaux criminels.

Naturellement, les quelques unités d'enseignement et de recherche sur la psychiatrie légale qui existent en Allemagne s'occupent - plutôt que des hôpitaux psychiatriques légaux - des expertises qui rapportent des sommes non négligeables aux experts, en Allemagne.

A partir de l'année prochaine, cette situation va être changée. En effet, l'hôpital d'Eickelborn va devenir un centre hospitalier universitaire et la direction hospitalière sera rattachée à la chaire de psychiatrie légale de l'université de Münster. Le contrat associant l'hôpital et l'université, il a été signé le 7 Septembre et ceci va donner une orientation fondamentale dans la recherche clinique car dans le contrat entre l'hôpital et l'université il est prévu que la priorité de la recherche devra concerner les conditions de soins, l'efficacité des méthodes psychothérapiques et des critères de pronostic, et la réhabilitation.

*f) La formation du personnel infirmier :*

Vu l'importance particulière attribuée aux soins infirmiers psychiatriques, le problème de la formation des infirmiers et éducateurs travaillant dans l'hôpital s'est posé dès le début, en 1984.

Depuis 1988, les 3 hôpitaux de psychiatrie légale en Westphalie disposent d'une formation continue de deux ans. Cette formation est destinée aux infirmiers et éducateurs. Son contenu est d'ordre théorique, pratique et psychothérapique. Les candidats reçoivent une formation théorique de deux semaines tous les deux mois dans les matières psychopathologie, sociologie, criminologie, droit et méthodes de thérapie institutionnelle. De plus, ils ont des heures de pratique extra-hospitalières : ils font des stages dans d'autres établissements et des foyers de postcure. Ils ont des groupes de formation aux techniques de groupe et un nombre minimum d'heures de dynamique de groupe centrée sur eux-mêmes. Cette formation a permis une amélioration nette de cette partie importante du travail. Le curriculum est pris en charge par un I.U.T. de formation d'éducateur spécialisé et d'assistant social et l'examen de fin de formation permet l'accès au deuxième semestre de la formation universitaire.

# Les bénéfices de la grève

Dr A.A. Campbell

> En avril 1990 une grève ayant duré 25 jours, anéantit la prison de Manchester, mais après une reconstruction de 600 millions de francs elle a été "privatisée". Cela a amélioré le traitement des détenus mais a conduit à de longues négociations pour notre équipe de psychiatres avec la prison (Ministère de la Justice) et notre hôpital de base (Ministère de la Santé).
>
> Une équipe de trois consultants et six stagiaires en psychiatrie de Edenfield Center (unité de 65 lits de sécurité moyenne à 8 km) s'occupe des consultations presque tous les jours de la semaine au rez-de-chaussée de la "Prison Health Care Center" (nouveau nom de l'ancien hôpital de la prison) et voit aussi les patients admis dans les 50 lits d'hospitalisation au niveau des étages et qui ne vont pas bien.
>
> Nous préparons les rapports psychiatriques pour les magistrats et le tribunal, et organisons le transfert des détenus présentant un tableau aigu - suicidaire ou psychotique - au Centre de Edenfield ; les patients les plus dangereux, pour un maximum de sécurité, sont transférés à Ashworth Hospital (Unité pour malades difficiles à 50 km). Il y a un manque de places d'hospitalisation pour les détenus, qui ont aussi apporté avec eux une culture différente et une tendance à la contrebande de drogues illégales.
>
> Nous assurons un suivi externe pour les détenus ci-dessus qui le nécessitent après leur mise en liberté, dans des hôpitaux de secteur, dans des centres de liberté surveillée avec mise à l'épreuve, dans des foyers, et à domicile, avec l'aide d'autres membres de notre équipe multi-disciplinaire comprenant des travailleurs sociaux et des infirmières psychiatriques. Les objectifs sont la continuité des soins, par la même équipe psychiatrique qui se trouve la plus proche possible du détenu/patient, et sous les conditions les moins restrictives.

Ce texte est le résumé de la communication de M. Campbell qui ne nous a pas été communiquée.

- Pr P. Moron : Merci beaucoup de cet effort. De toute façon, s'il y a une difficulté pour les échanges, notre collègue modérateur assurera une traduction correcte. On peut donc interroger nos deux orateurs.
- Melle S. Bonnel, interne en psychiatrie, ancien interne du SMPR de la Santé: J'aurais souhaité demander à Monsieur Duncker, dans le cadre d'un placement dans un établissement de désintoxication, s'il y avait des établissements spécifiques ou quels étaient en fait ces établissements ?
- Dr H. Duncker : Oui il y a des établissements spécifiques. La loi prévoit que l'internement ne peut pas être fait dans le même lieu ou dans la même structure. Je n'en ai pas parlé parce que, de la même façon que pour les malades mentaux il y a un hôpital central pour la WESTPHALIE, il y a deux autres hôpitaux spécialisés qui s'occupent des alcooliques qui ont commis des crimes en raison de leur dépendance, et un centre pour les toxicomanes qui malheureusement se trouve aussi à Eickelborn.
- Dr P. Denis, psychiatre à Clairvaux : J'ai eu le sentiment en entendant les deux exposés que vous aviez chacun, dans vos institutions, des soucis très pragmatiques à propos de la sécurité, particulièrement en Angleterre où il est question de cotation de sécurité des établissements. Est-ce que vous avez à l'inverse l'impression qu'en France on est dans le flou sur le plan de cette cotation de sécurité, de ce pragmatisme à propos de la sécurité ?
- Dr H. Duncker : J'ai du mal à comparer la situation allemande avec la situation française car je n'ai jamais travaillé dans une UMD mais dans un service de psychiatrie générale à Rouen. Pour nous le problème de la sécurité est double. Il y a tout d'abord un problème de sécurité effectif pour la population, posé par des malades ayant des troubles de la personnalité et qui ont commis des actes graves. Ces personnes doivent rester hospitalisées pendant un temps souvent assez long et le ministère est très sensible à la sécurité extérieure c'est-à-dire au fait que ces personnes ne s'évadent pas. Mais pour notre équipe, le vrai problème se situe au moment où on autorise la sortie d'un patient, ne serait-ce qu'en compagnie d'un infirmier, pour voir si le pronostic que nous avons posé, à savoir celui d'un changement, se vérifie et c'est là le vrai risque pour nous. Le risque n'est pas tellement que le patient se sauve, on a très peu d'évasion, mais qu'il ne revienne pas de permission ou qu'il passe à l'acte pendant son temps de sortie. Il ne s'agit pas d'un aspect sécuritaire proprement dit mais d'une justesse de

diagnostic et de pronostic. Sur les 20 à 22 000 mesures de libération par an, il n'y en a qu'une seule qui, depuis quatre ans, a raté. Mais ce ratage a remis en question l'ensemble du système car immédiatement l'opinion publique a très mal réagi exigeant que les malades soient enfermés à vie. C'est pourquoi je disais tout à l'heure que la loi Méhaignerie risque également de nous tomber dessus or je maintiens que la réponse de la sécurité ce n'est pas les murs.

- Dr D. Foux, médecin inspecteur de santé publique à la DDASS du Val de Marne : Je voudrais savoir par quel type de personnels se fait la sécurité dans ces hôpitaux extérieurs, aussi bien en Allemagne qu'en Angleterre, d'une part, et par ailleurs où sont traités somatiquement les malades détenus ?

- Dr H. Duncker : C'est complexe en Allemagne. Chez nous il n'y a pas de service de sécurité. Il y a des infirmiers, des infirmières, des éducateurs qui assurent le travail à l'intérieur de l'hôpital. Il y a bien quelques personnes qui commandent les portes d'entrée parce qu'il y a des services où on ne peut pas rentrer avec sa clef, comme dans une prison. Mais à part ces personnes là, il n'y a pas de personnel de sécurité. Pour nous la sécurité est assurée essentiellement par la relation thérapeutique qui doit s'établir et être suffisamment étroite, ce qui suppose de travailler avec des petits groupes (mises en scène, remises en parole, modifications de la mise en scène...). Quand ils tombent malades somatiquement, on les envoie à l'hôpital général des prisons s'il y a des questions de sécurité mais sinon on les transfère dans n'importe quel hôpital. Le risque c'est toujours moi qui le prend puisque l'orientation est faite à partir de mon pronostic.

- Dr A.A. Campbell : C'est presque la même chose en Angleterre. Les infirmiers sont aussi les gardiens et ils ont les clefs ainsi d'ailleurs que les médecins. Mais s'il s'agit d'un malade somatique, il va à l'hôpital général accompagné de deux ou trois infirmiers qui assurent la garde.

- Pr P. Moron : Encore une ou deux questions ?

- ? : Vous avez parlé de décision de libération ou de permission de sortir. Je voudrais savoir si ces décisions qui sont prises, aussi bien en Allemagne qu'au Royaume-Uni, sont des décisions motivées, c'est-à-dire qui expliquent les raisons pour lesquelles cette décision est rendue, et si éventuellement ces décisions peuvent faire l'objet d'un recours notamment si la personne qui a demandé à sortir ne sort pas.

- Dr H. Duncker : C'est très clairement formulé dans la loi en WESTPHALIE parce que le malade doit être libéré le plus tôt possible et doit être traité dans des conditions normales et dans les meilleurs délais. Eventuellement il peut saisir le tribunal et obtenir sa libération par un jugement. À la suite d'un récent incident on nous a demandé de reconsidérer nos pronostics. Même lorsque des malades sont libérés par un arrêt du tribunal, et je pense à deux exemples concernant des délinquants sexuels, bien que ce soit le juge qui ait assumé le risque, pour la population la faute en incombe à l'hôpital. De toute façon chez nous, toutes les mesures de libération se font à partir d'une évaluation de diagnostic et de projet thérapeutique effectuée tous les six mois et contrôlée une fois par an par l'autorité sanitaire. Les avis favorables comme les refus doivent être motivés.

**Séance présidée par Robert Badinter
(Modérateur Julien Betbèze)**

## LA DROGUE, CET OBSCUR OBJET DU DESIR

Symptôme de qui, de quoi, et pour quel bénéfice ? Toxicomanie de la répression et non visibilité des toxicomanes. La loi est-elle encore cohérente ? Faut-il toujours incarcérer les toxicomanes ?

- Dr O. Dormoy : Monsieur Badinter aura un peu de retard et j'ai demandé à Monsieur Zagury de commencer à assurer la présidence de cette après-midi.
- Dr D. Zagury : J'essaierai d'être digne de l'honneur que me fait Odile Dormoy. Le premier intervenant va être Catherine Faruch, chef de service du SMPR de Toulouse encore pour quelque temps. Je vous demanderai rapidement d'être silencieux pour qu'elle puisse commencer. Merci.

# A propos de la toxicomanie en prison

Dr Catherine Faruch

> Les Antennes Toxicomanies représentent en France une structure spécialisée de soins auprès des toxicomanes, originale. Cependant, sur le plan historique, il est nécessaire de resituer la création de ces antennes après les échecs de la **Loi de 1970** sur les toxicomanes et l'accroissement de la répression.
> 
> Peu à peu, les glissements se sont faits, posant le problème d'une alternative entre les soins et la répression auprès des toxicomanes. Répression ou soins ? S'agit-il seulement de cela quand on présuppose que l'Antenne Toxicomanie reçoit d'autant plus de toxicomanes que la police organise la répression et que les magistrats incarcèrent davantage.
> 
> Au-delà de ces conduites représentées par des choix politiques, nous posons, dans le cadre de notre spécialité, la question de la toxicomanie en tant que maladie ou déviance sociale ? Trouble du comportement survenu chez des états limites ou des personnalités psychopathiques ? Evolution d'une société où les passages de l'adolescence à l'âge adulte s'avèrent extrêmement difficiles.
> 
> La toxicomanie pose, plus que toute autre **pathologie située dans le registre des troubles du comportement,** le problème de la norme du trouble du comportement comme expression de la souffrance, du trouble du comportement témoin de l'impossibilité d'organiser ses objets internes avec des objets externes.
> 
> Même aujourd'hui la toxicomanie est le témoin d'une **société malade** où le mécanisme du travail est en évolution et où l'objet d'échange représenté par la monnaie est complètement perverti.
> 
> La toxicomanie est le témoin représentatif d'une maladie sociale sur laquelle se détermine les enjeux politiques. A ce titre, en tant qu'institutions autarciques, la prison et l'hôpital psychiatrique, s'emboîtent pour proposer des compromis. Nous

> devons prendre le temps et le recul d'y réfléchir pour ne pas réaffirmer la nécessité d'une structure qui s'auto-justifierait dans l'après-coup et qui justifierait encore plus le bien fondé de l'incarcération des toxicomanes. De la sorte, la société face à la toxicomanie et à la délinquance, réagit en soustrayant de sa vue le témoignage de ces dysfonctionnements par une politique générale de **non-visibilité** des drogués dans la cité et à laquelle l'enfermement des toxicomanes participe.

*Pourquoi le mal ?*
*De l'injustifiable à la culpabilité*

*Le mal est souvent appelé l'injustifiable, c'est à dire ce que l'on ne peut justifier en droit ou en raison surtout dans ses formes limites. Il provoque, en effet, de façon successive ou conjointe, la révolte et l'incompréhension ; d'une part, la révolte, plus ou moins spontanée, peut être morale, devant ce qui, à la limite, constitue l'abject, ou physique ; on se révolte et on ré-agit contre une agression ou une violence, jugée intolérable, en agissant soi-même la violence en réponse à une violence subie, individuellement ou collectivement, dans un cercle pouvant devenir sans fin... et toute la question est précisément de savoir comment on pourrait arrêter "ça".*

- D. ROSE -

*Introduction*

La toxicomanie est désignée comme le mal de notre société. Il était auparavant personnifié par le diable ou les mauvais génies. Il touche aujourd'hui nos enfants qui deviennent eux-mêmes diaboliques et destructeurs. Tout le monde se met en quête des dealers, principaux responsables, comme nous venons de le voir récemment dans certaines cités.

Les médias s'emparent de ce phénomène, et le grand public débat sur ce problème de société, cherche la solution pour résoudre ce fléau. Quelle question se pose-t-il? Les scientifiques peuvent-ils participer à la diffusion publique de leur savoir sans être éconduits par la logique des médias, doivent-ils sortir du champ de leur compétence ? Comment les politiques s'emparent-ils de ce champ scientifique pour répondre aux interrogations et aux pressions de la société ?

La Loi de 1970 sur les toxicomanes, les structures sanitaires créées dans les années ultérieures, les interprétations diverses des lois à propos des toxicomanes nous amènent en 1994 à une certaine répartition des toxicomanes dans le réseau urbain, dans les prisons et dans les structures de soins, sans résoudre aucun des problèmes : forts nombreux en prison, de plus en plus touchés par le VIH et l'hépatite C, les structures méthadone apporteront-elles des solutions ?

Bien sûr, la toxicomanie représente une pathologie des troubles du comportement, expression de la souffrance psychique comme témoin de l'impossibilité d'organiser ses objets internes avec des objets externes : c'est le travail des psychanalystes.

Mais aujourd'hui la toxicomanie est aussi le témoin d'une société malade ; société où le mécanisme du travail est en mutation et où l'objet d'échange représenté par la monnaie est complètement perverti. La toxicomanie est aussi le témoin représentatif d'une maladie sociale sur laquelle se détermine les enjeux et les choix politiques. Toute transgression de la loi génère l'incarcération.

A ce titre, les réponses actuelles sont la prison et l'hôpital psychiatrique, institutions autarciques, qui s'emboîtent pour proposer des compromis. Nous devons prendre le temps et le recul d'y réfléchir pour ne pas réaffirmer la nécessité d'une structure qui s'auto-justifierait dans l'après-coup et qui justifierait encore plus le bien fondé de l'incarcération des toxicomanes : les Antennes Toxicomanies.

*A propos de la loi 1970*

La Loi du 31 décembre 1970 associe des mesures sanitaires de protection et des mesures répressives contre le trafic et l'usage illicite de substances vénéneuses.

Dans la lutte contre la toxicomanie, elle associe :
- la répression à l'encontre des trafiquants, mais aussi à l'encontre de ceux qui font usage de stupéfiants. Désormais, la pratique solitaire, et non plus seulement en groupe, tombe sous le coup d'une sanction correctionnelle,
- l'action médico-sociale considérant le toxicomane plutôt comme un malade que comme un délinquant. Celui-ci pourra reprendre une vie normale sans avoir encouru de condamnations s'il accepte de subir le traitement adéquat.

Elle pose des limites au principe du libre usage de son corps et promulgue la valeur du droit à la santé.

Cependant depuis cette date l'usage de stupéfiants devient un délit et la peine peut à la limite se résumer à un "traitement". Ces intrications médico-judiciaires témoignent des incertitudes du législateur qui a voulu protéger la société contre le trafic et le toxicomane contre lui-même en accordant à ce dernier la possibilité d'osciller entre deux pôles : celui de la maladie mentale d'une part, celui de la délinquance d'autre part.

La Loi du 31 décembre 1970 et son décret d'application du 19 août 1971 est une loi de protection sociale qui va fonder le dispositif spécialisé qui se développera dans les années suivantes. Cette loi médico-sociale, dans son versant sanitaire :

a) fait du toxicomane un malade,

b) définit l'obligation du soin et les conditions de traitement avec deux règles prioritaires : l'anonymat et la gratuité,

c) pose la cure de désintoxication comme élément central du traitement,

d) exige que les dépenses d'aménagement des établissements ainsi que les frais de cure et de surveillance médicale (obligation de soins d'origine judiciaire ou administrative par demande directe) soient pris en charge par l'état.

A ce titre, le droit à la santé et aux soins est reconnu à tous (en particulier par la généralisation de la Sécurité Sociale et des lois sociales) ; il parait normal en contre partie que la société puisse imposer certaines limites à l'utilisation que chacun peut faire de son propre corps, surtout lorsqu'il s'agit d'interdire l'usage de substances dont les spécialistes dénoncent la nocivité, en clair la liberté de l'individu doit plier devant l'intérêt général de santé publique.

En d'autres termes la Loi de 1970 sur la toxicomanie permet au toxicomane la possibilité de "choisir" un traitement plutôt que de subir une peine, mais aussi de confondre sanction et traitement, dissimuler rechutes et récidives, de pénaliser au sens strict du terme une conduite qui jusqu'alors n'était pas un délit, de considérer un individu réduit à vendre une part de sa poudre pour s'acheter la dose suivante comme un trafiquant au même titre que les autres.

Malgré ce débat, la nocivité des substances est reconnue très inégale. Les complications liées à des maladies somatiques aujourd'hui ne font que confirmer ce principe que personne ne conteste. Existe-t-il des moyens moins excessifs qu'une prohibition pénale pour financer les coûts engendrés par les toxicomanes ?

*Les antennes toxicomanies*

Les Antennes Toxicomanies représentent en France une structure spécialisée de soins auprès des toxicomanes, originale, dont la mission est d'accueillir, traiter, orienter les toxicomanes incarcérés en réseau avec les autres structures. Depuis les années 1970, des glissements se sont opérés du fait de l'accroissement de la répression, posant pernicieusement le problème d'une alternative entre les soins et la répression auprès des toxicomanes. Répression ou soins ? S'agit-il seulement de cela quand on présuppose que l'Antenne Toxicomanie reçoit d'autant plus de toxicomanes que la police organise la répression et que les magistrats incarcèrent davantage.

A l'heure où le Président Clinton a fait voter et approuver la loi sur le crime, on ne sait pas encore si la réforme sur l'assurance santé aux USA verra le jour. Il s'agit là aussi de ce même balancement entre répression et santé. Cependant, le choix aux Etats-Unis se porte de la sorte sur la mesure "dure" : augmentation des moyens budgétaires portant sur la prévention du crime, première préoccupation des américains. En France, ce balancement s'est manifesté à travers la Loi de 1970. Il trouve dans les Antennes Toxicomanie, son ultime paradoxe : traitement des toxicomanes dans un lieu de répression qu'est la prison.

Ce colloque mesure la nécessité de se poser des questions sur le sens du travail thérapeutique auprès des toxicomanes en prison eu égard à différents constats se situant dans un champ autant positif que négatif :

- on peut relever le nombre important de toxicomanes incarcérés par rapport au nombre total de détenus dans toutes les Maisons d'Arrêt ; ceci signifie sans doute que la toxicomanie, par le jeu de différentes instances institutionnelles (policière, judiciaire) est hautement sanctionnée par rapport à d'autres types de délit,

- la prison serait le lieu du sevrage "forcé" des toxicomanes. Est-ce souhaitable, si l'on sait combien la drogue circule en prison ?

- la concentration des toxicomanes contaminés par le HIV, séropositifs, malades voire à l'article de la mort, le nombre de plus en plus important de sujets contaminés par l'hépatite C, soulignent combien à travers la toxicomanie un glissement institutionnel s'instaure. On peut constater aujourd'hui encore la résistance de certaines structures hospitalières à accueillir, à aider et à traiter cette pathologie. Malgré des conditions de vie difficiles, parfois insalubres, la prison reste un des lieux de l'accueil, du dépistage et des soins d'un grand nombre de toxicomanes,

- les données épidémiologiques recueillies en prison ont permis de souligner combien les toxicomanes sont en général ignorants du réseau de soins en toxicomanie. Le travail des Antennes Toxicomanie a permis de comprendre qu'en France 60% d'entre eux n'avaient jamais pris contact avec une des structures du réseau,

- la fréquence des rechutes à la sortie de prison pose de nombreuses questions autant sur le rôle de la prison dans la trajectoire du toxicomane, que sur les difficultés propres d'un toxicomane détenu à s'insérer et à attendre une place dans les structures d'accueil avec lesquelles il a pris contact.

- quel nouveau paysage se dessine avec les centres de méthadone ?

Tous ces éléments mettent en exergue les failles d'un système relevant d'un consensus politique, social et sanitaire tacite, reposant une fois de plus la question du glissement des différentes structures institutionnelles vers celle qui représente l'exclusion extrême : la prison.

Ma position est obligatoirement celle du thérapeute (comprendre et traiter). Il est aisé de fournir des explications intellectualisées, mais il est aisé aussi de voir combien ces justifications sont toutes relatives selon le point de vue où on se place, sauf si l'on prend un certain recul critique.

Qui sont ces enfants "ordinaires", devenus des adolescents violents portant le mal de la société en eux. Quel sens prend-il si on désigne une origine : le coeur humain, et une fin : tuer et détruire le semblable, quand ce n'est pas déjà soi-même.

Cette violence externe ou interne transformée ici dans la toxicomanie plonge ses racines en deçà des motivations conscientes : elle peut être pensée comme racine ou destin possible des pulsions. L'être humain ne saurait être une bête coiffée par la raison, mais il est "détenu" par le sens qui le traverse de part en part : la psychanalyse nous apprend que le petit homme est arraché à l'animalité par les soins humanisants (source de plaisir-déplaisir) ; le bébé plonge d'emblée dans le monde du sens. Le mal est cette conjugaison subtile de plaisir, de toute puissance et de haine de soi, transformée par la répétition et défléchie sur l'extérieur.

Cependant, au contact quotidien du toxicomane, nous sommes amenés à soulever d'autres questions dans d'autres champs que celui du soin. Ces questions ne peuvent nullement être éludées par un thérapeute et cependant elles restent des failles au système dans lequel le sujet toxicomane continue à s'engouffrer :

- le rapport à l'argent tant à un niveau individuel que collectif,

- le rapport à un monde où l'accès au travail est de plus en plus difficile et où l'adolescence, statut privilégié de cette pathologie, n'apparaît plus comme un passage, mais comme un état.

- le rapport à la destructivité, violences vis à vis de soi, violences vis à vis des autres, violences du suicide par overdoses ou par contamination par le SIDA,

- le rapport aux produits de substitutions par les centres de méthadone ; les questions soulevées par la mise en place de ces centres et l'évolution des toxicomanes sous méthadone ne sont aujourd'hui que des présupposés, mais où l'on sait déjà qu'il s'agit d'un masque vis à vis de la délinquance, de la violence et de l'épidémie HIV,

- le rapport à des situations implicites, tacites et non verbalisées, qui trouvent leur écho tant à un niveau individuel (secret familial) qu'à un niveau collectif : "Le secret généralisé se tient derrière le spectacle comme le complément décisif de ce qu'il montre et, si l'on descend au fond des choses, comme sa plus importante opération" *(P. Sollers).*

A ce titre citons un exemple : prenons une carte entière où l'on indique les lieux de drogue, culture, laboratoire ou de trafic. Superposons cette carte à celle du trafic d'armes : elle coïncide exactement. Puis, superposons ces deux cartes avec celle des lieux qui sont en ce moment l'objet de guerre inter-ethniques ou locales (Kurdes, Turcs, Ex-Yougoslavie, Proche-Orient, Afrique noire) : ces trois cartes n'en font qu'une. D'une simple constatation accessible à tout le monde, nous constatons que ces problèmes sont traités comme s'ils étaient séparés dans des conférences diplomatiques. Nous sommes bien démunis...

## Quel sens guide le travail des antennes toxicomanie ?

La transposition du processus de soins des toxicomanes aux toxicomanes en prison est un concept nomade, passant d'une institution à une autre *(I. Stengers).*

Les pratiques y sont relatées comme un discours vérité, résultant de l'indiscutabilité des choix. Il s'ensuit un renforcement idéologique et un durcissement des pratiques.

La science, sa pratique et son usage, répond à une éthique. Sa singularité est de pouvoir trouver "une propagation" (un déplacement de son exercice dans un autre lieu), ce qui en soit est déjà un problème scientifique pour discuter du sens et de la portée de nos instruments. Appliquer aux toxicomanes incarcérés la même logique thérapeutique qu'à ceux qui ne le sont pas présuppose que l'institution prison (même au sens de structure non matérialisée) ait le même espace d'observation que l'institution thérapeutique sans gardien. C'est un espace d'observation, limité à des individus qui les coupe de leur contexte extérieur. Pour qui le choix de l'hôpital ou de la prison est le meilleur choix ? Par quelle prise en charge ? Individuelle, familiale ou institutionnelle ?

Quelle est la frontière entre la psychiatrie, les services sociaux et la justice ?

Il est nécessaire de poser des identités séparées pour réfléchir sur ce qu'est le travail appliqué, car les rapports entre l'individu et son contexte (social ou prison), la méthodologie de recherche et l'écart par rapport à cette méthodologie arrivent peu à peu à abraser les réalités perçues comme des contradictions de l'institution (aujourd'hui le trafic de drogue, overdoses, introduction des programmes méthadones en prison). Cette tendance naturelle résulte de la dénégation du personnel dans son propre rôle, s'il ne réajuste pas sans cesse ses projets à sa mission, corroborée par l'actualisation des recherches. Les travailleurs sociaux, les médecins, les surveillants pénitentiaires doivent faire des compromis entre la logique théorique et la pratique du dispositif.

Enfin, par ses effets directs ou indirects, la société a des représentations très erronées sur la réalité de la toxicomanie : combien de jeunes sont-ils touchés ? Comment se combinent les réalités de la criminalité, du réseau urbain et des problèmes psychiatriques ? Seul le spectacle de la rue reste le témoin de cette frange de société : la visibilité de ce fléau par les médias est limitée au strict minimum du fait des actions continues de la santé, de la police et de la Justice. Il n'existe pas ou peu de scènes de drogués repérables ou visibles dans les centres villes. Ils sont relégués dans certains quartiers où parfois la police ne peut même pas intervenir et souvent, constate-t-on, où se trouvent aussi les regroupements des populations immigrées. Parfois, des "sans domiciles fixes" et des alcooliques squattent les porches ; mais les interventions de la police génèrent des déplacements constants des toxicomanes, et ce sans distinction entre usage de drogues dures ou douces, entre consommation ou deal.

Par contre, la prison est devenue en France une scène ouverte de la toxicomanie offrant accessoirement aussi un hébergement et un lieu d'accès aux soins.

# Toxicomanie et institutions judiciaires

M. Jean-Paul Jean

> L'institution judiciaire ne connaît pas le toxicomane -notion de santé publique-, mais seulement l'usager de drogues illicites - notion d'ordre public - et ses délinquances connexes. De qui parle-t-on lorsque l'on évoque le nombre d'usagers incarcérés ? Les usages licites de chiffres sont parfois stupéfiants !
> Les incohérences de la loi du 31/12/70 font que la consommation de produits est, en fonction de différentes opportunités, interdite, légale ou tolérée, que certains sont accessibles et d'autres non. La dépénalisation de fait de certaines substances, la distribution sous contrôle médical de produits de substitution ajoutent à la confusion de la législation en vigueur.
> Comment fonder une approche cohérente de la toxicomanie en termes de santé publique ? De profondes évolutions sont inéluctables. L'une des conséquences essentielles sera le transfert des toxicomanes "gérés" par la justice vers un dispositif de soins sous contrôle. De quelle façon peut-on articuler dans ce cadre les interventions du juge et du médecin ?

Le Docteur Faruch vient de parler du flou de la loi de 1970. En principe, le juriste est là pour fournir quelques repères ; l'intitulé de notre table ronde, "La drogue, cet obscur objet du désir", ne m'aide guère plus que le texte de cette loi.

Compte-tenu du temps limité de l'intervention initiale, je me contenterai de développer quelques problématiques. Mais je voudrais être sûr auparavant que nous sommes bien d'accord sur la réalité de ce que produisent les institutions répressives au sein desquelles nous travaillons. Je soulignerai à ce propos quelques chiffres. Je parlerai ensuite des contradictions internes de la loi de 1970, mais aussi entre les approches de santé publique et d'ordre public, avant d'essayer de comprendre quelles sont les évolutions prévisibles, inéluctables ou pas, dans la gestion de la toxicomanie par la société française.

Avant de parler chiffres, je souhaite clarifier absolument deux concepts très différents mais souvent mélangés : celui de toxicomane, notion de santé publique, d'une part, et celui d'usager de drogue illicite, d'autre part, notion d'ordre publique, seule prise en compte par la loi. Je tenterai d'expliquer plus loin en quoi cette distinction est déterminante dans les différentes approches possibles.

**Premier point : parlons-nous tous de la même réalité ? Que produit aujourd'hui le système répressif dans la gestion des usagers de drogues illicites.** L'activité de la police, tout d'abord : en 1992, 54.568 personnes ont été interpellées par l'ensemble des services répressifs pour infraction à la législation sur les stupéfiants (ILS). Parmi celles-ci, 41.549 l'ont été pour consommation, 6.937 pour usage-revente et 5.982 pour trafic (sources OCTRIS). 66,4% des usagers ou usagers-revendeurs ont été mis en cause pour du cannabis et 30,1% pour de l'héroïne.

A ces délits commis du fait de "l'illicéité" du produit concerné, mais pas forcément par des toxicomanes, il faut ajouter ceux commis par des toxicomanes pour se procurer l'argent nécessaire à leurs doses quotidiennes. Ils concernent essentiellement les vols dans les voitures, les cambriolages, les vols à l'arraché, les agressions. Selon les praticiens exerçant dans les grandes agglomérations, de 30 à 50% de ces délits commis seraient le fait de toxicomanes, mais sans qu'aucune étude sérieuse permettant d'étayer ces évaluations ait jamais été effectuée en France sur ce sujet.

Les américains se sont quant à eux dotés d'instruments de mesure incontestables. Ainsi, une enquête épidémiologique a été menée en 1991 sur quinze jours dans 24 grandes villes américaines, au travers d'un entretien avec 30 507 personnes interpellées et d'un dépistage volontaire de 10 drogues dans les urines, incluant des drogues légales (cocaïne, opiacés, marijuana, PCP - phencyclidine - méthadone, benzodiazépines, méthaqualone, propoxyphène, barbituriques et amphétamines), le tout sous couvert de l'anonymat. Les tests détectaient des traces remontant à deux ou trois jours, sauf pour la marijuana et le PCP dont les traces peuvent remonter à plusieurs semaines après usage. Chez 22 267 hommes, le pourcentage global de tests positifs pour une drogue quelconque était de 59% (64% chez les 8 240 femmes arrêtées).

Par catégorie d'infraction, chez les hommes, ce pourcentage était de 79% pour détention ou vente de drogue (une partie non négligeable des dealers ne consomme donc pas), 68% pour cambriolage, 65% pour vol, 59% pour vol de véhicules, 48% pour coups et blessures, 49% pour les infractions à la législation sur les armes, le taux le plus faible étant de 37% en matière d'infraction à la législation sur les moeurs.

Deuxième niveau de la répression : le passage devant la justice pénale. Si des procédures sont classées sans suite, d'autres se continuent par une injonction thérapeutique, la dernière catégorie se traduit par un jugement du tribunal. La dernière exploitation connue du casier judiciaire révèle qu'en 1991, 20 006 condamnations ont été prononcées pour infractions à la législation sur les stupéfiants et, au premier janvier 1993, 5.447, soit 19,7% des condamnés définitifs étaient en détention pour ILS. Mais cela ne signifie pas que ces condamnés soient des toxicomanes. On a vu en effet que les trafiquants ne sont pas obligatoirement des usagers, que l'usager occasionnel n'est pas un toxicomane et que des toxicomanes sont incarcérés pour des délits de droit commun, sans référence à leur toxicomanie.

On ne connaît pas le nombre de toxicomanes incarcérés en France. Selon la seule enquête disponible, menée auprès des entrants dans l'ensemble des maisons d'arrêt au cours du mois d'avril 1986, 10,7% de ceux-ci sont déclarés toxicomanes selon le critère retenu - personnes se déclarant telles et ayant consommé de la drogue au moins deux fois par mois au cours des trois derniers mois - .

L'administration pénitentiaire estime que la population pénale est composée d'environ 15% à 20% de toxicomanes, entrés généralement comme détenus provisoires, ce taux montant à 30 ou 40% dans les grandes maisons d'arrêt de la région parisienne et du sud-est. Ces pourcentages sont encore supérieurs à la maison d'arrêt pour femmes de Fleury-Mérogis ou à Loos-les-Lilles.

168 personnes étaient détenues au 10 mai 1994 du seul fait de l'usage de drogues illicites, sans autre délit.

Des enquêtes ponctuelles menées dans certains établissements et surtout une enquête épidémiologique menée par l'Inserm en 1989/90 sur les toxicomanes incarcérés vus dans les antennes-toxicomanie des maisons d'arrêt permettent de mieux connaître cette population.

54% d'entre eux sont détenus provisoires. 58% sont concernés par des délits autres que les infractions à la législation sur les stupéfiants. 60% ont été incarcérés pour la première fois avant l'âge de 20 ans. 70% sont récidivistes.

Le nombre moyen d'incarcérations est de quatre. La récidive apparaît comme un indicateur de gravité dans la marginalisation sociale et le comportement délictueux, mais aussi dans la dépendance aux produits toxiques. Les profils d'usagers sont très voisins, dominés par l'héroïne et la polytoxicomanie.

39% des incarcérations ont eu lieu avant l'usage de drogues et 47% des sujets sont passés préalablement devant un tribunal pour enfants. Contrairement aux idées reçues, la toxicomanie n'est pour beaucoup qu'un échelon supplémentaire dans la délinquance et la déviance, échelon crucial puisqu'il démultiplie et subordonne les actes délictueux à la dépendance.

Les conditions de prise en charge des toxicomanes lourds, particulièrement désinsérés, constitue donc le problème majeur auquel est confrontée l'institution judiciaire. Par-delà l'approche plus cohérente d'une action des pouvoirs publics en matière de lutte contre les toxicomanies, les administrations de la justice et de la santé n'ont-elles pas des modalités d'intervention spécifiques à mettre prioritairement en oeuvre auprès de cette population ?

**Deuxième point : comment le système peut-il évoluer ?** Je vais laisser à Francis Caballero le soin de traiter - et de maltraiter - la loi de 1970. Je souligne seulement que le nouveau code pénal, applicable depuis le 1er mars 1994, s'il maintient par exemple la disposition stupide selon laquelle la simple détention de n'importe quel stupéfiant fait encourir dix années d'emprisonnement, va cependant à terme sans doute permettre des évolutions. En effet, toute la partie répression ne figure plus aujourd'hui dans le code de la santé publique, mais dans le code pénal. Ne demeure plus dans le code de la santé publique que le délit d'usage. Pourra-t-on encore longtemps accepter que la répression du simple usage ait faussement une finalité affirmée de santé publique ?

Deux autres questions sont, selon moi, révélatrices des contradictions de la législation concernant les stupéfiants : la classification des produits et la prévention du sida.

Selon qu'un produit est ou non classé comme stupéfiant, sont modifiées ses conditions de délivrance, et le fait de l'utiliser constitue ou non le délit d'usage de stupéfiants. **On peut donc être toxicomane à un produit, mais délinquant ou non du seul fait du produit consommé, selon que ce produit est classé ou non comme stupéfiant.**

Dans le cadre des conventions internationales, ce classement est une simple décision d'opportunité prise par le ministre de la Santé sur avis de la commission des stupéfiants.

S'est ainsi progressivement développé une **stratégie de produits** détournés de leur usage thérapeutique et accessibles aux toxicomanes.

En effet, c'est un véritable choix de politique sanitaire qui en France a laissé dans la catégorie des produits non classés comme interdits - même si leur condition de délivrance sont parfois réglementées - des médicaments, par exemple des coupes-faim ou des analgésiques, couramment détournés par les toxicomanes. C'est par exemple en France le Temgésic ou bien tous les produits codéinés, principalement le Néocodion.

Les choix successifs de laisser facilement accessibles certains produits, de réglementer ou d'interdire l'accès à d'autres ont répondu à deux finalités :

- la première visait, dans le cadre de la prévention des hépatites et du sida d'éviter à tout prix que les toxicomanes n'utilisent des seringues. Il valait donc mieux laisser sur le marché des produits *a priori* non injectables - Temgésic par exemple - même si l'on sait très bien que les toxicomanes arrivent toujours à s'injecter n'importe quoi.

- la seconde a consisté à protéger la santé du toxicomane en laissant accessibles sur le marché des produits moins destructeurs, moins nocifs que ceux objets du trafic. Dans l'échelle des risques, il vaut mieux qu'un toxicomane s'injecte ou absorbe des produits médicamenteux qui ne sont pas trop destructeurs plutôt que n'importe quel produit qui a des effets très toxiques mais facilement accessibles (essence, trychloréthylène, colles, solvants, drogues coupées à chaque niveau de revente, de très mauvaise qualité etc...)

Sans doute les toxicomanes eux-mêmes ont-ils des stratégies par rapport au licite ou à l'illicite, en plus de la disponibilité et du coût d'un produit.

Ces stratégies croisées de l'offre et de la demande par rapport aux produits vont avoir des conséquences importantes, par exemple, outre les trafics et falsifications d'ordonnances, la pression sur les médecins prescripteurs et les pharmaciens auxquels sont posés de quotidiens problèmes de conscience, tant ils sont placés devant des exigences contradictoires. Il en est ainsi des médecins et des pharmaciens qui prescrivent ou remettent des médicaments qu'ils savent pertinemment détournés de leur usage.

Tout observateur objectif est conscient des limites et des contradictions de ces politiques sanitaires dont la nécessité conduit à violer le texte et l'esprit de la réglementation en vigueur. Si cette politique est nécessaire, elle doit au minimum être complétée par la formation et l'information des médecins prescripteurs et des pharmaciens ainsi que par le contrôle et l'évaluation de ces conditions de délivrance des produits, afin d'éviter toute dérive.

Ces contradictions relevées au niveau français sont encore amplifiées au **niveau international** car les médicaments circulent avec les individus notamment dans la communauté européenne. Ainsi, fin 1990, selon une étude de la direction de la pharmacie du médicament, la buprénorphine - Temgésic - était disponible sur ordonnance normale au Danemark, aux Pays-Bas et au Portugal, sans classement. Elle était classée comme narcotique en Allemagne, au Royaume Uni et en Italie, comme psychotrope en Belgique, en Espagne et au Luxembourg. En Italie, on ne pouvait recevoir, à partir d'une ordonnance, que 20 comprimés, mais 92 en Allemagne...

Un certain nombre de magistrats commencent à être conscients de ces contradictions. Francis Caballero vous parlera sans aucun doute d'un de ses clients, toxicomane, sous méthadone prescrite par un médecin belge, interpellé à la frontière par les douaniers qui saisissent ses comprimés avant qu'il ne soit jugé et condamné par le tribunal de Paris à six mois d'emprisonnement avec sursis et mise à l'épreuve, outre une amende qui vient s'ajouter à l'amende douanière. Un autre toxicomane, suivi quant à lui par un médecin suisse, interpellé à la frontière, a la chance de rencontrer un inspecteur de police, puis un magistrat du parquet qui s'intéressent à son cas. Le procureur a finalement donné l'instruction de le laisser repartir avec ses comprimés, en s'élevant contre les hypocrisies du système actuel.

Je n'ai pas le temps de traiter de façon complète **le troisième point de mon exposé concernant les évolutions possibles du cadre légal de la toxicomanie.** Je pense que l'on peut élaborer un cadre législatif et réglementaire plus cohérent dans une finalité de protection de la santé publique. Il conviendrait alors d'avoir une approche répressive identique pour l'ensemble des produits nocifs pour la santé, que ces drogues aient un statut licite ou illicite.

Un repère simple consisterait **à ne pas sanctionner un comportement qui ne nuit pas à autrui.**

Dans la législation actuelle relative à l'alcool et au tabac, seuls sont sanctionnés pénalement les comportements nuisibles à autrui, à travers la publicité, la conduite d'un véhicule sous l'empire d'un état alcoolique, le tapage nocturne, le fait de fumer dans un lieu où cela est interdit (contravention pour ces deux dernières infractions).

Mais le simple fait de fumer ou de boire, même abusivement ne constitue pas une infraction et l'on comprend que les jeunes qui consomment du cannabis expriment toujours un sentiment d'injustice par rapport à l'interdit pénalement sanctionné, alors qu'ils peuvent ingurgiter, en toute impunité, autant d'alcool qu'ils le veulent.

Certains relèvent d'ailleurs que cette pénalisation est en contradiction avec les principes constitutionnels de protection de la liberté individuelle. La tentative de suicide n'est pas punissable. Dans le code pénal français, il n'existe à ma connaissance que deux infractions punissables alors que le contrevenant ne porte préjudice qu'à lui-même : celle relative au port obligatoire de la ceinture de sécurité et celle de mutilation volontaire à l'armée, encore que l'on peut estimer dans ce dernier cas, que le préjudice causé à l'institution militaire existe.

On pourrait donc envisager la dépénalisation de la consommation de drogues aujourd'hui illicites et placer ses produits sous le même régime pour l'usager que le tabac, l'alcool et les médicaments. Il conviendrait alors de pénaliser, de la même façon, les publicités incitatives à la consommation, l'usage au volant d'un véhicule de stupéfiants ou psychotropes (ou toute substance de nature à affaiblir les capacités) comme cela existe par exemple en Espagne. Toujours comme en Espagne, on pourrait aussi contraventionnaliser le fait de laisser des seringues sur la voie publique ou celui de se droguer en public. La ligne de partage serait ainsi claire entre les comportements individuels ne portant pas préjudice à autrui et les autres, avec un régime identique pour toutes les drogues, quel que soit leur classement.

C'est volontairement que je n'aborde pas les modalités de réglementation et de distribution de ces drogues tant c'est un sujet d'une ampleur considérable.

Je termine sur **quelques interrogations** que je souhaite renvoyer à la salle pour discussion.

- Tout d'abord un problème de stratégie. Aujourd'hui, **le système répressif dans son ensemble aspire les toxicomanes jusqu'à la prison** où ont les gère un temps, en les enlevant de la visibilité du champ social. L'amélioration progressive considérable du système de soins en prison rassure les juges et les intervenants spécialisés qui intègrent dans leur univers mental la nécessité et la justification de la pause carcérale dans le parcours du toxicomane.

- Ensuite une donnée comparative. Il convient de souligner que les évolutions importantes de certains pays se sont produites essentiellement parce que les collectivités locales, notamment les municipalités, possèdent de larges compétences dans le domaine médico-social et ont pu prendre des initiatives.

- Un élément nouveau : **la parole des toxicomanes** existe désormais. Les produits de substitution et l'auto-organisation de groupes de toxicomanes leur a permis d'avoir une parole autonome et de poser des exigences.

- Enfin, une erreur, me semble-t-il, à ne pas commettre. On parle de méthadone en prison. Autant je crois à la nécessité d'un développement considérable de la substitution à l'extérieur de la prison, autant je pense que la prescription à l'intérieur des murs - sauf dans le cadre d'une préparation à la sortie - serait une orientation totalement erronée. La méthadone - comme d'autres produits et les accompagnements médicaux sociaux indispensables - doit être le levier d'une politique massive d'alternative à l'incarcération. C'est le seul moyen d'inverser le flux actuel des toxicomanes par le système répressif.

# Pour une nouvelle approche économique, sociale et juridique, la législation contrôlée

Maître Francis Caballero

> On constate, après plus de soixante-dix ans de prohibition et de répression, l'échec de la "guerre contre la Drogue" tant sur le plan économique en raison du développement des mafias, que sur le plan **social** en raison du développement de la délinquance, le plan **juridique** en raison du recul des libertés individuelles, et enfin sur le plan **sanitaire** en raison du développement des overdoses et du Sida. C'est pourquoi un certain nombre d'auteurs modernes proposent une autre forme de contrôle des drogues : **la législation contrôlée**.
>
> L'intérêt de la législation contrôlée est de fournir une réponse globale et cohérente au problème de toxicomanie depuis les lieux de production jusqu'aux lieux de consommation. Le fondement de cette théorie est de lutter contre l'**abus**, et non contre l'**usage**, dès lors que celui-ci ne nuit pas à la société ou aux tiers. Il est suggéré de faire appel à des monopoles d'Etat pour organiser la distribution des substances ainsi légalisées, car les études récentes montrent que les monopoles à vocation sanitaire et sociale seraient le meilleur mode de distribution possible, par rapport au crime organisé ou à l'industrie privée.

Avant de proposer éventuellement d'autres pistes pour l'avenir, je voudrais enchaîner sur certains des propos de l'interlocuteur et ami qui m'a précédé. J'aurais vraiment aimé entendre ça quand vous étiez au cabinet de Monsieur Evin. Ainsi, j'ai appris en vous écoutant qu'il ne fallait pas confondre un **usager** et un **toxicomane**, et ça m'a fait plaisir, c'est ce que j'ai toujours dit. Vous m'avez également appris que le classement du cannabis parmi les stupéfiants n'était pas tout à fait correct. Cela m'a fait énormément plaisir ; je l'ai plaidé partout en France, je ne l'ai gagné qu'une fois et perdu sept fois. Je ne désespère pas de gagner définitivement un jour.

Enfin, vous dites que le classement des substances stupéfiantes intervient après avis de la Commission des stupéfiants et psychotropes ; or ce n'est pas tout à fait vrai. Le classement des substances stupéfiantes s'opère sans le moindre avis consultatif d'un organe administratif, du moins selon les textes. Il s'est établi une pratique selon laquelle le Ministère de la Santé, avant de classer une substance, consulte la Commission des stupéfiants, mais ce n'est pas obligatoire. C'est donc sans aucune consultation qu'une obscure "phamarcrate" a reclassé, en 1990, l'ensemble des substances stupéfiantes, sans se poser toutes les questions très pertinentes que l'on se pose aujourd'hui.

Pour continuer d'enchaîner sur votre propos, je voudrais dire un mot sur la **méthadone**. On en parle beaucoup, et vous avez effectivement évoqué l'affaire d'une personne qui avait acheté de la méthadone dans une pharmacie en Belgique, sous contrôle médical. Il a été condamné par le Tribunal Correctionnel de Paris à deux mois d'emprisonnement avec sursis, deux ans de mise à l'épreuve, 3 000 francs d'amende douanière, et confiscation de ses 99 gélules. J'ajoute que pour colorer la "méchanceté" de cette décision, le juge l'a assortie, ce qui est rarissime, de l'exécution provisoire, pour qu'il ne puisse pas retourner en Belgique rechercher de la méthadone.

Ajoutons, qu'Alain Pinhas a fait plusieurs demandes d'admission dans les centres français de méthadone, où on l'a soit refusé, soit imposé des conditions inacceptables, en lui proposant d'autres produits que le sien, et une visite journalière incompatible avec ses activités professionnelles. On en est toujours là; il est en train d'errer entre la France et la Belgique pour chercher ses gélules pour un mois (il est encore retourné en Belgique la semaine dernière)

Toujours est-il que le statut de la méthadone est en marche, et que l'on annonce sa prochaine autorisation de mise sur le marché (AMM). Mais si ce statut ne nous convient pas, nous déférerons l'AMM-méthadone devant le juge administratif. Et pour que les choses soient claires, un statut qui réserverait la méthadone à des programmes où elle serait fabriquée par le laboratoire central, délivrée dans les institutions, après des critères du type "au seuil", constituerait selon nous un cas d'annulation. De la même manière que les directives belges, trop restrictives, ont été annulées à trois reprises par le Conseil d'Etat belge, l'AMM française est discriminatoire envers les malades. **Ce ne sont pas les malades qu'il faut sélectionner, ce sont les médecins prescripteurs**. La méthadone doit être disponible sur prescription médicale, par des médecins, qu'on pourrait certes, comme en Suisse, habiliter spécialement à cet effet, mais en dehors des centres de distribution gratuite. La substitution est un art médical à suivre de près. D'ailleurs nous plaiderons bientôt devant la Cour de Paris que la méthadone est **un médicament de substitution** et non un stupéfiant dépourvu d'utilité thérapeutique.

Tout cela pour dire qu'on entend beaucoup de choses très généreuses sur la méthadone, à droite et à gauche, mais que personnellement, à mon niveau, sur le terrain, pour un client d'une banalité affligeante, cela ne change pas. J'ai d'ailleurs une autre cliente, une jeune fille qui vient d'être arrêtée en Belgique, pour 150 gélules de méthadone (qui lui ont été confisquées par les douanes) et qui sera bientôt jugée à Lille. Cela n'arrête pas. Les douanes les attrapent à l'épuisette à la sortie du train en provenance de Bruxelles ou d'Amsterdam. C'est très facile. Alain Pinhas, on lui a fouillé son sac très facilement, il avait un peu les cheveux longs... On sait que les douanes ont le droit de fouiller tout le monde, n'importe où, en l'absence de tout flagrant délit. Donc on a fouillé ce jeune homme, il a déclaré qu'il avait 100 gélules de méthadone, et il s'est retrouvé devant le Tribunal Correctionnel. Aujourd'hui on n'a pas avancé d'un millimètre. Il continue d'aller en Belgique et de violer les décisions de justice...

Revenons si vous le voulez bien à notre problème qui était de savoir quelles étaient les voies de l'avenir pour remplacer ce système qui commence à être critiqué, (encore que politiquement il soit très fermement défendu) : la **prohibition** et la **répression**. Je considère que la prohibition est un système qui a des mérites à condition de ne pas en abuser. Dire au départ "pas de drogue, pas de drogué", c'était un peu irréaliste. Mais dire que des substances qui sont dangereuses, car toutes les drogues sont dangereuses pour la santé quand on en abuse, doivent être prohibées de la surface de la Terre pour toujours, de toute production, de tout commerce, de tout usage, c'est manifestement excessif.

Une prohibition aussi générale et absolue repose sur le présupposé selon lequel **tout usage de ces substances dégénère nécessairement en abus**. Or voilà la confusion fondamentale de la prohibition. Une confusion qui a suscité un système contraire aux principes de liberté d'une société démocratique. Pour être précis, - et je me réjouis de parler devant le Président du Conseil Constitutionnel ; ce n'est pas tous les jours qu'un tel honneur m'arrive - je pense que les dispositions françaises sur **l'usage illicite de stupéfiants** sont contraires à la Constitution, et notamment à l'article 4 des Droits de l'Homme, qui définit la liberté comme *"le pouvoir de faire tout ce qui ne nuit pas à autrui"*. Or la loi de 70 a pénalisé l'usage, à son domicile privé, par un individu majeur, même solitaire ou accompagné d'un majeur consentant. Or un tel usage (à supposer même qu'il soit vraiment nuisible pour le cannabis) ne nuit pas à autrui. La loi ne peut donc légalement l'interdire.

Je tiens également à dire que je ne suis pas un partisan de la **dépénalisation** de l'usage, mais plutôt de la légalisation contrôlée. J'entends par là qu'en matière d'usage, je propose de conserver un droit pénal en distinguant entre l'usage et l'abus. Dans une société démocratique, on pourrait réglementer les drogues en disant *je combats l'usage lorsqu'il dégénère en abus préjudiciable à la jeunesse, à la société ou au tiers*. Trois intérêts qui méritent d'être protégés.

Mais ce n'est pas ce qu'on a fait. On a combattu l'usage, tout en disant qu'on combattait la toxicomanie, c'est à dire l'abus. Or, celui qui "fume un joint" n'est nullement un toxicomane. Seul l'abus du cannabis, c'est à dire le cannabis chronique, est dangereux pour la santé. Mais tout le monde sait que l'on peut être un usager récréatif de cannabis, consommer du cannabis pendant quarante ans sans avoir aucun dommage physique, moral ou mental, à condition de faire preuve de **modération** dans cette drogue là, comme dans toutes les drogues. Et l'**éthique nouvelle** qu'on voudrait proposer, c'est de remplacer cette morale de l'abstinence, idéale mais irréaliste, par une **éthique de la modération**, plus pragmatique et humaine.

"La guerre contre la drogue" est en effet inhumaine. Les anti-prohibitionnistes américains disent : *"une société libre de toute drogue n'est pas une société libre"*. Si l'on veut vraiment interdire à l'humanité d'absorber des produits psychotropes, cela donne une société invivable. Quelle que soit la substance interdite d'ailleurs. Il faut avoir une vision plus "humaine" des drogues. Pourquoi les gens prennent des drogues ? Parce que ça les soulage, parce que ça leur procure du plaisir, parce que ça les aide à vivre, parce que ça les aide à supporter les ennuis et leur permet d'oublier leurs soucis. Et j'en connais même qui, par provocation, allument leurs joints quand ils entendent certains hommes politiques parler de "LA DROGUE".

Il faut dire que le discours politique est devenu insupportable. Dire comme le faisait Paul Quiles *"La drogue c'est un poison"*, cela ne veut rien dire. D'abord, "LA DROGUE" cela n'existe pas, il faut dire **les drogues**. Il y a 120 plantes et substances classées dans les substances stupéfiantes. Elles ne peuvent être mises dans le même sac. Elles ne sont pas non plus des poisons. Sinon les usagers de drogues seraient tous morts. Or, parmi les 4,7 millions d'usagers de cannabis, les 800 000 usagers de cocaïne, les 150 000 héroïnomanes, il en est mort 492 l'année dernière. C'est trop, mais ça montre qu'on n'a pas encore compris que, **seul l'abus est dangereux pour la société**, et non pas le simple usage. Il faut donc, en conclusion de cette longue introduction, **remplacer la guerre contre la drogue par la lutte civile contre l'abus des drogues.** Cela correspond à l'idéal d'une société démocratique qui tolère une sphère de liberté aux individus, mais qui intervient dès lors que cette liberté est nuisible aux tiers. Il reste donc sommairement à définir **le statut de l'usager** puis **le statut du commerçant**, destiné dans un système de légalisation contrôlée, à remplacer le trafiquant.

Qu'est-ce que l'abus pour l'usager ? Tout d'abord, est abusif parce que dangereux pour les tiers, **l'usage au volant** de certaines substances, s'il est prouvé que l'ivresse cannabique, cocainique, ou morphinique a les mêmes effets que l'ivresse alcoolique sur la conduite automobile. Est également abusif l'usage dans les lieux publics qui devrait être réprimé d'une simple amende. L'idée de voir ces substances consommées en public n'est pas plaisante ; je pense que ces choses là font partie de la vie privée. On ne fait pas l'amour en public, et bien, on n'absorbe pas ces substances en public. Il y a aussi un aspect de prosélytisme, de provocation, et il faut espérer que la jeunesse ne défie pas cet interdit, et qu'elle accepte le *statu quo* de la fumée clandestine, qui est un des seuls avantages de la prohibition. A ceci près, que dans le nouveau système "la clandestinité" devient "discrétion".

Malgré ces précautions, il va y avoir, parce qu'on ne va pas changer la nature de ces substances, des gens qui vont abuser, et vont se nuire à eux-mêmes. Que fait-on avec ces gens là ?

On leur proposera en permanence une cure de désintoxication puisqu'ils seront des clients de ces fameuses institutions, de ces monopoles ou de ces dispensaires. On les connaîtra et on les taxera. Il n'y a en effet aucune raison qu'on laisse des gens avec des comportements abusifs, coûter de l'argent à la société, en faisant payer par le budget général le coût de leur désintoxication, on instituera une taxe sur les drogues légalisées, proportionnelles à leur coût social. C'est ce qu'on a commencé à faire pour l'alcool. Vous savez que les alcools de plus de 25° paient une taxe au "Col" par bouteille, dont le produit est aujourd'hui versé au budget de la Sécurité Sociale. Cela lui rapporte 4,5 milliards de francs, alors que l'alcoolisme lui coûte 40 milliards. Mais c'est un bon exemple de mécanisme que l'on peut transposer aux drogues illicites, une fois légalisées. De cette façon, le cannabisme chronique serait pris en charge par les fumeurs de cannabis et de même l'héroïnomane par les usagers d'opiacés.

J'en suis resté au statut de l'usager, et je n'ai pas eu le temps d'exposer la partie commerciale du système. Mais il faudrait un autre exposé... Merci de votre attention.

- Dr D. Zagury : Il me semble qu'avant de donner la parole à la salle, on pourrait laisser Monsieur Jean-Paul Jean répondre peut-être sur cette phrase qui m'a frappé : "quand la prohibition ne marche pas, la répression s'énerve".

- M. Jean-Paul Jean : Je suis assez d'accord avec cette formule de Francis Caballero. Je crois avoir signalé que la mécanique du système aboutit nécessairement à une gestion massive par l'institution pénitentiaire. Deux remarques aussi sur l'affaire Pinhas, puisque tu as donné le nom de ton client :

1/ En matière correctionnelle, c'est le tribunal et pas un juge seul qui condamne. On peut reprocher à un président sa façon de conduire l'audience, mais pas la décision qui est collégiale et pour laquelle il peut très bien avoir été mis en minorité.

2/ Suite au jugement Pinhas, j'ai cru comprendre que la hiérarchie du parquet s'était posée des questions quant à l'opportunité de telles poursuites et que cela était remonté jusqu'à la chancellerie. Auraient été données des instructions de ne pas poursuivre désormais dans des affaires similaires, outre des discussions engagées avec le ministère de la santé auquel il revient de donner un statut légal à la prescription de méthadone comme substitution.

Autre problème, celui du dépistage au volant. Je suis personnellement favorable à un système où on punit le comportement dangereux pour autrui. Mais cela est problématique pour les usagers de cannabis, puisque l'on détecte des traces d'usage beaucoup plus anciennes que pour les autres produits. Paradoxalement, tu serais donc discriminatoire avec une catégorie d'usagers que tu entends défendre tout particulièrement.

- Les juges et les cours constitutionnelles. En France, dès que le politique se saisit du problème de la drogue, c'est pour augmenter la répression. Je rappelle que le simple usage est puni d'un emprisonnement ferme, mais que Monsieur Chalandon, dans son projet de 1986, avait proposé que cette peine encourue soit portée à deux ans. Les évolutions récentes en Europe ne sont pas évidentes. Le Portugal, dans sa loi du 04 janvier 1993, a incriminé l'usage simple, ce qui n'était jusque-là que l'apanage de la France et du Luxembourg. Pour être juste, il faut reconnaître que cette loi prévoit de nombreuses réponses alternatives à l'emprisonnement. Les évolutions les plus significatives viennent, me semble-t-il, des cours constitutionnelles. Deux décisions récentes, en Allemagne et en Colombie ont affirmé la non-conformité de lois punissant l'usage, au nom des libertés individuelles. Je pense profondément que les politiques n'oseront pas prendre de position audacieuse - sauf après que les USA l'aient fait en premier - et que des évolutions importantes viendront des juges, plus particulièrement des juges constitutionnels. Francis Caballero a donc tout à fait raison de jouer cette stratégie là.

- Sur mes positions personnelles. Non, je n'ai pas changé, comme disait ce bellâtre - Julio Iglesias -, mais j'ai profondément évolué tout en restant dans la même ligne. Je rappelle souvent aux intervenants en toxicomanie - plus particulièrement l'ANIT - qu'en janvier 1990, une circulaire DGS avait été envoyée via les DDASS à l'ensemble des centres et des hôpitaux pour proposer de monter des programmes méthadone. Pour toute la France, un seul projet sérieux a été présenté (et retenu), celui de l'équipe du Professeur Charles-Nicolas à Pierre Nicole. Trois ans plus tard, les centres spécialisés se bousculent pour monter des projets. La pression sociale était-elle si importante, ou était-ce la peur de voir les toxicomanes pris en charge par d'autres que le dispositif spécialisé ? Je rappelle aussi que c'est en 89 qu'ont été montés les trois premiers programmes expérimentaux d'échanges de seringues. A l'époque, des procureurs se sont opposés à ces expériences parce que distribuer des seringues, c'est, dans la loi, faciliter l'usage de drogue à autrui. S'ils avaient juridiquement raison, ils ont eu politiquement tort, puisque les ministres de la santé et de la justice leur ont donné des instructions de ne pas appliquer la loi pénale, au nom de la santé publique. Je veux montrer, à travers cet exemple, que des évolutions de fait vont provoquer à terme des évolutions du droit. Ce qui a "permis" ces profonds changements, c'est le risque de contamination VIH. On retrouve cette analyse à propos de la profonde réforme de la santé en prison de janvier 1994. Monsieur Jean Favard et Monsieur Robert Badinter qui sont ici le savent. Depuis 1983, les évolutions progressives, depuis l'intervention de l'IGAS ou la création des SMPR, ont accru le décloisonnement de la santé en prison, mais c'est le "scandale" des collectes de sang dans les établissements pénitentiaires qui, en 1992, a permis de débloquer le dossier et de faire passer la réforme. Celle-ci d'ailleurs, s'est appuyée sur des conventions entre maisons d'arrêt et hôpitaux que nous avions initiées en 1988/89 dans le domaine du sida. Ainsi, des jalons sont posés progressivement et puis, un jour, une opportunité se présente qui permet de faire passer une réforme qui, a priori, n'était pas prioritaire pour le politique.

- Dr D. Zagury : J'imagine qu'il y a des questions dans la salle, alors s'il vous plaît, le débat est passionnant, posez des questions brèves.

- Dr Wieviorka : Je suis le Docteur Wieviorka du Centre Pierre Nicole. Ce n'est pas une question, mais une précision pour Monsieur Caballero à propos de l'affaire P..

J'ai moi-même, en tant que responsable d'un des trois ou quatre centres à l'époque ouverts à Paris, été contactée par le Docteur Reisinger qui me disait : "voilà, vous êtes sans doute au courant de cette affaire, que proposez-vous pour ce patient ?". Et j'ai écrit qu'il vienne me voir et je verrais alors ce que je pourrais faire pour lui dans les respects de la déontologie et des règlements en vigueur, je tiens à votre disposition ma réponse.

- Maître F. Caballero : J'ai votre réponse.

- Dr Wieviorka : Pardon , mais j'imagine bien que vous l'avez, mais je dois dire que je n'ai jamais vu ce monsieur. J'avais pourtant précisé à Reisinger que si ce patient venait me voir, j'étais toute disposée à le prendre en surnombre... Simplement il n'est jamais venu. Donc quand vous dites qu'il a fait le tour des programmes, apparemment je n'étais pas dans le circuit et je le déplore. Vous pouvez toujours lui dire, qu'au jour d'aujourd'hui, s'il vient me voir, je ferais mon possible pour l'admettre dans un programme méthadone.

- Maître F. Caballero : Attendez. je veux être clair. Ça ne veut rien dire. Est-ce que vous l'obligerez à venir tous les matins pour prendre sa méthadone ? Est-ce que c'est ça ? C'est peut-être pour ça qu'il ne vient pas ?

- Dr Wieviorka : Mais Monsieur Caballero, d'abord il n'est jamais venu me le demander.

- Maître F. Caballero : Mais est-ce que c'est ça ?

- Dr Wieviorka : Attendez je peux répondre ?

- Maître F. Caballero : Bien répondez, oui.

- Dr Wieviorka : Alors je dis premièrement, pour vous c'est un client, moi je suis médecin, donc *a priori* on n'est pas dans le même registre. Que je le vois, qu'il attende mes propositions, qu'il me dise oui ou non ! Il n'est pas venu me voir, et il connait ma réponse avant ? Moi je ne peux pas vous répondre là-dessus. Ce que je peux vous dire c'est que chacun est étudié dans sa singularité, - vous ne me croyez pas, je veux bien -, et que pour moi il n'est pas venu. J'ai le double des lettres...

- Dr D. Zagury : On va arrêter la discussion sur ce thème limite car lorsque la polémique avance trop, la salle s'énerve pour reprendre la formule de Monsieur Caballero. Le Docteur Tron a demandé la parole.
- Dr P. Tron : Patrick Tron, praticien hospitalier à la Réunion. C'était pour aller dans le sens de Monsieur Caballero et dire que sur le terrain, effectivement les choses évoluent lentement. À la Réunion, il y a encore deux mois, trois médecins ont été mis en examen pour avoir donné du Temgésic. J'avoue que cette décision est quand même un peu extraordinaire dans la situation actuelle par rapport à la toxicomanie.
- Dr Abdelfattah, psychiatre : On a l'impression que les psychiatres parlent de toxicomanie et les magistrats parlent de stupéfiants. Donc je crois qu'il faut qu'on définisse ce dont il s'agit. Quand on parle de cannabis, il faut regarder les expériences dans mon pays. On voit par exemple en Egypte que le cannabis a remplacé l'alcool. Je ne suis pas là pour défendre ni Monsieur Caballero, ni Monsieur Jean mais tout simplement j'ai l'impression qu'on tient deux langages différents. Quant à la méthadone et autres produits pharmacaux, les démarches qui étaient proposées par les uns et les autres étaient très timides. Je crois que le problème n'est pas aussi difficile qu'il y parait. Je rappelle que le nouveau code a retiré les dispositions pénales du code de la santé publique. On ne subit plus que celles concernant l'usage des stupéfiants, et les qualifications criminelles sont maintenant prévues tant pour les personnes physiques que pour les personnes morales. Je m'arrête là pour dire que de toute façon, on ne parle pas le même langage.
- Dr C. Forzy : Il y a une frontière nouvelle, je crois, qui est difficile à établir entre la liberté privée et le lien au public ou à l'autre. Depuis plusieurs années, dans les pharmacies du quartier du 18ème et du 9ème, puisque je suis psychiatre dans le 9ème, se trouvent de plus en plus de jeunes hommes et femmes qui viennent ensemble, gentiment d'ailleurs, avec un bébé dans les bras, acheter des seringues. C'est leur liberté privée de consommer. Je ne sais pas du tout s'ils sont toxicomanes ou usagers mais en tous les cas ils sont usagers c'est évident, seulement ils ont un bébé dans les bras. Qu'est-ce que nous nous pouvons faire, qu'est-ce que ça représente dans notre tête d'oublier cette situation de ces très nombreux couples qui se créent là actuellement. Il y en avait avant des alcooliques qui battaient leurs enfants. Ils étaient déjà plus âgés.
- M. J.-P. Jean : Cet exemple concret nous permet de bien distinguer la place du pénal et du civil dans notre société. Ces jeunes parents ne commettent pas d'infraction. Ils ont la charge d'un bébé. Leur comportement justifie une intervention de la PMI, voire du juge

des enfants en cas de danger, dans l'intérêt de l'enfant. C'est dans ce cadre que doit avoir lieu le débat entre la liberté des parents et la protection de la santé de l'enfant, sans rien dramatiser, sans besoin de pénaliser.

- Dr E. Archer : Les questions posées par Monsieur Caballero, d'habitude, le sont au nom de la liberté individuelle et très souvent les réponses qui leur sont portées, ou qui devraient l'être, doivent tourner autour de la solidarité. L'exemple donné par mon confrère tout à l'heure, quant au bébé dans les bras des toxicomanes, illustre bien mon propos. Est-ce que la prohibition n'a pas échoué parce qu'elle n'a pas été accompagnée des mesures de prévention, des mesures de solidarité à l'intention notamment des populations qui, à partir des années 70, se sont plongées dans la toxicomanie, dans l'usage des drogues ? C'est une question quand même importante parce que certains d'entre nous luttent depuis longtemps pour qu'on ne laisse pas la répression seule, faire face aux problèmes au détriment de l'assistance, de l'aide et de l'accompagnement. Et maintenant, est-ce que ce que vous proposez là n'est pas la même face, ou la face contraire du même phénomène ? Pensez-vous que l'application des principes que vous défendez va avoir les mêmes conséquences dans les banlieues et dans le 6ème arrondissement de Paris ?

- Maître F. Caballero : Non les riches consommeront comme des riches, les pauvres comme des pauvres...

- Pr A. Lazarus : Au début des années 70, un laboratoire pharmaceutique, sous la direction d'une grande journaliste du Monde a organisé un colloque et sa publication sous le titre "Ivresses chimiques et crise de civilisation". À une même table étaient confrontés, prix Nobels, Interpol, représentants étudiants. Pour argumenter la question "permettre - ne pas permettre", ma position à l'époque était de dire : Si vraiment certains de ces produits sont dangereux, aussi dangereux ou plus que la moto ou qu'un certain nombre des activités de l'existence, il convient évidemment que l'on apprenne à contourner cette dangerosité. Or plus on interdit, moins on apprend". C'était suivi d'une proposition très carrée. "Laissons dans l'interdiction des produits pas trop graves afin qu'ils permettent la transgression adolescente qui doit s'exercer à sauter par-dessus le mur pour se montrer et apprendre à être grand. Mais, ce pur incitatif à la transgression que nous construisons, faisons qu'il n'y ait pas un trop grand danger derrière, le vrai trou dans lequel on tombe entièrement. Donc, laissons l'interdit sur le hachisch et libéralisons l'héroïne et mettons la en vente ordinaire". C'est une vieille proposition. Je n'étais pas professeur.

Demain matin, à la Sorbonne est lancée par l'Education Nationale sa "Première journée nationale contre la drogue". On m'a demandé de faire partie du comité organisateur et de donner des axes introductifs. Reformer le statut de ces produits est beaucoup plus d'actualité aujourd'hui. On écoute plus sérieusement ceux qui disent que cela pourrait être moins dangereux pour la collectivité d'autoriser que d'interdire. Cette interdiction a été la stratégie appliquée depuis 1916 en France. Elle était inscrite dans tout le mouvement américain et européen de prohibition qui trouve là ses achèvements après des dizaines d'années d'argumentations et de pressions dans divers pays. A mon sens, sur le fond, la question de la pertinence de l'interdit, à part quelques toilettages législatifs épisodiques, n'a pas été reposée et retravaillée depuis le début du siècle. Tout ce dispositif, supposé être inspiré par le souci légitime de la protection de la santé de la population et des personnes, ne se trompe-t-il pas ?

Comment faire pour imaginer d'autres scénarii prospectifs. Dans les cafés, autour des comptoirs, les consommateurs dont les toxicomanes sont mêlés. En France, en appliquant les critères de l'OMS qui définissent les toxicomanies, aujourd'hui, les toxicomanes qui se comptent par millions sont ceux qui consomment de l'alcool. Donc, le changement serait dans la diversification des produits offerts. Côte à côte sur le comptoir seraient disponibles au choix l'alcool, de la cocaïne sous une forme X, du hachisch coca-cola, de l'héroïne présentée sous une forme liquide qu'il faudra travailler en demandant à des laboratoires de faire avancer un peu les techniques et toutes les boissons simplement aqueuses. Est-ce que tout le monde prendra de tout ou comme aujourd'hui aura ses choix sélectifs de goûts et d'habitudes ? Est-ce que nous allons adoucir les moeurs et diminuer la gravité sociale liée aujourd'hui à certaines des toxicomanies ? Allons nous abîmer encore plus la société ?

Voilà la question que je ne tranche pas, mais je continue à penser que nous allons, quoi que nous en pensions, vers une période où il n'y aura plus un interdit étatique capable comme aujourd'hui d'empêcher et de dispenser de l'exercice de la responsabilité individuelle. Actuellement, ce que nous appelons la prévention des drogues et des toxicomanies, se résume presque uniquement à faire respecter une interdiction. Si hier et encore aujourd'hui l'Education Nationale avec d'autres cherche comment faire pour interdire efficacement, de plus en plus on nous demande comment faire pour éduquer les gens à vivre mieux qu'ils ne le font aujourd'hui, notamment par rapport aux produits auxquels ils peuvent accéder. Comment enseigner à user de choses extrêmement dangereuses mais de telle sorte que l'on abîme moins sa santé qu'aujourd'hui.

Cependant, le thème : "Soigner et/ou punir" qui nous réunit, peut être un prétexte à nous demander si le fait de maintenir des interdits visibles, quelque part dans le dispositif social, n'est pas un soin. Les sociétés sans assez d'interdit, trop anomiques, seraient encore plus suicidaires que celles où, certains jours, il y en a trop. Est-ce sur le chapitre des drogues qu'il faut appliquer la prescription d'interdit nécessaire ? Les scories que représentent le trafic international, les altérations criminelles de nombreuses conduites sociales, sont-elles une part du feu qui maintenant pèse plus lourd que des bénéfices préventifs sanitaires éventuels ?

Je suis sûr que la dynamique actuelle va nous amener à lever très largement les interdits sur le chapitre des drogues mais cela n'ira pas sans de profondes modifications dans les représentations sociales. Notamment sur l'émergence alternative de nouvelles populations de boucs émissaires, responsables de ce qui est sale ou de ce qui va mal ou de ce que l'on risque. Cela a évidemment à voir avec les racismes. Leurs objets se déplacent. Les discours racistes, anti-juifs, anti-arabes, anti-immigrés sont toujours sous-jacents, réémergent souvent mais n'ont plus le droit de s'exprimer d'une façon aussi directe et meurtrière sous peine de poursuites. Ils sont comme déplacés sur les populations stigmatisées pour leurs mauvaises conduites et massivement sur les toxicomanes aux drogues illicites. L'étranger, le suspect, le maillon faible de la confiance individuelle et collective, le vecteur privilégié du sida et de l'hépatite, etc..., c'est le toxicomane.

Demain, nous ne savons pas qui ce sera mais je pense que pour le préparer on peut largement adhérer à la position de Monsieur Caballero.

- Dr D. Zagury : Bien je vous remercie, nous reprenons après la pause.

## CULTURE, CIVILISATION, SUJET.
## SENS ET NON SENS ?

Les nouveaux comportements délinquants : pathologie du lien social et troubles de l'identité ; échec ou tentative d'acculturation et d'intégration sociale. Traumatophilie et fonction du traumatisme. Différence ou entre-deux ? L'exemple de "chocs" identitaires et leurs approches thérapeutiques.

# Les nouveaux comportements délinquants : fragilité du lien social et troubles de l'identité

Dr Evry Archer

> Refuser, devant la délinquance d'habitude, de s'en tenir à une perspective de psychologie strictement individuelle, de psychiatrie descriptive ou de psychanalyse, et de se limiter à une conception défectologique trop commode, n'empêche pas de l'inscrire dans une pathologie du lien, notamment du lien social : l'individu est dans la société et la compose comme le constitue la société qui est en lui, sous la forme d'une "instance psychique". Cette inscription, - comme l'assimilation, à des fins explicatives, du comportement social à un échec ou à un rejet de l'insertion socioprofessionnelle, de l'intégration communautaire et de l'adaptation socioculturelle -, serait une vaine tautologie si elle n'obligeait à tenter de comprendre, dans sa genèse, son fonctionnement et ses failles, la capacité à tisser, à maintenir et à développer du lien.
> 
> Les apprentissages et les habiletés sociales y contribuent, certes, mais sont loin de tout expliquer. De même, la réussite de chacune des acculturations nécessaires dans une vie humaine a pour condition permanente et essentielle - mais non unique - celle, très précoce, de la socialisation.
> 
> Comme toute étape importante du développement psychoaffectif, la socialisation est à la fois un résultat, un processus et une acquisition de fonction. Elle est en interrelation avec la constitution du moi, l'élaboration du sur-moi, l'identité et le narcissisme, lesquels se manifestent dans leur fragilité, leurs insuffisances ou leur dysfonctionnement, notamment sous la forme de "traits de personnalité" de l'individu agressif (TOCH, 1969) et chez les auteurs de conduites sociales nocives (FESHBACH, 1964) qu'il s'agisse d'agression hostile, d'agression instrumentale, ou d'agression expressive.

L'ensemble des expériences acquises, des données recueillies et des réflexions menées par les équipes de secteur psychiatrique en milieu pénitentiaire, est - me semble-t-il -, plus ou moins clairement perçu par elles-mêmes à l'heure actuelle, plus ou moins organisé, plus ou moins intégré dans un corpus, dans des systèmes a priori ou dans des esquisses de théorisation et de formalisation.

Or, la présence psychiatrique dans les prisons françaises - dans les conditions que l'on sait et telle qu'elle se renforce depuis huit ans -, offre l'opportunité d'un nouvel essor de la criminologie clinique. Est-ce incongru de comparer cette opportunité à celle, historique, qu'ouvrit aux aliénistes du début du siècle précédent la réunion d'un grand nombre de malades mentaux dans un même lieu de soins, l'asile psychiatrique ? Cette comparaison hasardeuse introduit d'emblée la question éthique.

Comme pour la pratique thérapeutique, il apparaît que toutes nos constructions théoriques, les thèmes et les méthodes de nos recherches, ainsi que l'expression, sous forme d'idées générales, de leurs hypothèses et de leurs résultats, impliquent, en effet, un souci éthique plus exigeant et plus constant encore que dans d'autres lieux d'intervention. Cependant, comme disait à peu près Carco à propos des phénoménologues - et hier encore ici même Pierre Lamothe, - la volonté de garder les mains propres ne dispensent pas de s'en servir. Pour tout médecin, c'est une obligation édictée par le Code de déontologie d'améliorer et d'approfondir son propre savoir. Et là où nous sommes, c'est pour nous un devoir déontologique non seulement de contribuer à la connaissance de nos malades, mais peut-être aussi d'appliquer nos moyens théoriques et pratiques à la compréhension des personnalités délinquantes non incluses dans un champ pathologique.

Heureusement toutes les pistes de recherche ne sont pas jonchées de plaidoyers pour des dérives éthiques. Certaines permettent même de débroussailler et de baliser, facilitant ainsi une répartition claire des domaines épistémologiques. D'autres peuvent mettre en évidence des données qui justifient le maintien de cette répartition entre le pathologique d'une part, et le marginal, le déviant voire l'aberrant non pathologiques d'autre part, avec des voies de passage subséquentes.

Il pourrait en être ainsi des recherches qu'inspirerait, par exemple, le modèle théorique de l'inscription de la délinquance d'habitude dans un contexte qui ne serait pas défini a priori comme pathologique sinon comme relevant de la pathologie du lien social ou plutôt de celle de la "liaison-immersion socio-individuelle", ce qui permet de dépasser l'obligation de privilégier dans une définition initiale, les déterminants soit collectifs soit individuels du crime.

Nous émettons l'hypothèse que cette pathologie de la "liaison-immersion socio-individuelle" est le plus souvent en rapport avec un dysfonctionnement parfois précoce du processus d'individualisation-socialisation, mais peut plus tardivement s'observer en tant que dysfonctionnement de la **liaison** entre un individu et son entourage, sans préjuger d'une anomalie pathologique évidente d'un terme quelconque du binôme.

Ce modèle, comme d'autres, peut donner lieu à un travail d'approfondissement et de développement pour dégager, clarifier, renouveler, enrichir, valider certains concepts, en discuter d'autres et même - pourquoi pas ? - apporter des réponses de portée limitée à des questions précises pouvant étayer utilement des décisions législatives et réglementaires éventuelles.

Certes, il importe d'avoir toujours à l'esprit que notre position même au sein des établissements pénitentiaires induit au moins cinq biais dont la plupart bien connus par la tradition criminologique.

D'abord, notre population de référence est constituée d'une catégorie bien particulière de délinquants : les maladroits et les malchanceux qui s'étaient fait prendre, qui n'avaient pu éviter l'arrestation et l'écrou et qui ont ainsi vécu ou vivent des événements qui ne peuvent pas ne pas avoir modifié certaines variables : la condition carcérale, le procès, l'opprobre social.

De plus, sans approuver le raccourci inadmissible selon lequel c'est seule la loi pénale qui engendre le délinquant et stigmatise tel déviant, rappelons que certaines caractéristiques de la population - surtout parmi les données quantitatives - entretiennent des relations étroites avec les variations - dans le temps et selon les juridictions - de l'application de la loi (par exemple, en ce qui concerne l'incarcération des toxicomanes, des auteurs d'agressions sexuelles ou de vols de biens n'excédant pas une certaine valeur, etc...).

Rappelons une fois de plus que la nosographie psychiatrique ne coïncide pas avec le catalogue des infractions. Deux exemples : la loi de 1982 redéfinissant le viol n'a-t-elle pas rendu nécessaire des ajustements et des reprécisions dans les théories psychopathologiques qui prétendaient rendre compte de ce crime ? Peut-on, sans étendre inconsidérément le domaine de la cleptomanie, traiter dans un prétendu chapitre psychiatrique intitulé "le vol", les terrains, les étiologies, les signes cliniques et le traitement des auteurs de cette infraction ?

Ainsi, l'énoncé du thème des recherches risque d'emblée de donner l'impression d'une appropriation, d'une annexion du territoire étudié, même lorsque l'une des hypothèses explicites ou implicites voire opératoires, est justement d'affirmer et de situer les frontières. Il est vrai que nous sommes tentés de décrire en termes psychiatriques toutes les personnalités délinquantes, avant d'en exclure tels sous-groupes de notre corpus théorique (mais aussi telles catégories de malades de nos services), sans même une argumentation conforme aux présupposés et aux critères initiaux, voire sans raison valable, sinon parfois par commodité intellectuelle ou professionnelle.

Il est vrai aussi que notre formation et notre exercice professionnels nous conduisent naturellement à nous en tenir à des aspects, des explications et des déterminants individuels pathologiques de la délinquance, ou tout au moins, à les privilégier de manière abusive. Tendance aggravée par celle de certains décideurs et partenaires qui attendent ou affectent d'attendre de nous l'"explication" définitive et exclusive de tel crime ou de tel délit, les moyens d'une prévention radicale qui ne coûterait pas cher et ne toucherait pas à certaines valeurs, ou d'une gestion aseptisée et au prix de modifications institutionnelles réduites, de certains comportements.

Enfin, notre présence même au sein de l'institution carcérale fait effet de sens. L'énoncé et l'énonciation n'épuisent pas le discours. S'y intègrent les réponses aux questions : "Qui parle ?", "D'où parle-t-on ?"... Ainsi quelles conclusions théoriques et pratiques ont été d'ores et déjà tirées, çà et là, de notre discours sur notre exercice professionnel, par exemple dans notre souci pourtant légitime de tenir compte de "la réalité carcérale" ?

Le point de vue psychiatrique - au sens propre, c'est-à-dire l'endroit d'où nous voyons, le lieu à partir duquel nous observons grâce aux outils et aux instruments que nos métiers mettent à notre disposition - gagne en crédibilité sociale et en valeur épistémologique quand son angle spécifique n'est pas limité par des lignes floues et se complète par d'autres perspectives pour une vision plus globale.

Impossible, ici de légitimer le modèle de la "liaison-immersion socio-individuelle", ne serait-ce que dans son principe, ni même de l'expliciter valablement. Quelques remarques cependant.

L'emploi de l'ancienne notion "délinquant d'habitude" ne présuppose ni l'adhésion à la théorie des constitutions ou à une typologie quelconque - Ferri, De Greeff... - ni même une orientation criminologique biopsychologique, ni l'idée d'une causalité simple et directe, ni le recours à une conception innéiste. Cette notion n'oblige pas à considérer la délinquance comme une "structure particulière de la personnalité totale" et "d'affirmer le caractère spécifique, irréductible, original de la conduite délinquante". Cette notion ne renvoie pas au caractère foncier, inamendable, irréductible des conduites antisociales, mais à leur survenue non isolée, non accidentelle et à leurs occurrences dans la trame diachronique et synchronique de l'existence du sujet.

Manière actuelle d'être au monde et dans la société, organisation plus ou moins structurée, plus ou moins durable des relations avec le réel et avec l'environnement, la délinquance d'habitude est l'une des expressions possibles, dans un contexte propice, des avatars de ce que Bergson appelle "le tout de l'obligation", "extrait concentré, quintessence des mille habitudes spéciales que nous avons contractées d'obéir aux mille exigences particulières de la vie sociale" ("Les deux sources de la Morale et de la Religion, Alcan, 1932, p. 17.)

"Contractées" ! Il s'agit d'un contrat et non seulement d'un état. Il s'agit non pas d'une routine, mais d'une fonction active, d'un véritable engagement au sens de Becker, sauf à ne pas y voir simplement un choix conscient, délibéré, dicté par l'éducation et réductible à de simples habiletés sociales cognitivo-comportementales ou à des qualités morales, mais aussi la mise en oeuvre de processus inconscients et l'expression de conflits intra-psychiques.

"Mille exigences" auxquelles nous souscrivons plus ou moins volontiers dans la vie quotidienne, avec une adhésion - consciente ou non - et un coût énergétique qui renseignent sur la genèse et le fonctionnement du trait d'union, de la liaison-immersion : ainsi peut-on partir de la fragilité du lien social et de ses ruptures itératives pour explorer à rétro le processus d'individualisation-socialisation et ses avatars.

Ce fonctionnement a un coût libidinal considérable chez le délinquant d'habitude, donnant l'impression, par ses ralentissements, ses pauses, ses blocages, d'un niveau trop bas du seuil délinquantiel (Di Tullio) ou mettant en évidence une opposition binaire pulsion-norme (Grapin), ou instinct de défense-instinct de sympathie (De Greeff) à l'intérieur même de l'individu.

Sans revenir au faux-self de Winnicott ou à la personnalité "comme si", précisons que la liaison-immersion ne se réduit pas au respect des valeurs et des normes sociales, à l'insertion professionnelle, à l'intégration communautaire, à l'adaptation socioculturelle qu'elle rend possible et par lesquels elle se manifeste.

L'individualisation-socialisation qui marque l'édification simultanée de l'individu et de l'être social est une acculturation originaire et originale, première et primordiale : elle est le prototype et la condition essentielle - mais non unique - des acculturations ultérieures. C'est ce résultat d'un processus et l'acquisition d'une fonction essentielle : la capacité de tisser, de maintenir et de développer le lien social.

Les défaillances de l'engagement social peuvent s'appréhender dans l'étude de la situation délictuelle et de l'acte délictueux. Ce dernier, même s'il utilise la violence, ne se confond nécessairement ni avec le passage à l'acte, ni avec l'"acting out", ni même avec un symptôme quelconque.

La criminologie ne s'incorpore donc pas avec armes et bagages dans la psychiatrie.

Des recherches criminologiques menées dans le respect de l'éthique par des psychiatres en milieu pénitentiaire ou par d'autres, permettent cependant d'espérer une meilleure compréhension, par exemple, du processus d'individualisation-socialisation à travers les ratés de la liaison-immersion sociale de l'individu, ce qui pourra être pris en compte dans la mise en oeuvre des actions de prévention et de traitement (mais puis-je citer et distinguer en utilisant le même substantif "traitement" pénal et médical ?)

# Traumatophilie et fonction du traumatisme

## Scènes de banlieue...
(presque imaginaires)

M. Tobie Nathan

> Le traumatisme est avant tout une procédure technique - *et certainement pas un événement fortuit* - dont la finalité est parfaitement perceptible. Cette technique sert à expulser le sujet hors de son enveloppe de sens, sorte de halo quasi charnel, et néanmoins de nature cognitive, pour l'intégrer dans une nouvelle enveloppe cognitive, et par conséquent métamorphoser sa nature. Je dirai même que, d'un point de vue logique, le traumatisme est le seul moyen de modifier cette enveloppe. C'est pourquoi tout système pédagogique, tout système thérapeutique, et en général tout système destiné à modifier le sujet, inclut nécessairement une dimension traumatique.
>
> Les adolescents de seconde génération, confrontés à une obligation de "changer leur nature", recourent spontanément à des procédures de type traumatique mais n'ayant aucun "nouveau monde" pour les accueillir, sont condamnés à répéter indéfiniment le moment inaugural : la première prise de toxique, le premier casse, la première passe. C'est sans doute ainsi que l'on peut comprendre l'extraordinaire traumatophilie des enfants de migrants.

" - Tu m'as vu ? Tu m'as bien vu ? Pour moi, je te le dis, Queum, t'es chelou... Tire toi de là où je te plante. Ici, c'est chez nous ! " Corsaire n'avait pas envie de causer. Il avait juste faim. Il s'était tout de suite mis en position de recevoir le gros et lui avait seulement répondu :

- "Nique ta mère..."

Corsaire était tellement tendu, tellement pris de frénésie qu'il n'avait eu aucun mal à être courageux. Il avait affronté le gros en dansant autour de son couteau. Mais il s'était fait lacérer son gilet de cuir et son futal et s'était même fait violemment taillader le front. Le raisin s'était mis à pisser. Une sorte de clodo en blue jeans et pantoufles, qui puait la vinasse à cinq mètres en exhalant comme un dragon s'était alors interposé. Un peu plus tard, il avait appris que c'était un prof. Bizarre... Les *Zoulous* étaient ensuite repartis, satisfaits de leur démonstration... enfin presque tous partis... puisqu'il en était resté un. Il avait franchement la gueule de travers ce type : un visage de boxeur, asymétrique, sans doute déformé par les coups. Les joues étaient zébrées de larges cicatrices, les arcades sourcilières démesurément enflées et le nez, fracturé à plusieurs endroits, descendait bizarrement jusqu'aux lèvres boursouflées, éclatées par endroits.

Les yeux mi-clos, 'Eïd, visière de casquette de rapper sur la nuque, s'était avancé vers lui en balançant en cadence ses longs bras musclés dans l'attitude caractéristique du boxeur prêt à cogner. Merde ça recommence !

" - Reste pas là, lui avait-il dit dans un français hésitant, viens ! Suis-moi... Et, tout en marchant, il lui avait expliqué : ici, c'est cool, mais il ne faut pas attirer l'attention. Il y a des vigiles avec des chiens... gaffe aux chiens... J'aime pas !"

'Eïd était âgé de seize ans et demi. La baston, c'était sa raison de vivre, son monde intérieur, mais il ne savait pas d'où ça lui venait. Il faut dire que toutes ces marques qu'il portait sur le corps lui étaient une sorte de compagnie inconsciente qu'il parcourait obsessionnellement de ses doigts. Depuis l'an dernier, il vivait seul avec Marie-Paule, sa mère, dans un hôtel miteux de Saint-Denis que la municipalité promettait chaque année de démolir.

Marie-Paule n'avait jamais connu sa Normandie natale. Dernier enfant, son père était mort alors qu'elle était âgée de six mois. Quelquefois, elle le décrivait à 'Eïd, sans doute à partir des récits de sa propre mère... violent et alcoolique... incestueux... Après la mort de son alcoolo de mari, la mère était montée faire le tapin à Paris... Ses filles l'avaient suivie. Marie-Paule avait commencé la plus jeune - à douze ans... A l'âge de vingt ans, elle avait rencontré Oualid, le père de 'Eïd. Il l'avait d'abord prostituée quelque temps rue Saint-Denis - décidément le destin de 'Eïd était marqué par ce saint - puis l'avait épousée et l'avait emmenée vivre chez lui, en Algérie. Très vite, elle était tombée enceinte. Sa belle-mère l'avait traitée comme une bru arabe, l'avait enfermée, lui interdisant toute relation avec le monde extérieur, l'avait contrainte aux travaux de ménage les plus pénibles et, curieusement, ce fut sa période la plus heureuse. En ce temps là, le monde était vrai, compréhensible, prévisible. Une nuit, elle avait ressenti les premières douleurs de l'accouchement, mais la poche des eaux ne s'ouvrait pas. La *kabla*, la "matrone" avait dû la percer elle-même avec une aiguille à tricoter. Ce foutu bébé ne voulait pas sortir. Après deux jours d'efforts conjugués de tout le quartier, il avait enfin montré son nez. A sa naissance, 'Eïd pesait près de dix livres, monstre parvenu dans les entrailles d'un humain... Son père le nomma 'Eïd ("fête"), de *'Eïd el Kébir*, "la grande fête", commémoration du sacrifice d'Ismaël... fête au cours de laquelle, tous les ans, les Musulmans égorgent un mouton en sacrifice.

Le père de 'Eïd était à moitié fou. Le jour de la naissance de son enfant, il était rentré ivre, avait sorti le bébé âgé de quelques heures dans la rue en hurlant : "C'est mon fils... C'est mon fils !"... Comme si quelqu'un avait pu en douter... enfin... peut-être... quelqu'un qui aurait pu comprendre la difficulté de sortir un Arabe d'un ventre qui ne l'était pas. Et puis, la belle-mère avait voulu séparer Oualid et Marie-Paule, trouver une véritable épouse à son fils, une cousine. Elle recourut à des procédés magiques pour "nouer" le sexe de sa bru. Pour cela, elle s'empara d'une culotte souillée du sang des règles de Marie-Paule, la fixa à un carré magique (*jedwel*) et partit l'enterrer dans un cimetière. Nul ne sait précisément les mots que la vieille prononça sur la tombe de la fécondité de la jeune femme. Car, en quinze ans de mariage, Marie-Paule ne tomba plus jamais enceinte.

Dès les premiers jours de la vie de 'Eïd, son père commença à le torturer. Il entrait dans sa chambre en pleine nuit, le réveillait et le battait, à la main, au bâton, à la ceinture. A peine âgé de cinq ans, il l'avait attaché dans la cave et laissé là deux jours, sans nourriture ni boisson dans la plus totale obscurité. Une fois, il s'était saisi d'une fourchette chauffée au rouge et lui avait inscrit deux marques sur le visage (l'une au cou, l'autre au front, précisément les endroits où l'on marque le mouton du sacrifice). Parfois, sans crier gare, il devenait son complice. Il avait emmené le môme, alors âgé de six ans, au cabaret, à Sa'ïda, ville à la vitalité débordante, dans une Algérie devenue folle ; ville refuge des magiciens, des proxénètes et des prostituées ; il l'avait emmené là pour voir les filles. Et il l'avait présenté aux entraîneuses comme son petit frère. Aujourd'hui encore, 'Eïd ne parvenait pas à s'endormir, toutes ses nuits étaient traversées d'horribles cauchemars : des hommes à la gueule terrible, parfois des monstres à tête d'animal le poursuivaient, armés de couteaux.

" - Mais pourquoi ton reup te cognait ? " avait demandé Corsaire et 'Eïd n'avait su que répondre. Le seul mot qui lui était venu à l'esprit était : "pour me faire"... mais il n'était pas certain que cela signifiait quelque chose... alors, il avait enfoncé sa casquette plus profondément et s'était tu... une fois de plus !

Au bout de quinze années d'exil, Marie-Paule avait pris son fils, alors âgé de 14 ans, par la main et elle était rentrée en France ; c'était l'automne dernier. Atterrie directement chez les assistantes sociales, elle leur avait expliqué que les Arabes... la violence... les femmes... la polygamie... Elles avaient bien sûr tout de suite compris et aussitôt entrepris de sauver des âmes chrétiennes aux prises avec la sauvagerie des Sarrasins. Elle s'était bien gardée de leur avouer que, maintenant, elle même rêvait en arabe, qu'elle était devenue une Arabe et que son fils était évidemment un Arabe... d'ailleurs, c'était la seule langue qu'il savait parler. Une fois à Saint-Denis, 'Eïd avait commencé à attaquer les gens, dans la rue, avec son couteau, pour leur voler le contenu de leurs poches. Mais plus difficile à comprendre, étaient ses bagarres quotidiennes avec des inconnus, pour un oui, pour un non. Il n'y avait pas un jour où il ne rentrait pas en sang. Les assistantes sociales lui avaient trouvé des foyers, des centres d'apprentissage. Son plus long séjour avait duré trois semaines. Il avait éborgné un éducateur, cassé le bras d'un psychologue et surtout étranglé un directeur d'établissement. Personne n'y comprenait rien. On parlait de "difficultés d'élaboration", de "pulsions sauvages"... Et le juge d'instruction avait quatorze dossiers en attente concernant 'Eïd.

Corsaire avait immédiatement ressenti une sorte de sympathie profonde pour cet ours déguenillé, quelque chose comme de l'amour, presque comme ce qu'il éprouvait pour son grand-père. Il lui avait dit : "Nous, les métis, on ne sait pas à quelle race on appartient..." Et l'autre avait seulement ponctué "*ouakha*..." - Okay...

'Eïd avait emmené Corsaire passer la nuit dans la chambre d'hôtel, avec Marie-Paule. Les deux garçons s'étaient endormis serrés l'un contre l'autre, dans le même petit lit. Au matin, "Geule cassée" lui avait dit d'aller l'attendre à Drancy, dans une cité où, d'après lui, il y avait des planques dans les caves. Il allait contacter quelqu'un qui pourrait peut-être l'aider à retrouver Arsène. Il viendrait l'y rejoindre plus tard. Maintenant, Corsaire est là, devant la carcasse de la Lancia, à se les geler depuis une heure au moins, et l'autre qui n'arrive pas. Les mômes rentrent de l'école... Ça lui donne envie de chialer... il pense à son grand-père, à Basse Terre... Fini, tout ça...

En remontant le Sébasto en direction de la Gare de l'Est, ils voient la manif qui déboule déjà par le Réaumur. Deux cent trente-deux

gus qui crapahutent tristement dans la gadoue glacée. En tête du cortège, un philosophe ashkinaze, une écharpe de soie blanche voltigeant au cou, tient un pied de la banderole, le séfarade, la moquette bien visible sous la chemise ouverte jusqu'au nombril, tient l'autre. Il a l'air tout aussi triste que le premier ; ce n'est donc pas une question de climat. Sur la banderole, les mômes lisent : *Pour les droits de l'homme*
" - Ça veut dire quoi, tu comprends ce qu'ils ont tagué là, demande 'Eïd ?
- J'sais pas... Les droits de l'homme, répond Corsaire, hésitant...
- Ça veut dire que c'est contre les femmes ?
- Ou bien contre les animaux...
- Moi, je crois que c'est contre le Dieu des Arabes... Les droits de l'Homme contre les droits d'Allah, non ?
- Et aussi contre les dieux des noirs, aussi... hésite Corsaire...
- Et leurs fétiches... les statuettes, tout ça, tu veux dire...
- Et aussi contre Bouddha
- Et les trucs que font les chinetoques à l'entrée de leur maison pour leurs morts...
- En tous cas, c'est contre nous ! Viens, on ne passe pas par là, décide 'Eïd..."
" -Les Zoulous de Stains, tu connais ?
- Non ! J'ai quelques copains à Sarcelles ; c'est tout, répond Corsaire...
- Parce que dans leur cité... Merde ! Y'a un terrain vague... Merde ! Génial... ! Moi, je les connais un peu ! On a r'tourné quelques rames ensemble... Merde, sont chouettes !
- Zy va, alors, zy va !
- Okay, mon pote ! Okay, j'y vais !
- Tu conduis biens ! Où t'as appris ?
- Ch'suis surtout bon la nuit. J'ai pas beaucoup conduit le jour !"
L'assistante sociale se met à leur gueuler dessus :
" - Arrêtez, je vous dis ! Arrêtez ! C'est parce que vous n'accédez pas à la parole que vous devez toujours passer à l'acte... Moi, je vous parle ! Vous m'entendez ? Je vous parle et je vous dis : Arrêtez cette voiture... arrêtez, tout de suite !
- Tu entends ce qu'elle dit, toi, demande le Corsaire ?
- Moi... Je comprends pas le Français... Je suis reubbe...
- Et moi, Français d'outre-mer...
- Qu'est-ce c'est, outre-mer ? Outre-mer, nique ta mère ! Outre-mer c'est les Français Effa ?
- Mais non !...

- Arrêtez, reprend l'AS, je sais bien que ce sont des problèmes sexuels qui vous font agir ainsi... C'est normal pour des adolescents... Mais on peut vous aider... par la parole... des séances de psychothérapie...
- T'as pas entendu "sexuel", gueule cassée, t'as pas entendu ?, demande Corsaire.
- Moi, j'ai entendu *seeksou*, chez nous, *seeksou*, c'est le couscous.
- Moi, j'ai entendu sexuel, reprend Corsaire...
- *Seeksou el...* c'est c'que j'dis ! *el seeksou...* le couscous... C'est quoi, ce que tu dis: seeksuuel ?
- C'est quand tu niques une meuff...
- Ouahh, elle a pété une durite, la grosse !... Ouahh... D'où è'm cause, elle ? Sa mère, ouais ! Sa mère ! Qu'elle aille niquer sa mère ! Et il jette des coups d'oeil rageur à l'AS...
- Laisse, laisse béton : niquer, elle pense qu'à ça..."
Quelques kilomètres plus loin...
" - C'est vrai c'que tu dis ! C'est vrai qu'elle pense qu'à ça ! Il paraît qu'à Saint-Denis, elle déshabille toutes les petites filles noires...
- Oh...? Ben pourquoi, demande Corsaire ?
- Pour voir si elles ont encore leur truc, tiens !
- Quel truc ?
- Leur truc, merde ! leur truc ! Tu me gonfles !
- Les filles, ça a pas de truc...
- Les filles, ça a un truc... Un p'tit truc en plus, grand comme un p'tit bouton... T'as jamais vu une fille ?
- Bien sûr que j'ai vu une fille ! Même que j'ai niqué ma meuff ! Tiens, elle est comme toi, ma meuff, elle est marocaine, mais black...
- Ben alors, t'as vu son truc...
- J'ai rien vu... P'têt qu'on y avait coupé ?
- Ça s'peut... Mais les Arabes, y font plutôt ça aux garçons...
- À tous les garçons ?
- Ouais, queum, à tous les garçons !
- Alors toi, ils t'ont coupé ton truc, gueule cassée ?
- Tu me gonfles ! J'te dis que tu me gonfles avec tes questions. C'est pas mon truc qu'y z'ont coupé...
- Ben alors quoi ?
- Tu veux pas que je te la montre, aussi ?
- Ouais, montre... Enfin... si tu veux...
- En fait, moi, y z'ont coupé qu'un tout p'tit bout ! Mon grand-père m'a raconté qu'tout le travail avait déjà été fait par les anges, dans le ventre de ma mère...

- T'as été coupé par les anges... Ben ça... Ben ça ! ... Ah ouais, je comprends ! Tu'm prends pour un débile... C'est le chapeau qu'yt'coupent... rien que le chapeau... J'ai déjà vu des beurres...
- Ben... tu vois qu'tu sais... tu me poses des questions, rien qu'pour m'gonfler...
- Mais ch'savais pas pour les meuffs, j'te jure... sur la tête de ma mère, gueule cassée, j'te jure que j'le savais pas ! Mais comment tu sais tout ça, gueule cassée ? T'en as vu des meuffs blacks sans leur truc ?
- La meuff au queum avec qui t'as fait la baston... Lui, y s'appelle Abdelkader, nous, on l'appelle Abdel... Ben, sa meuff, Fatou... On y'a coupé... Là bas, en Mauritanie...
- Ah ? Et alors ?
- Alors, l'AS, elle l'a déshabillée, à poil... à l'infirmerie... à l'école...
- Ah ?
- Et puis, elle a appelé les keuffs qui ont pécho les yeuves à Fatou...
- Ben ça ! Ben ça ! Pourquoi ?
- Ça, ch'sais pas, queum ! Ch'sais pas ! Sa mère et son père sont en tôle depuis trois ans... J'crois que les Séfrans, y préfèrent niquer les meuffs avec leur truc... C'est pour ça, je crois... Ils voulaient se garder la Fatou pour eux, j'pense... Ouais ! Je pense qu'c'est pour ça...
- P'têt qu'y voulaient pas qu'elle ait un dieu... les Séfrans... P'têt qu'y voulaient pas de son dieu... puisque chez eux, les blacks, leur dieu y leur demande de couper leur truc... C'est pour la mett' cont" son dieu... Hein, gueule cassée, hein qu'c'est pour la mett' cont' son dieu ? Hein ?
- Arrête ! Tu me gonfles ! Tu vois, c'est là, le terrain vague...
- Ouaaais... Ouaaais... Merde ! Génial !

La CX s'engage à toute vitesse dans la boue du terrain vague en sautant un coup de l'avant, un coup de l'arrière, comme un chameau.

" - Attention ! Attention à ce que vous faîtes, dit l'AS. Les passages à l'acte, vous les avez toujours payés assez cher, non ? Vous voulez encore vous retrouver en prison ? Tout ça, ce n'est pas de votre faute. Vos parents ne sont pas suffisamment évolués pour s'occuper de vous...

- T'entends, 'Eïd, elle traite ta mère...
- Non, je crois que c'est ta mère qu'elle traite... C'est toi qu'elle regardait...
- L'aime pas nos mères, Mademoiselle Truc, les aime pas, conclut 'Eïd.

- L'aime pas not'race, non plus, j'crois... C'est pour ça qu'elle aime pas nos mères...
- Ben voilà ! C'est ça ! Vous êtes des graines de racistes. Nous sommes tous pareils, tous les mêmes... Il n'y a pas de race, renchérit l'AS !
- El'dit qu'on est pareil, Gueule cassée. Pourquoi è'dit ça ? Tu comprends, toi ?
- On n'a pourtant pas la même couleur...
- Ni la même langue...
- Ni l'même dieu, non plus, ni l'même dieu, hein Corsaire ?
- Alors, pourquoi è'dit ça ? Pourquoi ?
- Pasqu'è veut nous voler à not'mère, c'est ça ! Moi, j'crois qu'c'est ça !
- Attends, tu sais pas ! P'têt qu'c'est vrai... P'têt qu'è veut dev'nir black, Mademoiselle Truc, p'têt ? P'têt qu' c'est pour ça qu'è dit qu'on est tous pareils... Tu crois qu'elle a gardé son truc, elle, demande Corsaire ?
... [1]"

---

[1] ... fragments d'un roman à paraître aux éditions Rivages-Thriller

## L'origine comme trauma et les issues de l'entre-deux

M. Daniel Sibony

> En quoi les comportements singuliers - ou de type nouveau - sont-ils aujourd'hui l'occasion de questionner les comportements, plus réguliers ou installés ? Ils les questionnent notamment sur la notion d'*identité* : est-elle une appartenance ou plutôt un processus ? un rapport à l'originalité ramifié à l'infini ?
> Il se trouve que le trauma a une fonction d'*origine*.
> A ce niveau du rapport à l'origine, on questionnera la notion d'*entre-deux* - développée dans un livre du même nom et sous titré : *Partage de l'origine*. On en déduira la notion d'*entre-deux cultures* ou d'*entre-deux langues* comme ouvertures d'un espace de médiation où les tiers peuvent intervenir, notamment la *loi* en tant qu'elle dépasse l'énoncé et qu'elle-même ouvre un processus d'entre-deux-traces.
> On en viendra à une approche de l'*origine comme réservoir d'inconscient et potentiel de traumatismes* - qu'il s'agit de rendre "possibles", vivables à travers la notion d'événement, d'événement d'être, et du désir de passer entre ces deux écueils : le ressassement symptomatique d'une part et le rituel sectaire d'autre part.

Ce concept de l'"entre-deux", ou plutôt ce montage, cet opérateur, je vous en parle parce que votre pratique se situe, comme tant d'autres, entre deux niveaux du discours psy, entre deux niveaux de la trame sociale, entre deux niveaux de l'histoire individuelle : notamment, entre le niveau du *symptôme* qui induit la répétition, et le niveau du retour ou du *passage* par l'origine qui peut permettre un nouveau départ. Cette approche concerne les "prisonniers" au sens large. Tout un chacun est prisonnier de son symptôme et il ressent le choix possible, ou plutôt l'alternative entre s'installer dans le symptôme, ne pas cesser d'y revenir, ou au contraire prendre le risque d'une ouverture vers l'"inconnu" : vers un passage par l'origine (car l'origine est aussi devant nous, dans l'avenir : ce n'est pas seulement le passé mais la possibilité du passage vers autre chose, le relais vers une voie du renouvellement). De sorte que l'*entre-deux* dans sa forme radicale, c'est ce qui a lieu *entre soi et son origine*, entre l'état où l'on en est et le potentiel des possibles, le potentiel des ruptures possibles avec un certain état des choses.

*Passage par l'origine*, cela implique de reconnaître l'origine pour pouvoir s'en éloigner. Ce n'est pas pour rien qu'un des exemples pris dans mon livre *Entre-deux* et concernant l'entre-deux-langues, parle d'un petit maghrébin de trois ans, intelligent, ne sachant pas parler l'arabe, n'arrivant pas à apprendre le français, coincé donc dans un entre-deux-langues qui attend pour se laisser franchir le choc, le trauma interprétatif que serait un passage par l'origine. Et ce passage a eu lieu quand le thérapeute a parlé avec la mère de la circoncision, d'une certaine coupure-lien avec l'origine, le tout dans un contexte assez riche que je ne détaillerai pas ici : il s'ensuivit pour l'enfant une émotion intense qui lui fit dire son premier mot, le mot où commença son entrée dans l'autre langue, et ce mot : "c'est fini", est en soi très éloquent. Il a fallu que l'enfant touche - avec le corps, l'écoute, les gestes - au complexe originaire, pour pouvoir formuler la limite, une limite, au moyen de son passage dans l'autre territoire, vers la langue suivante.

Il est probable que lorsqu'un symptôme se produit, une capture donc, un emprisonnement, c'est que le potentiel originaire - l'origine comme potentiel de traumatismes - est resté en attente, en état de pourrissement ou d'implosions successives, sans trouver le choc-relais qui puisse la rappeler au possible, la rabattre vers du possible, la reporter vers de l'événement, événement d'être qui rend possible *le passage* entre le ressassement symptomatique et l'origine disponible ; en un lien total, comme le lien du toxicomane.

Car en un sens, l'exact contraire de *l'entre-deux* c'est la drogue. L'entre-deux fécond est celui où l'on frôle à chaque passage le trauma originel en tant que don de l'origine, don partiel et non pas *overdose*. L'entre-deux est une dynamique pour puiser dans l'origine de quoi pouvoir s'en éloigner et vivre "autre chose", de quoi pouvoir quitter un corps identique à lui-même et vivre un autre "corps" ou un rapport à d'autres corps. Si donc l'entre-deux permet d'ouvrir la question identitaire, la drogue est le moyen le plus sûr de la fermer, cette question, en produisant comme un *arrêt* du processus identitaire ; processus qui en principe prend appui sur le passé pour rendre possible l'avenir, et notamment le passage d'une frontière, c'est à dire les changements de niveaux identitaires ; la drogue, elle, et d'autres solutions narcissiques, identifient le sujet à lui-même ou à son acte, et contribuent à geler le problème, à le pétrifier, à faire qu'il soit *pris* dans une grande inertie.

Soit dit en passant, les solutions narcissiques de type passage à l'acte, fixations psychosomatiques, lien total toxicomane - visent toutes à bloquer l'entre-deux et sont le signe distinctif du malaise actuel, malaise identitaire individuel et collectif au niveau quasi-planétaire. Elles montrent que le *malaise* de la civilisation repéré par Freud (à base de refoulement sexuel produisant l'agressivité) n'est plus aujourd'hui le malaise prépondérant. Grâce au discours de la psychanalyse et à ses éclairages, on peut dire que le malaise n'est plus celui qu'elle a pointé : il s'agit moins de refouler des limites ou de les remuer compulsivement que de *payer avec son corps l'absence totale de limites*. Le monde des états limites est celui où les corps eux-mêmes, comme tels, incarnent la limite qu'ils n'ont pas eue ; le fragment de loi qui n'a pas pu s'inscrire pour eux, et que leur souffrance veut inscrire désespérément.

L'écart entre ces deux types de malaise (états limites et névrotiques) peut s'exprimer en termes de mémoire : il y a le monde du refoulement, où la mémoire existe avec ses blessures, ses retraits, ses oublis, et il y a le monde de l'état-limite où c'est le corps comme tel qui tient lieu de mémoire, une mémoire qui tente en vain de "produire", de sécréter du rappel. Ce même écart peut se formuler dans ces deux approches de la drogue, dont l'une dirait : attention à ne pas devenir accroc ! avoir de la drogue c'est se faire avoir ; tandis que l'autre constaterait que justement, le drogué semble dire : je veux de la drogue parce que je veux me faire avoir ; au moins je serai *eu* ou pris en charge par ceux qui s'occupent des drogués...

L'acuité ou la violence de cette position, de loin la plus ancrée, montre en passant que bien des discours sur la drogue proviennent des consommateurs conviviaux, souvent "éclairés", qui croient ou feignent de croire qu'on se drogue simplement pour se faire des petits plaisirs mais que malheureusement il y a l'addiction ; alors que justement l'addiction est visée, elle dit la quête d'un lien total de la part de ceux qui souffrent des "maladies du lien" - par quoi j'entends l'impuissance à supporter des liens partiels ou des dynamiques de passage d'un lien à l'autre ; bref une logique de l'entre-deux liens.

Cette quête du lien total (que vise la drogue ou l'acte totalement délinquant qui semble chercher un véritable arrêt de l'être) ne peut pas être éclairée par une logique causaliste mais par une logique de l'entre-deux : entre la logique de l'ordre qui va s'échouer dans un certain effritement où elle touche un certain niveau de détresse et de jouissance, et le mouvement inverse où les bribes de désordre cherchent un autre ordre qui puisse les relier en partie, les articuler autrement ; la logique de l'entre-deux est au coeur de ce double mouvement, entre ces deux flux contradictoires. J'ai montré dans ma recherche que cette logique de l'entre-deux permet l'approche des effets de bords, d'interstice, d'exclusion, de mise en marge qui deviennent si fréquents dans notre société que leur pratique et leur approche prennent une place envahissante.

Du reste cette logique de l'entre-deux est aussi celle de l'identité : où l'identique à soi va dériver jusqu'à la faille où il rencontre l'origine, le potentiel identitaire, faille sur laquelle il se brise en tant qu'identique à soi pour ouvrir la question plus aiguë : d'intégrer l'autre à soi. De ce point de vue, des slogans tels que le "droit à la différence", ou le "droit à la ressemblance" se révèlent naïfs, et sont démentis par les faits : car entre la différence qui revient au même et la ressemblance qui s'altère et devient autre, c'est l'identité comme *processus* qui est en cause, processus vivant où l'origine est reconnue, prélevée, partagée, déployée, oubliée, retrouvée... Certes, cela implique d'aimer assez son origine pour pouvoir la quitter (ou l'acquitter), et de lui faire assez confiance pour y revenir sans y rester. Là encore, cette logique de l'entre-deux permet de comprendre, d'interpréter, et aussi de contourner les fanatismes identitaires en tant qu'ancrages définitifs dans l'origine.

Ajoutons que cette logique de l'entre-deux peut paraître inquiétante aux esprits trop mis en cartes ou cartésiens. Il est vrai qu'elle dérange leurs principes, leurs gestes mentaux, leur approche physique des choses. En revanche, s'ils l'accusent d'être fausse ou flou, c'est eux qui se trompent. Etant mathématicien d'origine, je ne suis pas moins exigeant qu'eux sur le principe de non-contradiction : il est exclu que A = non A. Mais le fait est que souvent A n'existe pas sans non A, et ce sans pourtant l'impliquer ; et le problème c'est de trouver un passage entre-deux ; par exemple entre l'arabe et le français dans le cas de l'entre-deux langues que j'évoquais ; ou entre une place possible et son absence - pour quelqu'un qui "cherche une place", ce qui est assez courant dans nos régions. Justement, si nous appliquions au chômage cette logique de l'entre-deux, on la voit trancher clairement sur la logique dite rationnelle qui au fond consiste à dire : il y a des corps en trop, il faut leur faire des places, des trous, les y ajuster, les y placer ; et s'il n'y a pas assez de trous, assez de places, il y a des corps en trop ; des chômeurs. Mais dans les faits c'est plus complexe. Il y a des corps capturés par la place qu'ils n'ont pas, emprisonnés par la place qu'ils cherchent ; autant qu'ils sont emprisonnés par la place qui les retient inconsciemment, à leur insu. Car quand un corps ne trouve pas de place, c'est qu'il en a une qu'il ignore, à laquelle il colle d'autant plus ; une sorte de place "originaire" à laquelle il s'identifie ; et faute de la reconnaître, il ne peut pas s'en détacher pour déclencher un processus de l'entre-deux places, c'est à dire un déplacement. Or c'est ce qu'il s'agit de leur donner, à ces corps : le mouvement, le déplacement, l'entre-deux places. Car une place n'est pas seulement le lieu où l'on est placé, mais le potentiel de déplacement à partir d'un départ, d'un point origine qui peut se produire n'importe où. Faute de le comprendre, on forme des gens en vue d'une place préétablie d'où ils seront éjectés car ils ne fantasment que la bonne place, la place totale, l'équivalent d'un lien idéal. En outre, il ne s'agit pas seulement qu'il y ait ou pas de la place, il s'agit que ça puisse se prendre ou se donner. Et pour prendre place ou se donner de la place, il faut un certain mode d'implication de soi, de son corps, qui dépend de ce que l'origine est disponible ou pas. L'important est moins le transfert que l'on fait sur une place que le *transfert d'origine* qui s'opère dans l'entre-deux, dans l'entre-deux qui permet le déplacement, qui le constitue et le distingue de l'errance.

Encore une fois, le fait qu'il y ait un geste technique qui puisse secouer une position trop fermée et déclencher un processus d'entre-deux est en soi positif, malgré les illusions que cela peut apporter. (Qu'est-ce qu'un monde sans illusion ? sans fantasme et sans rêve ? Un monde totalement vrai c'est à dire fou.). D'autant que la réalité, elle, nous montre sans cesse d'étonnantes mutations : ainsi, on peut être toxicomane sans drogue, dans un pur état-limite où l'on se shoote à "soi-même", où l'on se saoule du système complètement clos que l'on s'est construit, où l'on rejette tout autre lien que le lien total et narcissique ; où l'on peut même être adapté, avoir femme et enfants, une bonne place, tout est bien rangé, il ne manque rien, et être pourtant isomorphe à un vrai délinquant - à ceci près qu'il n'est même pas besoin de faire un acte délinquant pour solliciter la loi : la loi narcissique est sur place, à domicile, totalement plastifiée.

Cela dit, il faut, bien sûr, aborder cette autre drogue flamboyante - qui fait flamber la planète - qui est la drogue identitaire, dont l'intégrisme est une forme aiguë : désir d'un lien total identitaire, où l'Autre serait d'avance intégré donc dissous. Il se peut que beaucoup dénoncent les intégristes et ne font que les dénoncer pour s'épargner d'y reconnaître leurs propres symptômes ; ou de reconnaître dans l'intégrisme un moment isolé, totalisé, du processus identitaire qui est fait d'*entre-deux*. Bien sûr, l'intégrisme en Europe n'est pas seulement un effet d'entre-deux cultures ou d'entre-deux identités. (Le foulard islamique, par exemple, est aussi un symbole de l'entre-deux générations : une fille peut le porter ici pour redonner à son père la dignité qu'il a perdue ou à laquelle il a renoncé. Ce qui ne veut pas dire que l'Etat laïc doive faire des lois pour devenir le thérapeute de ces pères malmenés. Ce n'est pas tant la loi qui soigne grâce à ce qu'elle énonce, c'est l'existence de la loi et de la limite qui permet ailleurs, à côté, le dialogue plutôt que l'affrontement ; l'acte thérapeutique plutôt que la violence phobique.).

Quelqu'un tout à l'heure a dénoncé le "mal". Entre cliniciens, on doit reconnaître que le mal et la haine sont des ingrédients insistants du processus identitaire. L'essentiel est de ne pas y rester, dans le mal ; de n'avoir pas besoin de s'y installer. Pas plus que dans le bien, d'ailleurs (s'installer dans le bien, ou s'y croire installé, peut engendrer de grands maux). Donc, ne pas se retrancher dans l'un ou l'autre pôle, malgré l'offre de confort qui en émane. Car la haine offre un confort inouï, tout comme la drogue, pour ceux qui souffrent d'une maladie du lien : ça les lie solidement ; mais ça les empêche d'en sortir, de ce lien providentiel. Or quel que soit le lien, même inspiré, même de l'ordre d'une Alliance avec Dieu dont parle la Bible, il mérite qu'on en sorte pour passer à d'autres niveaux, d'autres époques de cette "alliance". Sinon c'est le ressassement symptomatique. (Du reste, le Dieu biblique lui-même, par la bouche de ceux qu'il inspire, qui s'appelaient ses prophètes, ne manque pas une occasion de récuser toute gestion installée de l'Alliance et du lien avec lui. J'y vois pour ma part une certaine idée de l'entre-deux-liens comme *transmission du lien symbolique* ; ou transmission symbolique du potentiel de lien). Cet entre-deux de la transmission ne manque pas de se produire ou de poser sa question entre parents et enfants dans l'entre-deux générations. Mais l'entre-deux comme dynamique, c'est plus que ça ; c'est une certaine approche de l'être-au-monde, pour y trouver le passage. Simple exemple : quelqu'un m'a reparlé du *double-bind* (le blocage de la double contrainte) et de sa "thérapie" comportementale bien connue : on prescrit le symptôme. Par exemple, le monsieur qui fait chaque soir à sa femme une violente scène de ménage au lieu de lui faire l'amour, on lui demande - on lui prescrit - de faire chaque soir à 20h précises sa petite scène. Comme chacun sait, ça ne marche pas toujours, mais quand ça marche, la raison en est très simple : la compulsion comme telle est un entre-deux fermé sur soi, tourbillonnaire ; et voilà qu'un thérapeute vient de dire qu'il prend sur lui l'un des deux termes de la compulsion, le terme où *ça commande* au sujet de se battre, de faire sa petite scène. Du coup, le symptôme compulsif se trouve déstabilisé, dégonflé ; le tourbillon se dissout ayant perdu sa tension totale, son équilibre solide.

Certains croient pouvoir par des mesures purement techniques résoudre la question que leur pose un lien total. Par exemple, la méthadone répondrait aux toxicos. On le devine, la réalité est plus riche ; et une mesure technique, qu'il n'y a pas à mépriser car après tout c'est aussi un geste humain, peut au mieux *déplacer* la question ; ce qui n'est pas rien. C'est dire que l'idée de substitution - ou de pratique substitutive - n'est pas comme telle à réprouver. Car elle *peut* déployer le problème autrement, donc y apporter du nouveau, des occasions de nouveauté qui ouvrent d'autres issues. Le principe de substitution (un mot pour un autre, un objet pour un autre) est un des ressorts du langage et du geste humain, individuel ou collectif. Et il faut être assez naïf ou prétentieux pour s'écrier : "Mais cela ne fait *que* substituer un problème à un autre !" Justement, dans l'*entre-deux* substitutif bien des choses peuvent se produire. Du reste, il ne s'agit pas de détruire l'addiction, mais de la redéployer, de la faire bifurquer vers des liens multiples et des attaches plus ouvertes. (N'oublions pas que l'addiction à l'être aimé, dans ce *shoot* de l'amour qui part depuis la nuit des temps, est source des plus grands bonheurs comme des plus vives détresses).

La prison est peut-être une méthadone qui voudrait bien se substituer à la drogue que constitue l'acte violent ou délinquant. La prison n'est donc pas un remède : elle ouvre ou pas un espace d'entre-deux, à travers lequel ça passe ou pas. Pour certains, elle est un entre-deux fermé, compulsif : entre une incarcération et la suivante. Pour d'autres, elle peut être un temps d'arrêt avec rebonds, où un peu de loi s'injecte entre deux réalités : celle d'avant l'acte et celle de l'après-coup.

En tout cas, avec la "métadone", au sens large, le lien total à la drogue pourrait être *transféré* à celui qui donne la nouvelle "drogue". Comme si le drogué disait : mets ta donne sur la table et je jouerais une autre donne ; ma donne... ma partie autrement redonnée.

A vous de voir ce que ça donne ; afin que le lieu où l'on s'est pris, la "prison" au sens large, ne soit pas une autre maldonne, mais plutôt un temps d'arrêt *entre-deux* dons ; avec, au milieu, un pardon - une réconciliation avec soi, sous le signe d'un manque irrémédiable et d'un rappel à l'évidence : avant et après le coup d'arrêt, on est enfants du même manque, le manque-à-être originel, dont les autres ont leur part, et grâce auquel l'origine se manifeste et se vit par à-coups. Bien sûr, faire un symptôme ou un passage à l'acte, c'est un peu amorcer le geste de "s'en tirer", de se "guérir" - à un prix souvent trop lourd. Mais ce n'est là qu'une amorce, c'est le germe d'un appel. Faire acte délinquant, c'est faire appel au Tiers, à la Loi, pour être pris - pris en charge ou à partie - par autre chose que par soi-même ou son vertige ou son symptôme. C'est pour être autre chose qu'une bonne prise pour les prisons.

Et pour conclure, un mot sur les deux termes de votre titre. *Soigner* - ou plutôt prendre soin de - quelqu'un, c'est lui transmettre, lui appliquer le geste qui donne accès à l'Autre-corps qui lui revient ; pour qu'il ne soit pas réduit à son corps déserté. *Punir* quelqu'un, c'est lui appliquer une limite, donc une présence de l'Autre-corps, mais sur un mode douloureux comme pour le lui mettre en mémoire une fois pour toutes. La dialectique entre ces deux termes mériterait bien d'être étudiée.


- M. R. Badinter : Bien je me garderais à délibérer sur la logique de l'entre-deux. Je vois des têtes.... Je n'insiste pas mais c'est bien parce que le renversement de perspectives est toujours bon à tout âge. Dorénavant je vais repenser le droit en fonction d'une logique de l'entre-deux ! ... C'est à dire très précisément ce que nous interdisons absolument quand nous élevons nos étudiants dans le "A est égal à A et n'est pas égal à B et surtout pas de passage de A à B en même temps". Nous en reparlerons. Je suggère que la prochaine fois ce soit les rapports difficiles qui s'établissent entre cette logique de l'entre-deux et la logique qui est celle du raisonnement juridique, à l'évidence inadaptée aux cas complexes, je le reconnais volontiers. Bon on reprendra une fois encore ce dialogue sur les juristes et les psychiatres. Pour l'instant c'est vous qui avez la parole, il n'est que temps. Des questions ?... Allons y.

- Melle S. Bonnel, ex-interne du SMPR de la Santé : Naïvement et trivialement, est-ce que je pourrais demander à Monsieur Tobie Nathan, d'expliquer peut-être sa diapositive ? (voir schéma page 330).

- M. T. Nathan : Ce que je voulais suggérer c'est qu'il y a quelque chose d'assez curieux à observer. Les humains en fait se comportent, quand ils sont en groupe, comme s'ils étaient des espèces biologiques différentes, sans cela il n'y a pas d'humain possible. Ainsi, en Afrique, au Mali vous avez une cinquantaine d'ethnies, au Sénégal 70, au Burkina-Fasso à peu près autant et ainsi de suite, avec des gens différents à chaque fois. Donc ils pensent eux, dans leur organisation sociale, que les groupes d'humains sont comme des races biologiques. D'ailleurs par exemple, un "Peul" qui parle d'un "Wolof" ne dit pas : "il n'est pas de la même ethnie que moi", il dit : "il n'est pas de la même race que moi". C'est le mot même qu'il utilise. Nous, nous avons une pensée que nous estimons, bien sûr, universelle et qui vaudrait pour tout le monde. Le problème est que les autres aussi ont une pensée universelle qui vaut pour tout le monde... Enfin pour nous, elle vaut pour tout le monde pour de vrai !... Dans notre pensée qui vaut pour tout le monde pour de vrai, nous pensons que ça n'a aucune importance qu'on soit wolof, lébou, kabyle, berbère afghan etc... Ce qui est important c'est un homme plus une femme et ça donne un garçon ou une fille. C'est une tragédie absolue et ça donne le type de tragédie qu'on a vu. Alors je ne sais pas s'ils ont une addition particulière depuis leur naissance mais enfin ça pose des tas de problèmes qui deviennent insolubles après. Alors la pensée biologique est toute proche, évidemment c'est une tentative de résoudre la contradiction dans l'accouplement du chien et du chat.

Il y a d'autres solutions possibles. Il y a la solution anthropologique qui dit : écoutez ce n'est pas très prudent quand vous venez d'une ethnie, "Yoruba" par exemple du Bénin, qui utilise bien sûr l'écriture (car il n'y a pas de peuples sans écriture, il ne faut pas croire les savants qui vous racontent des bêtises), ils écrivent bien sûr, mais ils utilisent l'écriture non pour la communication mais pour la divination. Il y a donc bien l'écriture et on entre dans cette écriture non par enseignement mais par initiation. Donc vous avez un monde qui est un monde de l'initiation, des hiéroglyphes, de la divination etc..., et c'est un monde complet, un monde extrêmement riche. Je reviens aux "Yorubas". Je les ai pris en exemple parce qu'ils ont eu un certain succès dans la diaspora, dans l'immigration et ont fondé quelques colonies au Brésil, à Haïti mais également à Paris, ce qui montre qu'ils arrivent à résister à tout. Mais si vous mettez un "Yoruba" (un ou une, comme vous voulez) avec un partenaire français, là les "Yorubas" et la pensée anthropologique sont à peu près d'accord sur une chose, ça provoque tout de suite une catastrophe. Voilà, j'ai mis "accident" symbolisé par un feu rouge sur le schéma.

Ensuite il y a la façon dont les populations règlent concrètement ce type de problème. Et les populations, pas les experts que vous êtes et je suis bien sûr pareil à vous, comment gèrent-elles ça dans leur vie quotidienne de façon concrète ? J'ai pris comme exemple les "Dioulas" de Côte-d'Ivoire. Je précise que les "Dioulas" physiquement, ne sont pas une race différente des "Baoulés", car "Dioula" et "Baoulé" ont exactement la même apparence, probablement le même patrimoine génétique, et d'ailleurs on ne va pas s'arrêter sur des bêtises pareilles... Donc, le "Dioula" en question, il est musulman, il est patrilinéaire, et il vit en Côte-d'Ivoire, à côté du "Baoulé" qui n'est pas musulman du tout, pas patrilinéaire du tout et qui ne parle absolument pas la même langue. Il arrive très souvent que le "Dioula" épouse une "Baoulé", ce qui est une solution catastrophique, mais parfois un "Baoulé" épouse une "Dioula" ce qui est aussi une catastrophe mais à un moindre degré, pour des histoires patrilinéaire ou manitrilinéaire. Comment règle-t'on le conflit ? On le règle parfois exactement de la même manière que quand il y a un mariage dans la vie, parce que quand on se marie, on épouse une femme on enlève une âme en quelque sorte, - c'est comme ça qu'on pense là-bas, je ne parle pas pour vous bien sûr -. Si j'enlève une âme à sa famille, je lui dois une restitution pour cette âme et je dois donc lui donner quelque chose en échange. En fait ce que j'enlève ce n'est pas tellement son âme mais sa capacité à produire des âmes par la suite, puisqu'elle va faire des enfants dans ma famille, donc je donne une compensation. Je prends l'exemple d'un cas que j'ai eu à traiter dans une telle affaire : cet homme était "Dioula", enfin son père était "Dioula", sa mère était "Baoulé" et puis il a choisi le "Dioula" parce que c'est une pression beaucoup plus forte, - il y a un groupe beaucoup plus fort et beaucoup plus assis -, mais il était en même temps en très très grande difficulté parce que naturellement les "Baoulés" l'ont attaqué en sorcellerie : il était malade, il ne pouvait pas faire carrière etc... J'ai donné la solution à l'affaire, solution qu'il a acceptée. J'ai résolu le problème par un conseil parce que parfois on peut donner des médicaments, parfois on peut aussi parler , parfois on peut aussi donner des conseils et puis parfois, on peut faire d'autres choses. Je lui ai dit : "écoute, tu achètes une vieille deux-chevaux et tu vas l'offrir au village "Baoulé". Tu vas voir ils vont arrêter de te rendre malade". C'est ce qui s'est exactement passé, il a donné une compensation parce qu'il avait enlevé des âmes aux "Baoulés". Les solutions peuvent donc se négocier dans la vie concrète. Mais les solutions qui sont très à la mode en ce moment en Afrique sont les solutions idéologiques. On dit, ça n'a pas d'importance que je sois "Baoulé" et toi "Dioula" parce qu'on est tous les deux communistes. Sauf que le problème est qu'un communiste qui se marie avec une communiste ça ne donne pas un petit communiste. C'est pareil avec un psychanalyste, vous savez qu'ils sont endogames, il se marie avec une psychanalyste mais ça ne donne pas un petit psychanalyste non plus. Ce ne sont pas de bonnes solutions. Pour les Islamistes c'est pareil, comme pour tous les trucs en "iste" et puis ce sont des solutions qui ne sont que provisoires. Voilà ce que voulait dire le schéma.

- Dr F. Gorog : Je suis médecin chef à Sainte-Anne. Je voudrais remercier Daniel Sibony. C'est une trouvaille d'avoir précisé que c'était l'addiction qui était recherchée. C'est très précieux pour moi parce que je suis plongée dans une situation qui m'apparaît parfois difficile, ayant d'une part décidé de créer je l'espère, - Madame Nart qui est dans la salle en sait quelque chose -, avec bien des difficultés, une antenne de soins substitutifs. D'autre part, je travaille avec des psychanalystes qui parfois sont scandalisés que je préconise un traitement de substitution car il y a une petite contradiction entre donner un traitement substitutif et être issue d'une pratique qui est fondée sur la règle de l'abstinence. Le moins qu'on puisse dire c'est que ça fait grincer les dents de beaucoup de psychanalystes. Alors je trouve que finalement ce que tu as dit là me paraît extrêmement précieux parce qu'on assiste au phénomène de l'addiction, pas seulement dans la drogue, mais on assiste à la montée du concept de l'addiction à tel point que l'addiction ça peut être l'addiction au jeu, ça peut être l'addiction à manger, c'est la boulimie ; enfin il y a toute une thérapie qui se destine aux addictions multiples. On peut sans doute avoir une addiction à un homme, me semble-t-il, ou à une femme à l'occasion, c'est d'ailleurs ce que me disait très volontiers quelqu'un au Ministère qui trouvait que c'était très raisonnable de penser comme ça. Autrement dit j'étais dans une difficulté de m'expliquer sur cette contradiction. Je trouve que quand tu dis "l'addiction n'est pas la malheureuse conséquence d'une rencontre avec la drogue, mais que c'est précisément l'addiction qui est recherchée", question que tu relies avec celle du lien, cela m'aide beaucoup dans l'apparente contradiction de ma démarche.

- M. Ph. Jacquette, psychologue au SMPR de la Santé : Je me demande s'il ne se passe pas pour la drogue ce qui se passe aussi pour l'alcoolisme. Dans l'alcoolisme on distingue souvent l'alcoolisme névrotique dans lequel il y a des difficultés existentielles particulières, et l'alcoolisme d'habitude. C'est à dire qu'il y a des gens qui se mettent à boire parce qu'ils sont dans un milieu où l'on boit, et je pense par exemple au Service militaire où quand on ne sait pas quoi faire le soir on va au mess et on se shoote à la bière. Une fois que le Service militaire est terminé, souvent on arrête. Je me demande si pour la drogue, ce n'est pas la même chose. Au travers de l'expérience que j'ai à la prison de la Santé, je suis frappé par le fait que dans les années 70 on voyait des toxicomanes qui étaient très demandeurs de médicaments, qui exprimaient une très grande souffrance, un manque important. Il y en a toujours mais on remarque aussi beaucoup de gens qui vous disent : "j'ai pris de la drogue comme ça, j'ai arrêté, les médicaments je ne sais pas, écoutez je vous écrirais, on verra...", enfin des gens pour qui finalement la drogue n'a été qu'une expérience momentanée. Pour revenir à ce que vous disiez, je me demande si ces difficultés à se contenter d'un tel lien n'exprimeraient pas simplement une immaturité mais une immaturité qui ne serait pas simplement le fait de quelques individus particuliers, mais d'une immaturité qui serait pratiquement générale dans la société actuelle. Je suis frappé par la façon dont beaucoup de parents actuellement élèvent leurs enfants. Enfin les élèvent..., je dirais que ça ressemble plus à de l'élevage qu'à de l'éducation. On a l'impression que ce sont des parents très immatures et qui produisent donc des enfants très immatures et c'est quelque chose qui irradie dans toute la société. Tout à l'heure on nous a parlé de couples qui allaient chez le pharmacien avec leur gosse dans les bras pour acheter des seringues, c'est un aspect caricatural mais on voit d'autres aspects du même ordre quand on va dans les lieux publics, - dans les supermarchés en particulier -. Baladez-vous dans un supermarché, vous allez voir comment les parents se débrouillent avec leurs enfants, ça pose problème.

- Dr R. Labbane : Je suis psychiatre à Tunis, je suis tunisienne et arabe et francophile et francophone. Donc je voudrais adresser mon admiration à Monsieur Tobie Nathan et à Monsieur Sibony, qui je pense, ont tous les deux abordé la même chose, c'est à dire le problème du métissage, de la double langue, de la double culture ; l'un, d'un point de vue un peu plus social et éthique, l'autre d'un point de vue un peu plus individuel. Mais je voulais aussi associer avec une chose qui me paraît importante, je veux parler de la réconciliation. On a l'impression qu'il y a un certain désir de réparation, de réconciliation, entre les deux rives de la Méditerranée, et que peut-être le problème de l'entre-deux se situe au niveau de cette mer Méditerranée... Et si je peux me permettre d'extrapoler, il se situe au niveau de la mère, et je rejoins là le thème de soigner et/ou punir, et qui peut plus que quelqu'un d'autre exercer cette fonction de soigner et/ou punir, qui est la fonction première de la "mère".

- Salmi : Je travaille au Centre Georges Devereux avec le Professeur Nathan. Je suis kabyle. Dans le village kabyle, la femme ne se voile pas. Elle ne se voile pas parce qu'il y a une délimitation des espaces, l'espace des hommes, l'espace des femmes, l'espace sacré, l'espace profane, et puis le véritable voile de la femme c'est ses frères, c'est son père. Et puis du reste comme les gens se connaissent, ils se respectent, il y a de la pudeur, il y a tout un jeu du regard, une dissymétrie du regard, de sorte que la femme est toujours voilée. Quand elle va en ville évidemment là elle porte le voile. D'autre part la tradition maghrébine est une tradition très endogame, c'est à dire qu'on se marie entre soi et puis on mange les fruits de sa terre, et puis il y a une territorialité de clan, de la famille ; ils habitent tous ensemble, et donc le mariage privilégié c'est avec le cousin, pour une fille, - le cousin parallèle patrilinéaire -. Mais quand on va en ville évidemment cette femme est exposée aux yeux, au désir des étrangers. Alors c'est vrai que même dans les villes moyennes surgit le voile. Par la suite, dans la migration, le port du voile, aujourd'hui tel qu'on l'observe, semble être dû à un dysfonctionnement de la culture. On dit que le voile fait partie de la véritable culture interne, de la tradition familiale. Le voile on l'appelle en arabe "hijab" et c'est le même mot qui désigne l'amulette. "Mahjoub " ça veut dire celui qui est caché, celui qui est protégé, celui qui est préservé. En fait le "hijab" c'est le préservatif. Alors quand on n'a pas un préservatif sous la peau, on met un gros préservatif sur la tête.

- M. R. Badinter : Y-a-t'il encore un intervenant ? Non très bien, à vous Madame Colombel.

# Métissages? — le problème, c'est l'enfant!

*Pensée humanitaire*

Homme — femme — garçon ou fille

*Pensée biologique*

chien — chat — ?

*Langue yoruba*
*Bénin*
*hiéroglyphes*
*divination*
*initiation*

*Français*
*France*
*écriture*
*école*

— *Accident*

*Pensée anthropologique*

Baoulé
Côte d'Ivoire
catholique
matrilinéaire

Dioula
Côte d'Ivoire
musulman
patrilinéaire

généralement
Dioula, etc...

*Vie concrète des populations*

- communiste
- évangéliste
- islamiste
- etc...

- communiste
- évangéliste
- islamiste
- etc...

*Solutions idéologiques*

330

# Commentaires d'une philosophe
# Hommage à Michel Foucault

Mme Jeannette Colombel

Je vous remercie de m'avoir invitée, en profane, à écouter le colloque "Soigner et/ou punir" où j'ai beaucoup appris et je remercie le Docteur Odile Dormoy qui - à la lecture de mon livre sur Michel Foucault - a pensé qu'il serait bon de rappeler en conclusion sa réflexion critique qui reste toujours actuelle (malgré des déplacements que j'ai observés et que j'indiquerai) ; elle permet en tous cas, de mettre en question le fonctionnement de la psychiatrie en prison tel que vous l'avez discuté..

Je rappelle d'abord l'action de Foucault et de ses amis, comme Antoine Lazarus qui est ici présent, quand fut créé **le Groupe d'information sur les prisons** (GIP) il y a plus de vingt ans, fin 71. Cette lutte, dans l'ensemble de celles menées en cette période d'intensité historique, répondait au souci constant de Foucault de ne pas accepter les situations **intolérables** et les brochures qui se succèdent après des enquêtes menées auprès des familles et des questionnaires remplis - clandestinement - par les détenus eux-mêmes se nommaient "enquêtes intolérance", de façon sans doute provocatrice mais aussi pour éviter toute illusion neutraliste : c'est du point de vue des détenus qui sont les sujets de l'enfermement qu'on va juger le système : "ces détenus qu'est-ce qu'on en fait ?", quelles sont leurs conditions de vie ? Quelle est leur propre théorie sur la prison ? Ainsi parurent "enquête sur vingt prisons", sur Fleury-Mérogis, sur les suicides en prison, sur les révoltes... qui répandaient l'information sur ce que, jusque là, on ignorait par mépris, tandis que les révoltes naissaient de prison en prison : Toul, Nancy, Melun, Loos ! Un premier rapport courageux , d'une de vos collègues, Madame Rose, psychiatre à la prison de Toul rompait le silence de l'administration tandis que les détenus se délivraient de leur honte, se mettaient à parler et, grâce à l'action de ces intellectuels, étaient écoutés.

Cette émergence de la parole de ceux qui, jusque là, sont voués au silence est chère à Foucault et dévoile "les zones d'ombre de notre société" d'où il faut partir pour juger l'ensemble.

Cette méthode est aujourd'hui particulièrement indicatrice dans une société "duale" où l'on a pu trop longtemps avoir le sentiment d'un fonctionnement convenable si l'on s'en tenait aux normes.

Ceci dit la parole et l'information s'accompagnaient d'actions violentes, de révoltes, et les énoncés, pour reprendre ce qu'en dit Foucault étaient plus que des signes, des "pratiques". C'est donc comme acteur que Foucault écrit **Surveiller et punir** en 1975, dont le sous-titre, ne l'oublions pas est **Naissance de la prison** : en effet, là comme toujours, Foucault insiste sur l'origine historique de notre système de punir par privation de liberté, dans de longues peines et selon un emploi du temps destiné dans son corps et selon la manipulation de son âme à faire du détenu un sujet discipliné : "l'âme, prison du corps". Cependant c'est un échec, un échec programmé voulu, car la délinquance peut être contrôlée, donc s'inscrit dans l'ordre social. Cet échec nous le constatons par le doublement de la population carcérale due aux longues peines (depuis l'abolition de la peine de mort) tandis que sa typologie a changé puisque vous indiquez (outre les 33% de détenus pour toxicomanie) que beaucoup sont psychopathes voire psychotiques, sans repères, sans capacité de s'exprimer, d'où le passage à l'acte : violence plus que délinquance, disait un intervenant à propos des jeunes. Triste raison pour quoi, comme vous le dites "la psychiatrie en prison a le vent en poupe" ... d'autant que si vous cherchez à assurer les soins en prison (dans quelles conditions et dans quelles finalités ?), ces détenus sont, une fois dehors, livrés à eux-mêmes, peu pris en charge par la psychiatrie de secteur tandis que les lits dans les hôpitaux psychiatriques ont bien diminué. La prison serait-elle un recours ? Voilà qui donne à penser sur le sort des exclus dans notre société !

Alors rappelons-nous justement cette mise en garde de Foucault en 1981 - la date a son importance - : "il faut tout repenser, la loi et la prison", dans un entretien à *Libération* où (à la veille de la loi abolissant la peine de mort, tandis que la Gauche est déjà au pouvoir) il précise que "la véritable ligne de partage parmi les systèmes pénaux ne passe pas entre ceux qui comportent la peine de mort et les autres : elle passe entre ceux qui admettent les peines définitives et les autres". Or notre système comporte actuellement des peines non compressibles et, récemment, le rétablissement de la "perpétuelle". Qui peut s'arroger le droit de punir et de mettre un individu "à la trappe" ? Peut-être est-ce pour cela que Foucault suspecte "le système psy" et montre le juge entouré d'experts qui sont là pour conforter la fonction juridique voire pour s'y substituer : dans un débat avec le psychanalyste Laplanche et avec vous, Monsieur le Président, après le procès de Patrick Henry, Foucault insiste sur ce rôle des experts psychiatriques auprès des tribunaux et ironise : "il a tué une petite vieille ? Oh c'est un sujet agressif ! Avait-on besoin du psychiatre pour le savoir ? Non, mais le juge voulait ainsi être délivré de l'angoisse de juger."... Certes ce n'est pas de cette fonction du psychiatre dont on a parlé ici. Encore est-il important, comme l'a déclaré ici un intervenant de décider de démissionner de ce rôle auprès du tribunal si - comme c'est votre cas - on soigne en prison afin qu'il ne subsiste aucune confusion.

Cette distinction entre le judiciaire et le pénitentiaire et ce qui relève de la santé est d'autant plus nécessaire qu'à la loi, transcendante, universelle, formelle, se substitue de plus en plus souvent la norme. Dans **Surveiller et punir** Foucault analyse ce déplacement et montre quelle est la relativité des normes qu'on prend cependant pour critère : relativité historique, sociale, dont la positivité n'apparaît que liée aux limites qu'elle comporte : pas de normes sans contestations, pas de normes sans infractions (existentiellement premières). Foucault renvoie alors aux travaux de Canguilhem : **Le normal et le pathologique** et reprend la même grille. Aussi est-il très important de travailler aux frontières, d'autant plus important que la souplesse des normes et du système qu'elles forment, est telle que nous ne les percevons pas comme contraignantes alors qu'elles provoquent un processus d'exclusion sans pareil dont nous pouvons indiquer les étapes selon l'analyse de Robert Castel : vulnérabilité, précarité, désaffiliation. Or la tentation est de **gérer** (un gouvernement, un service pénitentiaire...) dans le souci d'intégrer ou de colmater l'ensemble au lieu de **penser** cet ensemble à partir de l'infraction et d'évaluer de façon critique ce système normatif. Gérer et/ou penser ? N'est-ce pas de l'articulation entre ces deux activités que Foucault veut parler dans cet entretien - événement - du 30 mai 1981 ? "Il est donc important de penser" donc de garder une dimension critique dans la gouvernementalité, quitte à subvertir les normes. Est-ce alors un hasard si, dans ce colloque, où, la plupart du temps, les interventions répondirent aux problèmes prévus, la question des normes dans lesquelles vous fonctionnez a été évitée, sans doute inconsciemment, alors qu'elle était annoncée : on est passé d'approches thérapeutiques ou d'analyses d'infractions - de la violence - au délitement de la loi par la médiatisation sans que soit développée l'analyse de la perte d'une fonction symbolique normative.

Et pourtant quel problème que celui de la souplesse des normes (déjà évoqué) qui produisent tant d'exclusion sans contestation active... Ces questions que pose notre société aujourd'hui font douter de la formule de Foucault dans **La volonté de savoir** : "là où il y a pouvoir il y a résistance" ("possibilité de résistance" rectifie-t-il d'ailleurs) et que vaut son souci de partir des exclus - sociaux et économiques - comme d'une infraction subvertissant les normes ? Je serai ici plutôt tentée de me référer à Sartre qui, dans la Critique de la raison dialectique montre l'impuissance de la sérialité, où les individus, si nombreux soient-ils, restent passifs dans une relation sociale qui les isole les uns des autres, même s'ils sont entassés en des "semi solitudes" : ils ont le même projet (trouver un emploi) mais sont séparés voire rivaux. Mais ce dérapage lui-même, où les séries ne se constituent pas en groupes (actifs), où la capacité d'exclusion par les normes se fait sans résistance, devrait en intensifier l'analyse : c'est cela problématiser.

Enfin je voudrais, toujours à partir de la pensée de Michel Foucault, reprendre le déplacement opéré par le titre même de votre colloque : **Soigner et/ou punir** en fonction du titre du livre bien connu de Foucault **Suveiller et punir**. La substitution de soigner à surveiller est très révélatrice.

Elle tient, bien sûr, à votre fonction qui est de soigner, pas de surveiller, mais, plus profondément, elle suppose une mutation d'une société disciplinaire (ce qu'elle est encore) à une dominante sécuritaire.

Quand le Docteur Dormoy dit (je l'évoquais tout à l'heure) que "la psychiatrie en prison a le vent en poupe" c'est vrai, actuellement, dans une société où "la santé remplace le salut". Cette formule que Foucault reprend à un penseur du XVIème siècle et que je cite dans mon livre a frappé Madame Dormoy car elle avait, de son côté, écrit dans le préambule du colloque "la santé de l'esprit remplace le salut de l'âme" : une telle convergence n'est pas due au hasard. Dans **La volonté de savoir** (1976) où Foucault analyse le système normatif de sexualité et décrit la façon dont notre société est dominée par le sexe : "sexe roi... sexe raison de tout"... il montre que le pouvoir actuel n'est plus la souveraineté et le droit de **faire mourir**, mais ce qu'il appelle le **biopouvoir** qui a comme fin la santé : il s'agit de gérer la vie d'une population : *"faire vivre et laisser mourir"*, en esquivant la mort, en la disqualifiant. Cette finalité "où s'investit la vie de part en part" est possible grâce aux progrès de la médecine et à ce caractère positif (mais positif ne veut pas dire affirmatif !) déjà précisé dans la conclusion de Naissance de la clinique : "la médecine offre à l'homme moderne le visage obstiné et rassurant de sa finitude ; en elle la mort est ressassée mais en même temps conjurée... ce monde technique est la forme armée, positive et pleine de sa finitude". L'analyse du biopouvoir dans **La volonté de savoir** comporte deux faces: à la fois, par ce progrès, apparaît "le droit à la vie, à la santé, au "bonheur", à la satisfaction des besoins", et même au-delà qui ouvre une ère nouvelle tant il semble à Foucault que les famines et les épidémies doivent être écartées de nos sociétés modernes : dans cet espace de jeu "la mort commence à ne plus harceler la vie"... telle est la face positive (encore que Foucault critique ce déni de la mort). Mais voici la face négative : il s'agit pour le pouvoir de gérer à tout prix la vie de la population qu'il a en charge. Le "à tout prix" suppose qu'aussi bien l'autre meurt pour que survive cette population : extension de territoire, guerres meurtrières, purification ethnique, racisme d'Etat, génocide... Foucault se réfère à Hitler mais nous n'avons, hélas, que l'embarras du choix. D'autant que le biopouvoir suppose aussi un tri interne à des sociétés comme la nôtre mues par la performance où les inégalités et les exclusions remplacent les manifestations plus spectaculaires et plus sanguinaires.

Biopouvoir que vient briser "la clarté de la mort" dans le vouloir vivre de ceux qui sont atteints par le virus du sida ; biopouvoir que vient briser ceux qui affrontent la mort dans la résistance algérienne et le choix "entre le risque de mort et la certitude d'obéissance" pour la démocratie contre l'Islamisme.

Mais nous voici déjà dans la "constitution du sujet moral" et dans le souci de "faire de son existence, parce qu'elle est mortelle, une oeuvre d'art"... Ce qui nous mène au delà de l'objet de ce colloque vers cette dimension éthique et ontologique qui sous-tend toute l'analyse stratégique et historique de Michel Foucault. Il m'est particulièrement émouvant de la rendre présente en fin de ces journées et en présence du Président Badinter, et d'**Antoine Lazarus**, donc sous le signe de l'amitié.

# Conclusion

M. Robert Badinter

Merci Madame Colombel et en effet il est bien qu'au terme de ce colloque qui s'appelle, comme chacun l'a vu, "Soigner et/ou punir", on ait évoqué Foucault. Je dirai simplement pour le plaisir de l'anecdote, c'était en novembre 1981, et j'avais des relations anciennes avec Foucault, nous parlions de la situation au lendemain de l'abolition. Et, comme on vient de le rappeler, on se disait "oui c'est déjà pas mal l'abolition mais enfin l'abolition c'est facile maintenant il faut arriver à l'essentiel et donc supprimer la prison". Alors j'ai dit c'est une très bonne idée, je sais que c'est votre conviction depuis longtemps d'ailleurs moi personnellement j'y suis assez favorable, je voudrais simplement que vous m'adressiez l'exposé des motifs. Puis on verra ce qui se passera... Nous avons beaucoup ri parce que supprimer la prison c'est facile à dire ; la transformer c'est déjà difficile à faire ; et à propos du livre de Foucault (qui est un très grand livre et dont par moment l'expression est presque géniale), il demeure, me semble-t-il, - je le lui ai dit et je n'hésite pas à le redire, c'est ce qui nous était apparu à Michelle Perrot et à moi-même après des années de séminaires sur la prison, - qu'il y a un risque de confusion entre le discours sur la prison et la prison elle-même (et beaucoup d'entre nous savent qu'ils ne coïncident pas et qu'analyser le discours sur la prison en en faisant la réalité de la prison est méconnaître partiellement celle-ci).

Alors pour conclure, c'est le seul privilège du Président, je parlerai de l'entre-deux. Non pas pour essayer de rivaliser avec la virtuosité de mon voisin que j'ai admiré et qui m'ouvre des perspectives comme à chacun d'entre nous, mais parce que (j'ai d'ailleurs pris soin de vérifier qu'il n'avait pas écrit sur la prison) à y réfléchir, tout notre colloque n'a été consacré qu'à l'entre-deux, qu'est-ce que la prison ? C'est un moment où l'on vient de la liberté en attendant d'y retourner, n'en déplaise à quelques esprits que nous ne voulons pas ici réfuter. Donc c'est vraiment un entre-deux. C'est une condition entre deux moments. Et par conséquent, c'est comme un entre-deux qu'il nous faudrait penser la réalité carcérale. Mais le problème de l'entre-deux ce n'est pas seulement l'entre-deux, c'est de savoir d'où vous partez et vers quoi vous allez. Si vous partez de l'école républicaine et que vous vous en allez vers ce qui n'est pas l'école républicaine, alors l'école républicaine s'inquiète. Vous analysez le symptôme, moi je regarde l'école et nous avons à ce moment là un entre-nous deux. Reste que pour revenir au carcéral, il est un entre-deux, mais alors s'il est un entre-deux, les questions se lèvent tout de suite : un entre-deux pour qui ? Pour celui qui est dans la prison ? Pour ceux qui sont hors de la prison ou pour ceux qui regardent la prison ? Ce n'est pas une des moindres questions car la perspective n'est pas la même sur l'entre-deux pour celui qui la vit, pour celui qui souhaite que cela persiste ou pour celui qui s'interroge sur la finalité de cet entre-deux. Et là est la question : l'entre-deux pour qui, et c'est la population qui la vit, et pour quoi, et c'est la société toute entière à laquelle on est en droit de poser cette question, et entre les deux quelle est alors la fonction qui est la vôtre, mes amis. Il ne nous a manqué ici qu'un personnage clé, qu'en mon temps j'ai beaucoup écouté, et que depuis longtemps je n'ai plus rencontré autrement que sous forme tragique de statistiques, c'est celui qui est détenu dans la prison ; et si vous saviez ce qu'est le discours du prisonnier sur le psychiatre et ce que j'ai entendu dans ma carrière sur les questions, le questionnement du psychiatre et la stupéfaction du questionné et la traduction du questionné sur ce que peut bien vouloir chercher le psychiatre à travers lui, alors un nouvel entre-deux commencerait et ce serait pour vous.

Comme il sied, et avant de nous séparer, je tiens en votre nom à tous, à remercier tous les intervenants, tous les organisateurs, notamment tous ceux qui ont participé à ces journées, et pour vous, ma chère Odile Dormoy, un très grand merci pour un très grand succès.

# Liste des intervenants

M. le Docteur Evry **ARCHER** - Chef de service au SMPR de Loos-lès-Lille.
M. le Docteur Jean **AYME** - Ancien chef de service du Centre Henri Rousselle, Centre hospitalier Sainte-Anne - Ancien Président du Syndicat des Psychiatres des Hôpitaux.
M. Robert **BADINTER** - Président du Conseil Constitutionnel.
M. le Professeur Michel **BÉNÉZECH** - Chef de service au SMPR de Bordeaux - Ancien Professeur Associé des Universités en Médecine Légale.
M. le Docteur Charles **BENQUE** - Chef de service au SMPR de Fleury-Mérogis.
M. le Docteur Julien **BETBÈZE** - Chef de service au SMPR de Nantes.
Maître Francis **CABALLERO** - Professeur de droit et Avocat.
M. le Docteur A.A. **CAMPBELL** - North Western Regional Forensic Service (Manchester).
Mme Jeannette **COLOMBEL** - Philosophe et écrivain.
M. le Docteur Michel **DAVID** - Psychiatre CNO de Fresnes.
Mme le Docteur Odile **DORMOY** - Chef de service au SMPR de Paris-La Santé.
M. le Docteur Heinsfreid **DUNCKER** - Westfälisches Zentrum für Forensische Psychiatrie.
Mme le Docteur Danièle **DURAND-POUDRET** - Chef de service au SMPR de Varces.
Mme Catherine **EHREL** - Journaliste.
Mme le Docteur Catherine **FARUCH** - Chef de service au SMPR de Toulouse.
M. Michel **FIZE** - Sociologue au C.N.R.S.
M. le Docteur Daniel **GLEZER** - Chef de service au SMPR de Marseille.
M. le Docteur Claude **GUIONNET** - Psychiatre des Hôpitaux - SMPR de Paris-La Santé.
M. Jean-Paul **JEAN** - Magistrat - Inspecteur des Services Judiciaires.
M. le Docteur Pierre **LAMOTHE** - Chef de service au SMPR de Lyon.
M. le Docteur Jacques **LAURANS** - Chef de service au SMPR de Fresnes.
M. Alain **MAURION** - Psychanalyste - Psychologue clinicien - SMPR de Fleury-Mérogis.

M. Godefroy **du MESNIL du BUISSON** - Juge de l'application des peines au TGI de Pontoise. Vice Président de l'Association Nationale des JAP.
M. Jean-Pierre **MICHEL** - Député de la Haute-Saône.
M. Gérard **MILLER** - Psychanalyste - Maître de conférences en Sciences politiques - Directeur des Etudes approfondies au Département de psychanalyse de l'Université Paris VIII.
M. le Docteur Gérard **MILLERET** - Chef de service au SMPR de Dijon.
M. le Professeur Pierre **MORON** - Professeur de Psychiatrie et de Psychologie médicale à la Faculté de Médecine de Toulouse.
M. Tobie **NATHAN** - Ethnopsychanalyste - Directeur du Centre d'Ethnopsychiatrie Georges Devereux.
Mme Sylvie **NERSON-ROUSSEAU** - Psychanalyste - Fondatrice du C.I.R.I. (Carrefour Inter disciplinaire de Recherches sur l'Individu).
Mme Michelle **PERROT** - Historienne - Professeur Emérite - Université Diderot (Paris VII).
M. Guy **PIAU** - Directeur du Centre Hospitalier Sainte-Anne.
M. le Professeur Bertrand **SAMUEL-LAJEUNESSE** - Professeur des Universités - Chef de service à la Clinique des Maladies Mentales et de l'Encéphale du C.H.S.A.
M. Bernard **SAVIN** - Psychologue clinicien - SMPR de Varces.
M. le Docteur Jean-Louis **SENON** - Unité Médico-psychologique - C.H.U./C.H.S.V. de Poitiers.
M. Daniel **SIBONY** - Philosophe et Mathématicien - Psychanalyste - Professeur à l'Université de Paris.
M. Pierre **TOURNIER** - Ingénieur de Recherche au CNRS (CESDIP) - Expert au Conseil de l'Europe.
M. le Docteur Daniel **ZAGURY** - Praticien hospitalier - Expert à la Cour d'Appel de Paris.

625981 - Octobre 2015
Achevé d'imprimer par